부역자들,
친일문인의 민낯

그들은 왜 민족과 역사 앞에 친일을 하였는가

부역자들, 친일문인의 민낯

장호철 지음

인문서원

친일문학을 아직도 따져야 하는 이유

피천득의 친일파 비판

순수한 시인이자 수필가였던 피천득은 수필 「춘원」에서 이렇게 썼다. "그(춘원)는 산을 좋아하였다. 여생을 산에서 보내셨더라면 얼마나 좋았을까. 그는 아깝게도 크나큰 과오를 범하였었다. 1937년 감옥에서 세상을 떠났더라면 얼마나 다행한 일이었을까."

춘원의 친일 행위에 대해 이처럼 냉철하고 단도직입적인 평가를 내린 평자는 없다. 더구나 이광수는 1910년생인 피천득이 6세에 아버지를, 9세에 어머니를 잃은 외로운 처지였을 때 자기 집에 데려다가 3년간(1923~1926) 돌봐 준 아버지 같은 사람이 아닌가. 피천득에게 '금아(琴兒)'라는 호를 지어 준 것도 춘원이었고, 어려운 시대라 장가가기를 망설이는 그에게 처녀를 데려와 건강진단까지 받게 한 뒤 결혼을 하도록 강권한 것도 춘원의 아내 허영숙이었음을 상기한다면, 이광수의 혼령이 그에게 얼마나 서운할까.

그러나 금아 피천득이 인정이 없다든가, 춘원에게 서운함이 있어서 이런 글을 쓴 게 아니다. 은인이자 스승이요, 부모나 진배없는, 여러 인연으로 얽혀 가장 친밀한 관계였던 터라 춘원의 친일 행위가 너무나 안타까워 토로한 한탄이다.

1937년 수양동우회 사건으로 46세의 이광수가 구속됐을 때 가장 가슴 아파한 사람으로서, 이후 그의 변모를 몸소 지켜보고 8·15 광복 이후 격류의 역사도 다 겪고 나서 이런 수필을 쓰게 된 것이다. 인정도 소중하지만 민족사는 더 고귀하다는 금아의 마음이 "감옥에서 세상을 떠났더라면 얼마나 다행한 일이었을까"라는 이 한 맺힌 탄식에 스며 있다. 만약 그랬다면 이광수가 이육사나 윤동주에 뒤지지 않는, 아니 중국의 루쉰에 필적하는 위대한 문호가 되었을 것임을 금아는 한숨지으며 상상했을 것이다.

8·15 후에는 평론가 김동석, 시인 정지용(모두 영문학 전공)과도 가까웠던 금아 피천득은 이런 말도 남겼다.

"세상 떠난 사람한테 이런 말 하는 것이 어떨지 모르지만 서 아무개 같은 사람은 아무리 좋게 봐주려고 해도 봐줄 수가 없어요. 일제뿐만 아니라 정권이 바뀔 때마다 그랬어요. 작가는 인격이나 인품이 먼저 되어야 합니다. 또 문학하는 사람들은 자기가 가진 물건은 다 버려도 자기를 버려서는 안 됩니다. 인품이 좋지 않으면 좋은 작품이 나올 수가 없습니다."

— 『인생은 작은 인연들로 아름답다』(정정호 엮음), 샘터, 2014, 253—254쪽

여기서 '서 아무개'는 미당 서정주이다. 아무리 시를 잘 써도, 설사 작품이 명시라도 친일 행위를 묻어 버릴 수는 없다.

오로지 순수하고 아름다운 산문을 남긴 피천득이 왜 이처럼 가혹한 발언을 하고 글을 썼을까. 지금까지 친일문학인에 대하여 이처럼 혹독하게 비판한 문학인을 나는 본 적이 없다.

금아가 이런 표현을 거리낌없이 터놓고 할 수 있었던 이유는 아마 친일문학의 본질과 실상, 그리고 그로 인해 우리 민족이 당한 참담한 비극을 너무나 분명히 인식했기 때문일 것이다. 미당과 개인적으로 인연이 깊다고 그를 옹호하고 싶다면, 잠시 금아 피천득의 순수한 자세를 상기해 보면 어떨까.

아니, 파인 김동환의 3남 고 김영식 님의 예를 역사의 거울로 삼을 수는 없을까. 그는 고려대학교 국문과를 졸업한 후 경찰에 투신하여 총경까지 지낸 분으로, 만년에 오로지 아버지 파인 김동환의 모든 작품과 행적과 평가를 전집으로 엮어 내는 데 정성을 쏟았다. 아마 신문학사 이래 한 문인에 관한 자료를 이처럼 충실하고 완벽하게 정리한 예는 없을 것이다. 이 효자는 친일을 사죄할 겨를도 없이 사라진 아버지를 대신하여 선친의 죄과를 인정하고 민족문제연구소 회원으로도 가입하였으며, 나도 이 인연으로 개인적으로 무척 가깝게 지냈다. 파인의 자료집에는 친일 행적도 다 포함되어 있다. 아들이 아버지의 죄업을 사죄하는데도 여전히 친일문인을 옹호하는 궤변은 왜 사라지지 않을까.

친일문학의 사상사적인 접근

사상사적으로 보면 친일문학은 나치 부역자들을 심판한 뉘른베르크 재판의 이념에 따라, 첫째, '고유의 전쟁 범죄'를 저지른 것말고도, 둘째, '평화에 대한 전쟁 범죄'와 셋째, '인도에 대한 전쟁 범죄'까지 두루 다뤄야 할 것이다. 우리의 연구는 아직 여기까지 이르지 못하고 있다. 흔히 그까짓 글 몇 줄 썼다고 그리도 가혹하게 심판하느냐는 건 친일 행위의 이념적인 스펙트럼을 무시한 데서 비롯된다. 그것은 전쟁 범죄와 같은 궤도에 위치한다.

친일문학이란 ① 천황제 이데올로기, ② 군국주의 혹은 파시즘의 독재체제 이데올로기, ③ 제국주의적 침략전쟁 이데올로기, ④ 민족적 허무주의 내지 식민사관 이데올로기, ⑤ 반공주의 이데올로기, ⑥ 일본 중심적 동양주의 사상에 바탕을 둔 반서구·반기독교 이데올로기, ⑦ 반자본주의 이데올로기 등의 구조식을 지니고 있다.

친일문학 예술은 단순하게 학도병에 지원하라는 식의 구호에 그치는 게 아니라, 자발성으로 끌어내는 확고한 이데올로기의 구조를 갖췄으며, 이러한 이데올로기는 소멸되지 않기에 계속하여 이식·번식하고 증가한다. 친일파를 청산해야 하는 가장 중요한 이유 또한, 겉으로 드러난 친일 행위 그 자체만 문제가 아니라 사상사적인 이데올로기가 뿌리 깊게 박혀 그 씨앗이 퍼뜨려지기 때문이다.

친일파 옹호란, 사상사적으로 민주주의의 비효율성을 강조하고 쿠데타를 노골적으로 지지하며 나아가 부추기기도 하는 극우파적인 이데올로기다. 인종 편견, 신앙 편견, 약소국 억누르기와 자국의 이익을 위해서 무력 침략을 감행해도 좋다는 파시즘적 가치관을 고수한다. 친일파가 '친미파, 독재권력 옹호, 민주화운동 반대, 평화통일 반대, 개혁과 개방 반대, 노동자·농민 등의 관점이 아닌 재벌과 상류층 이익 옹호, 사회복지보다 성장 일변도의 신화 옹호, 해외 파병 지지, 국가보안법 지지, 미국의 대북 강경정책 지지, 일본의 대북 강경책 지지, 박근혜식 국정교과서 지지, 이명박·박근혜 등 지지, 태극기 부대 등'으로 이어지는 것은 당연한 귀결일 터이다. 따라서 촛불혁명과 친일문학은 너무나 궁합이 안 맞고, 남북 민족화해와 평화의 시대와도 걸맞지 않다.

그렇기 때문에 친일 혐의가 있는 문학인에 대한 각종 기념 행사나 추모, 유적지 건립 등은 이 쟁점이 분명해질 때까지 억제하는 것이 진정한 문학인의 자세일 것이다.

드골은 문학예술인에 대해서는 어떠한 탄원이나 구명운동도 외면하기로 유명했는데, 그 이유를 그는 "그들이 도덕과 윤리의 상징적 존재"이기 때문이라며 이렇게 말했다. "예술가가 가장 위대하다고 하는 것은 선에 대해서와 마찬가지로 악에 대해서도 강력한 영향을 미친다고 여겨지기 때문이다." 우리도 마찬가지다. 일제 강점기의 문학인이란 오늘의 문인과 달리 대중에게 가장 큰 영향력을 미쳤다. 그랬기 때문에 역사의 심판대 앞에서 유독 비판의 목소리가 높아질 수밖에 없다.

장호철의 『부역자들, 친일문인의 민낯』

저자 장호철은 "중등학교에서 삼십 년 넘게 문학을 가르쳤지만 정작 '친일문학'은 아이들에게 제대로 가르치지 못했다"라는 자책과 그 대응책으로 이 책을 집필하기로 했다고 서문에서 소회를 밝힌다. 이미 치열하게 문필 활동을 전개하는 저자인지라 중등학교 학생 이상이면 누구나 친근하게 접근할 수 있도록 쉽고 재미있는 내용으로 이 책을 내게 된 것이다.

저자는 임종국의 『친일문학론』과 민족문제연구소의 『친일인명사전』을 기초 자료로 삼고 별도의 자료를 수집하고 취재를 더해서 엮어 내었다. 그리하여 이 책에서 『친일문학론』과 『친일인명사전』이 다룬 문학인들 중에서 27명을 주로 다뤘고, 나머지 16명은 간략하게 소개하였다.

친일문학인들이 다룬 글들을 분석해 보면 그 내용은 대체로 ① 영미는 귀축(鬼畜)이라고 비난, ② 대동아공영권 강조, ③ 생활 풍습 등 일본화 계도, ④ 천황 찬양, ⑤ 일어 상용(국어화) 주장, ⑥ 학병 권유, ⑦ 창씨개명 선전, ⑧ 내선일체 선동, ⑨ 동조동근 수용 등으로 나눠진다.

이 중 어느 하나 경중을 가릴 사항이 없지만, 굳이 따져 본다면 우리 민족에게 중죄가 되지 않는 영역은 아마 ①과 ② 정도가 아닐까. 영국과 미국이 귀축 같은 나라라고 비판하는 것은 그저 너무나 허황된 거짓말이기에 해당 국가의 국민들에게 명예 훼손이 될지 모르나, 당장 우리 국민들에게는 치명적인 결손을 끼치지 않는다. 대동아공영권은 접근 방법에 따라, 영미를 비롯한 유럽 백인 기독교 국가들이 아시아를 약탈하려 함에 아시아가 단결하여 대항하자는 것이니 약도 되고 병도 되는 아리송한 쟁점의 하나가 된다. 만약 친일문학인들이 머리를 써서 정말로 우리 민족에게 해를 끼치지 않으면서 일제 세력의 비위를 거스르지 않는 선에서 ①과 ②에만 집중하여 글을 썼다면 변명의 여지

가 있을 수 있다. 물론 궁극적으로는 인류 평화를 교란한 전쟁 찬양이
므로 비판받아 마땅하지만, 일말의 민족적 양심만 지켰더라도 그런 엄
혹한 시대적인 상황에서 바늘구멍 같은 변명의 여지를 만들 수 있었다
는 것을 간과하지 말자는 취지에서 하는 말이다.

그러나 이 책에서 다룬 문인들의 작품들은 모두 ③ 이하의 항목들을
두루 겹쳐서 다루고 있어 변명의 여지가 조금도 없다. 예를 들면 '이광
수, 피와 살과 뼈까지 일본인이 되려 했건만'에서 춘원은 "우리들의 천
황이 사용하시는 말을 우리 국어로 하지 않으면 안 된다"라고 주장하
며, 혼상례의 일본식화, 의례준칙의 일본화, 일본적 실내 장식의 도화
섭취, 식생활의 일본적 개량 등을 권장하면서, "조선인은 전연 조선인
인 것을 잊어야 한다고. 아주 피와 살과 뼈가 일본인이 되어 버려야 한
다고" 강조한다.

친일문인 중 가장 특이한 존재가 시인 김종한이다. 친일을 하면서도
미학적인 측면을 중시한 김종한을 두고 어떤 연구자는 친일문학이 아
니라고 할 정도다. 그러나 그는 어떤 면에서 더 교활한 친일문인이라
고 할 수 있다.

이 밖에 다양한 장르의 문인들이 어떻게 친일부역의 길을 걸어갔는
지, 저자는 신문과 잡지의 자료를 바탕으로 이를 재구성해 내었다. 이
책이 대중들에게 널리 보급되어 친일문학의 실상에 대한 이해를 넓히
면서 가치관을 바로 세울 수 있기를 기대해 마지않는다.

임헌영(문학평론가·민족문제연구소장)

차례

| 추천사 | 친일문학을 아직도 따져야 하는 이유 (임헌영) | 005 |
| 글머리에 | '문학'을 가르치면서 느낀 갈증 | 015 |

01 이광수	피와 살과 뼈까지 일본인이 되려 했건만	023
02 김기진	황민문학으로 투항한 계급문학의 전사	039
03 김동인	'문필보국(文筆報國)'의 전범	050
04 김동환	일제에 엎드려 '웃은 죄'	062
05 김억	친일부역도 '오뇌의 무도'였나	075
06 김종한	덧없는 이미지와 서정성	083
07 노천명	여성 화자를 앞세운 친일시들	096
08 모윤숙	영욕을 오간 '렌'의 선택	108
09 박영희	'문학도 이데올로기도' 모두 잊힌 문인	123
10 서정주	"친일은 하늘 뜻에 따랐다"	135
11 유진오	헌법 기초자로 기억되는 친일부역자	152
12 이무영	총독상을 수상한 농촌소설가	163
13 이원수	'고향의 봄'에서 '지원병 형님'까지	176
14 정비석	낙원 일본을 칭송하던 『자유부인』의 작가	187

15 주요한   '야스쿠니의 신'이 되도록 천황을 위해 죽으라   197

16 채만식   조선 사람은 '닛본징'이 되어야   211

17 최정희   '군국'의 어머니와 '황군' 아들   224

18 최남선   죄과는 다섯 가지나 '나는 무죄다'   236

19 이인직   이완용의 비서로 한일병합 주도   249

20 윤해영   '선구자'는 일제에 포섭된 만주 '개척자'   258

21 장덕조   '총후봉공' 제일선에 섰던 역사소설가   269

22 유치진   연극사 거목의 지난날은 비루했다   283

23 최재서   '천황에게 봉사하는 문학' 완성   300

24 백 철   친일부역하고도 한국 문화비평의 대들보   316

25 이석훈   일본인 이상의 일본인을 꿈꾼 작가   331

26 김용제   '시의 칼'로 동포를 찔러댄 시인   344

27 정인택   국책 선전으로 시종한 황국신민   361

나머지 문인들   379

글을 마치며 친일문인 기념문학상에도 '기억 투쟁'이 필요하다   421

일러두기

- 이 책에서 다루는 친일문학은 모두 고 임종국 선생의 『친일문학론』과 민족문제연구소에서 펴낸 『친일인명사전』의 자료를 바탕으로 하였다.
- 개별 문학 작품은 홑낫표(「 」)로, 이를 묶어서 펴낸 책, 동인지, 잡지 이름은 겹낫표(『 』)로, 문학 외 연극·영화명은 홑화살표(〈 〉)로 표시하였다.
- 신문 등 언론 매체는 겹화살괄호(《 》)로 표시하여 구분하였다.
- 작품이 실린 매체를 인용할 때, 월간지는 '19○○년 ○월호'로, 일간지는 '19○○년 ○월 ○일자'의 방식으로 발표 시기를 표기하였다.
- 인용문은 가능한 한 원문을 살려 실었고, 필요한 설명은 괄호 속에 넣었다.
- 『친일문학론』과 『친일인명사전』의 기록이 서로 다를 경우에는 『친일인명사전』을 따랐다.
- 창씨개명한 일본식 이름은 일본식 발음으로 쓰고 괄호 안에 한자를 병기하였다.
- 《매일신보》 등 신문과 잡지의 영인 이미지는 『친일인명사전』에서 가져왔다.

중등학교에서 삼십 년 넘게 문학을 가르쳤지만 정작 '친일문학'은 아이들에게 제대로 가르치지 못했다. 늘 판박이식의 지식 전수에 급급하다 보니 그랬지만 기실 스스로 친일문학에 대한 이해가 얕았던 게 가장 큰 이유다. 결국 친일문학에 관해서는 널리 알려진 서정주의 「마쓰이 오장 송가」 정도로 얼버무리기 일쑤였던 것이다.

춘원 이광수의 경우는 그나마 창씨개명에 앞장섰고 학병 지원을 권유하는 것 따위로 알려진 게 있어서 대충 주워섬길 수 있지만, 막상 누가 친일문인이고 누가 아닌지를 꼽다 보면 이내 이야기가 짧아질 수밖에 없었다. 그럴 때마다 공부가 필요하다고 느꼈지만 막상 제대로 찾아보지는 못했다. 교단을 떠날 시기를 저울질하게 될 때쯤 임종국 선생의 역저『친일문학론』을 다시 읽게 된 것은 '늦게 든 철'일지도 모르겠다.

『문학』수업 시간에 아이들에게 개화기 전후의 우리 현대 문학사를 설명할 때마다 나는 일종의 갈증을 느끼곤 하였다. 신체시와 신소설, 자유시와 현대 소설 등 개화기와 현대 문학을 여는 첫 작품을 쓴 문인들은 모두 더 보탤 것도 뺄 것도 없는 친일부역 문인들이었기 때문이다.

최초의 신체시「해에게서 소년에게」(1908)를 쓴 육당 최남선은 '보람 있게 죽자' 따위의 글을 써 식민지의 청년들에게 학도병 출전을 권한 인물이다. 그는 해방 후 반민족행위특별조사위원회(반민특위)에 체포되어 서대문형무소에 수감되기도 하였다. 신소설『혈의 누』(1906)를 쓴 이인직은 매국노 이완용의 비서로 매국 활동을 벌인 인물이다. 러일전쟁 때는 일본 육군의 통역 노릇을 하고, 한일병합 교섭에 나서기도 하였다.

첫 자유시「불놀이」(1919)를 발표한 주요한은 황민화에 앞장서는 시집까지 낼 정도의 극렬 친일파였다. 최초의 현대 소설『무정』(1917)을 써서 일제 강점기 내내 '만인의 연인'으로 불린 춘원 이광수 역시 육당과 함께 초기 민족주의 활동을 벌이다 변절한 대표적 친일부역자였다.

유독 친일파가 많은 분야가 문단인 것은 글쟁이들이 자기 합리화와 정당화에 능란한 이들이기 때문이라는 농담을, 나는 단순히 농담으로만 여기지 않는 편이다. 이른바 '문약(文弱)'이라는 낱말의 함의가 이들 문인과 무관하지 않다고 생각하기 때문이다.

『친일문학론』을 읽기 시작하면서 어쩌면 이 '공부'가 현직에서의 내 마지막 '문학 공부'가 될지도 모르겠다는 생각을 하였다.『친일인명사전』의 기록을 참고해 가며 책을 읽다가 확인한 것은 "그때 태어났다는 것, 그때 살았다는 것 자체가 친일이 될 수도 있"(이문열)음은 아니라는 점이었다.

『친일문학론』, 그리고 『친일인명사전』을 이어서

『친일인명사전』 발간과 관련해 진행된 친일 청산 논의에 대한 작가 이문열의 '물타기'에도 불구하고 '친일'은 우리 민족사의 오욕이요, 현실이다. 일제의 식민 지배 35년이 현실이듯, 친일부역의 길을 갔던 이들에 대하여 역사적 단죄가 비켜 간 것도 우리 역사의 일부다. 『친일인명사전』은 속절없이 흘려보낸 세월 덕분에 '단죄' 대신 선택된 역사적 성찰인 것이다.

고 임종국(1929~1989) 선생 필생의 역작으로 불리는 『친일문학론』은 1966년 초판 출판 이래 1977년 중판을 펴낼 때까지 10년도 넘게 "판본을 거듭하지 못하고 묵혀" 있었다. 그것은 "친일파가 청산되지 않은 우리 역사 못지않게 경이"* 로운 일이었다.

"문학만이 아닌 전 분야에 걸친 친일파 연구의 고전"이 된 이 책의 중요성은 "친일파 청산의 굳건한 의지와 그 역사적 의의를 자리매김한 점"에 있다. 민족문제연구소에서 『친일문학론』을 다시 펴낸 것은 2002년이고, 이후 이건제 박사가 2년 가까이 저작물과 원자료를 대조

●　　임헌영 민족문제연구소장의 「교주본 발간사」, 이하 인용 부분 같음.

하며 내용에 대한 교정과 주해를 추가한 교주본(校注本)이 간행된 것은 2013년이었다.

저자가 혼신의 노력으로 펴낸 초판 496쪽이 드디어 645쪽의 교주본으로 새롭게 빛을 보게 된 것이다. 컴퓨터는 물론이고 복사기도 없던 시절에 저자가 도서관을 전전하며 방대한 사료를 찾아 육필로 쓴 원저에는 한자와 일어 고유명사 등이 많았다. 이를 한글로 풀고 출처와 인용을 재확인하고 필사 과정에서 생긴 오류 등을 바로잡고 독자들이 쉽게 읽을 수 있도록 한글화 작업을 거쳐, 드디어 『친일문학론』이 교주본으로 새롭게 태어난 것이다.

한편 『친일인명사전』은 『친일문학론』이 일찍이 제기한 문제의식을 계승하여 우리 민족사에서 가장 부끄럽고 민망한 시기로 남아 있는 식민지 시기 인사들의 친일 행적을 객관적 자료로 추적한 책이다. 여러 곡절 끝에 시민들의 동참으로 완성된 이 사전은 친일인명사전편찬위원회의 기준에 따라 선정된 인물들의 '구체적인 반민족 행위와 해방 이후 주요 행적 등'을 수록하고 있다.

두 '책'을 넘나들면서 게으른 '공부'를 하다가 이를 글로 써서 정리하는 것도 괜찮겠다는 기특한 생각을 하였다. 마침맞게 그렇게 정리한 글을 갈무리해 둘 공간(블로그)도 있었다. 마음을 먹고 이 글을 쓰기까지 또 한 달쯤이 걸렸으나, 일단 시작한 다음엔 마무리하지 않을 수 없었다.

따라서 이 책은 전적으로 임종국 선생의 『친일문학론』과 민족문제연구소의 『친일인명사전』에 기대어 쓰였다. 문학 교사로서 쉽게 접근하기 어려운 자료나 작품 목록, 그 주요 내용 등도 두 책에 빚지고 있다.

임종국 선생과 민족문제연구소에 각별한 경의와 감사의 마음을 전하는 이유다.

『친일문학론』의 작가 및 작품론에서 다루고 있는 작가는 마지막 부분의 신인 작가론을 빼면 김동인부터 최정희까지 모두 28명이다. 『친일인명사전』 '문학' 분야에 이름을 올린 작가는 모두 52명인데, 필명 등으로 이름이 겹치는 이들을 빼면 40명이다.

『친일문학론』 수록 문인 (28명 중 21명)		
김동인	모윤숙	정인섭
김동환	박영희	정인택
김문집	백 철	조용만
김사량	유진오	주요한
김소운	이광수	채만식
김안서(억)	이무영	최남선
김용제	이석훈	최재서
김종한	이효석	최정희
김기진	장혁주	
노천명	정비석	

『친일인명사전』 수록 문인(40명 중 24명)+ 유림·중추원(2명)+연극(1명)			
곽종원	김종한	윤해영	정비석
김기진	노천명	이광수	정인섭
김동인	모윤숙	이무영	정인택
김동환	박영희	이석훈	조연현
김문집	방인근	이원수	조용만
김사영	백 철	이윤기	조우식
김성민	서정주	이 찬	주요한
김 억	오용순	임학수	채만식
김영일	유진오	장덕조	최재서
김용제	윤두헌	장혁주	최정희
*이인직	*최남선	*유치진	

※ 별색으로 표시한 문인들을 이 책에서 다루었다. * 표시는 다른 분야로 분류된 인물이다.

양쪽에 이름이 겹치는 문인이 24명이며, 『친일인명사전』에만 있는 이는 16명이고, 『친일문학론』에만 있는 이는 4명이다. 곧 김사량, 김소운, 이효석, 최남선인데, 앞의 세 사람은 사전에 등재되지 않았고 최남선은 사전의 '중추원' 분야에 올랐기 때문이다.

이 책에서는 『친일문학론』에 실린 28명 가운데 21명과 『친일인명사전』의 6명(윤해영·서정주·이원수·장덕조와 유림 부문의 이인직, 연극 부문의 유치진) 등 27명의 문인을 다루었다. 『친일문학론』에 실린 이 가운데 김사량, 김소운, 이효석은 『친일인명사전』에 실리지 않아서 뺐고, 김문집과 장혁주, 정인섭, 조용만 등 4명을 포함하여 『친일인명사전』에 실린 이 16명은 일반에 낯설거나 덜 알려진 이들이어서 책 끝에 간단히 소개하는 것으로 갈음하였다.

1944년, 식민지 조선의 풍경

《매일신보》에 창씨개명으로 히가시 후미히토(東文仁)가 된 소설가 김동인의 친일 논설 「반도 민중의 황민화」가 실린 1944년 1월 16일 새벽, 베이징 주재 일본총영사관 감옥에서 민족시인 이육사(李陸史, 1904~1944)가 숨졌다.

이튿날인 1월 17일, 가야마 미쓰로(香山光郎) 이광수는 '축 입영(入營)의 노보리(깃발)'와 '센닌바리'를 찬양한 「학병 보내는 세기의 감격 – 입영기(入營旗)」라는 글을 《매일신보》에 발표하였다. 이틀 후인 1월 19일, 마쓰무라 고이치(松村紘一)가 된 시인 주요한이 《매일신보》에 「천인침(千人針)」을 발표하였다.

「학병 보내는 세기의 감격 – 입영기」, 《매일신보》(1944년 1월 17일자)

'천인침(센닌바리)'이란 '처녀 천 명이 수를 놓아 만든 복대(腹帶)로, 일본의 미신에 따르면 군인이 전쟁터에서 이것을 차면 총알을 막아 준다고 한다. 강제 동원된 젊은이들의 무사 귀환을 기원하는 여인들의 안타까운 모성과 연민이 담긴 상징물을 일제는 '전쟁과 파시즘 찬양'의 매개물로 교묘하게 이용하고 있었다.

주요한은 이 글에서 천인침에 엉긴 것이 "좁게 말하면 이천오백만 조선 동포의 정성이요, 넓게 말하면 일억 황국 국민 모두의 붉은 정성"이라 예찬하였다.

> 그 정성은 곧 무운장구를 비는 정성인 동시에 임전무퇴의 용기를 비는 것이요, 칠생보국(七生報國)의 충성을 비는 것일지며, 옥쇄의 영광과 격멸의 기백과 필승의 신념을 바늘마다 아로새긴 정성일 것이다.

독립과 해방을 위해 몸을 던진 민족시인의 삶과 친일문인들의 삶은 마치 별개의 경로로 전개되는 것처럼 여겨지지만, 기실 이들의 삶과 문학은 이렇듯 동시대에 엇갈리고 있었다. 지난 시대의 역사지만 우리가 친일부역의 역사와 문학을 공부하는 까닭이 여기에 있음은 두말할 나위가 없겠다.

2019년 3·1혁명 100돌에
북봉재(北峯齋)에서 장호철

이광수,

피와 살과 뼈까지

일본인이 되려 했건만

이광수(1892~1950)

춘원 이광수(李光洙·香山光郎, 1892~
1950)를 처음 만난 건 언제쯤이었을까. 기억이 확실치 않지만, 도회로
진학한 중학교 1학년 국어 시간에 그를 만난 것은 확실하다. 교과서
에 '현대 문학사'를 다룬 소단원이 있었기 때문이다. 거기서 그가 우
리나라 최초의 현대 소설 『무정(無情)』을 썼다는 것과 『흙』의 주인공
이 '허숭'이라는 것 등을 배운 기억이 생생하다. 나이 지긋한 국어 교
사는 시골 청년들이 자전거를 빌려 타고 읍내에 와서 그날 치《매일
신보》를 읽고 돌아가곤 했다는 일화를 들려주기도 하였다.

고교 시절에 텔레비전에서 그의 중편 「무명(無明)」(1940년 일본 신태양사가 주는 조선예술상 수상)을 원작으로 한 드라마를 시청한 적이 있다. 식민지 치하 어느 감방 안의 인간 군상을 그린 작품인데, 주인공으로 출연한 신구의 소름 끼치는 연기에 나는 넋을 잃었다. 아, 춘원에게도 저런 울림이 있는 작품이 있구나 하고 생각하였지만, 굳이 원작을 찾아 읽지는 않았다.

장편 소설『무정』을 처음 읽은 것은 대학에서 '한국 현대 소설론'을 들으면서였다. 과제가 되어 버린 '독서'란 얼마나 고통스러운가. 이걸 읽기 위해서 시골 청년들이 수십 리 길을 오갔다고? 나는 거의 짜내듯 그 '재미없는' 소설을 읽어야 했다. 소설의 줄거리를 이미 꿰고 있는 데다 무려 '최초'의 현대 소설이었다. 이미 반세기가 훌쩍 지나 그간 끊임없이 발전해 온 소설 미학의 세례를 받을 만큼 받은 문학도에게『무정』의 미학이 눈에 들어올 리 만무했던 것이다.

춘원 이광수의 문학적 업적이야 알려진 대로다. 그는 적어도 육당 최남선과 함께 이른바 '2인 문단 시대'를 이끈 1910년대의 주인공이었다. 이런저런 이력 가운데 그의 천재성을 입증할 만한 기록들은 넘친다. '최초의 현대 소설'로 평가받는『무정』은 단편이 아니라 장편이다. 우리 문학이 여전히 '신소설'류의 서사에 머물러 있을 때 그는 장편 소설 하나로 단박에 이 땅의 '현대'를 그려내 보인 것이다.

나는 이광수가 굳이 '작가'가 아니 되었어도 '충분'했던 사람이 아닐까 생각하곤 한다. 그의 문학에 두드러지는 '계몽주의적 성격'이 아니더라도, 그는 세상을 향해 하고 싶은 말이 많았던 사람 같다. 그는 어쩌면 작가가 아니라 사상가가 되고 싶어한 이였을지도 모르겠다고 여기기 때문이다.

'이광수'에서 '가야마 미쓰로'로

이광수는 1892년 평안북도 정주에서 태어났다. 춘원 외에 고주(孤舟), 외배, 올보리 등의 호를 썼다. 필명으로는 춘원생(春園生)·경서학인(京西學人)·Y생(生)·장백(長白)·장백산인(長白山人) 등을 썼다. 열살 때 부모가 콜레라로 죽자 누이동생 둘과 외가와 재당숙 집을 오가며 자랐다.

1905년 일진회(一進會)의 추천으로 유학생으로 뽑혀 일본으로 건너가서 이듬해 다이세이(大成)중학교에 입학하였으나, 학비 조달이 여의치 않아 귀국하였다. 1907년 학비를 마련하여 다시 일본으로 돌아가 메이지(明治)학원 보통부 중학 3학년에 편입하였다. 문일평, 홍명희 등과 소년회를 조직하고 회람지 『소년』을 펴내면서 시와 논설 등을 발표하였으며, 메이지학원 동창학보인 『백금학보(白金學報)』에 일어로 쓴 단편 소설 「사랑인가(愛か)」를 발표하면서 본격적으로 문학 활동을 시작하였다. 이 작품이 그의 첫 소설인 셈인데, 이때 그는 열다섯 살이었다. 1910년에는 신체시 「우리 영웅」(『소년』), 평론 「문학의 가치」와 단편 소설 「무정」(이상 『대한흥학보』)을 발표하였다.

같은 해에 학교를 졸업하고 남강 이승훈(1864~1930)의 초청으로 정주 오산학교에서 문학을 가르치기 시작하였는데, 이듬해 '105인 사건'으로 이승훈이 구속되자 학감으로 취임해 실질적 책임자가 되었다.

이광수는 1914년 신규식의 추천으로 샌프란시스코에 있는 《신한민보》의 주필을 맡기로 하고 미국으로 향하던 중 1차 세계대전 발발 소식을 듣고 오산학교로 돌아왔다.

1915년에는 인촌 김성수의 후원으로 일본 와세다(早稻田)대학 고등
예과에 편입하였다. 1917년 정초부터 6월 14일까지 《매일신보》에 장
편 소설 「무정」을 연재하고, 와세다대학 철학과에 특대생으로 진급하
였다.

이광수는 1919년 1월에 「조선청년독립단선언서(2·8독립선언서)」를
기초한 뒤 상하이로 가서 신한청년당에 가입하였다. 7월에 상하이 대
한민국 임시정부 사료편찬위원회 주임을, 8월에는 임시정부 기관지
《독립신문》의 사장 겸 편집국장을 맡았다.

그가 조선 민족의 개조를 주장한 「민족개조론」을 『개벽』에 발표한
것은 1922년 5월이었다. 민족개조론은 1920년대 일제의 기만적인 문
화정치 아래에서 독립을 포기하고 일제 지배 안에서의 자치를 주장한

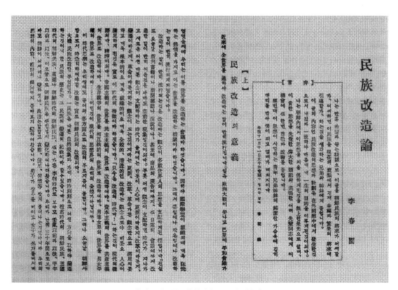

「민족개조론」, 『개벽』(1922년 5월호)

민족개량주의자들에게 환영을 받은 대신, 애국 지사와 청년들로부터 맹렬한 비난을 받았다. 이 일련의 논의는 뒷날 춘원의 변절을 예고하는 조짐으로 보인다.

『친일문학론』은 무려 25쪽에 걸쳐서 '이광수론'을 전개한다. 임종국은 이광수의 일본식 성명으로 허두를 뗐다. 그는 이광수의 일본식 성명 '가야마 미쓰로(香山光郎)'에 대해 '향산'은 그가 평북 출신이니 '묘향산'에서 따온 거라고 추측하였지만, 정작 본인의 '선씨(選氏) 고심담' 앞에서 '항복'을 선언하고 만다.

> 지금으로부터 2600년 진무 천황께옵서 어즉위(御卽位)를 하신 곳이 가시하라(橿原)인데 이곳에 있는 산이 가구야마(香久山)입니다. 뜻깊은 이 산 이름을 씨로 삼아 '향산'이라고 한 것인데 그 밑에다 '광수'의 '광' 자를 붙이고 '수' 자는 내지식의 '랑'으로 고치어 '향산광랑'이라고 한 것입니다.
>
> —「지도적 제씨(諸氏)의 선씨 고심담」, 《매일신보》(1940년 1월 5일자)

그는 다른 글(「창씨와 나」, 《매일신보》 1940년 2월 20일자)에서 창씨와 관련하여 자신의 심경을 부연한다. 흔히 친일 인사들이나 그들을 비호하는 이들이 주장하는 '일제의 강제나 겁박'과 상관없이 자신의 자발적 순종이었음을 밝히고, '천황의 신민'으로서 '황공함'을 드러내는 술회다.

> 창씨의 동기: 내가 향산(香山)이라고 씨를 창설하고 광랑(光郎)이라

고 일본적인 명으로 개(改)한 동기
는 황송한 말씀이나 천황 어명과 독
법을 같이하는 씨명을 가지자는 것
이다. 나는 깊이깊이 내 자손과 조
선 민족의 장래를 고려한 끝에 이리
하는 것이 당연하다는 굳은 신념에
도달한 까닭이다. 나는 천황의 신민
이다. 내 자손도 천황의 신민으로 살
것이다. 이광수라는 씨명으로도 천
황의 신민이 못 될 것이 아니다. 그
러나 향산광랑(가야마 미쓰로)이 좀더
천황의 신민답다고 나는 믿기 때
문이다.

「창씨와 나」, 《매일신보》(1940년 2월 20일자)

1919년 1월 「조선청년독립단선언
서」를 기초하고 흥사단에서 활동하는 등 민족주의적 성향을 보였던
이광수가 친일의 길로 들어선 것은 1937년 이후다.

수양동우회(修養同友會) 사건으로 안창호 등과 함께 서대문형무소
에 수감되었다가 병보석으로 풀려난 이광수는, 이듬해 정신적 스승인
안창호가 사망하자 충격을 받고 실의에 빠졌다. 결국 병보석 상태에
서 수양동우회 사건의 예심을 받던 중 그는 전향을 선언하고 조선 신
궁을 참배하는 등 본격적으로 일제에 협력하기 시작하였다.

이후 이광수의 친일 행적은 눈부시다고 할 만하였다. 그는 창씨개

명 후 '내지인과 차별 없이 되기 위한 노력'에 전력을 다하였다. 그는 '황실 중심 사상과 그에 관련된 생활 방식'을 받아들이고 "우리들의 천황이 사용하시는 말을 우리 국어로 하지 않으면 안 된다"고 주장하며 '혼상례의 일본식화', '의례준칙의 일본화', '일본적 실내 장식의 도화 섭취', '식생활의 일본적 개량' 등을 권장하였다.

작가로서의 '자기 부정'

모국어로 글을 쓰던 작가 이광수는 그예 조선어를 버리고 일본어를 '국어'로 맞아들임으로써 마침내 황국신민 가야마 미쓰로로 변신하였다. 모국어를 통해 그 나라의 문학을 일구어 나가는 작가라는 자신의 고유한 문학적 정체성을 포기한 것이다. 한일병합 27년, 결국 당대 최고의 작가는 이로부터 민족을 등지는 길로 나아갔다.

이광수는 조선 문학이 "일본 국민 전체를 독자로 할 것이요, 나아가서는 대동아 전역의 문학이 되기를 기할 것"이라면서 "국문학의 용어가 국어일 것은 말할 것도 없다. 당분간 조선문의 문학이 존속하겠지만 그것은 필경은 국어로 번역되어서 국문학에 채택 흡수될 것"이니 문학에 뜻을 두는 자는 국어 공부를 게을리 말아야 할 것이라고 충고하기도 하였다.

조선인으로서 조선어에 대해 일종의 애착을 느끼는 것은 당연하지만, 우리 천황께서 쓰시는 말을 우리의 국어로 하지 않으면 안 된다. 조

선어로 일본의 국어를 삼을 수는 없지 않겠는가. 또한 두 개의 국어를
병용할 수도 없지 않겠는가.

— 「반도의 형제자매에게 보냄(半島の弟妹に寄す)」, 「신시대」(1941년 10월호)

그의 '국어'는 물론 일본어다. 작가로서 모국어에 대한 정체성을 지
니고 있었는지를 의심할 만한 발언이다. 조선어(한글)가 당분간은 쓰
이겠지만 필경은 일본 문학에 흡수될 것이라고 내다보면서 일본어 습
득에 힘을 쏟으라고 말하고 있는 것이다. 언어를 매개로 세계를 창조
하는 작가로서 있을 수 없는 '자기 부정'이다.

나는 지금에 와서는 이러한 신념을 가진다. 즉 조선인은 전연 조선
인인 것을 잊어야 한다고. 아주 피와 살과 뼈가 일본인이 되어 버려야
한다고.

— 「심적 신체제와 조선 문화의 진로」, 《매일신보》(1940년 9월 4~12일자)

그는 살과 뼈까지 일본인이 되느라 그의 문학을 친일의 제단에 바
친다. 임종국은 그의 소설 가운데 「그들의 사랑」(《신시대》1941년 1~3월
호)을 가장 문제가 많은 작품으로 꼽는다. 연재가 중단된 미완성의 이
장편은 한 조선 청년이 어떻게 친일파로 변모해 가는가를 굴욕적으로
보여 준다.

우리는 순순히 일본 국민의 길을 걸어 나아가야 할 것이요. 여러분은
날더러 반역자라 하시거니와, 지금의 태도를 고치지 아니하시면 여러분

이야말로 용서할 수 없는 반역자요, 죄인이요, 그리고 조선 민족을 죽이는 자들이요.

— 「그들의 사랑」, 『신시대』(1941년 1~3월호)

조선 청년 이원구는 일본인 학자의 집에 기숙하면서 '조선 사람의 가정생활이 방만하고 무질서한 것'과 '일본이 내 조국인 것'을 깨닫는다. 그는 '광주학생사건이 조선 청년 전체에게 불행을 준' 것이라 주장하면서 '그런 잘못된 감정을 청산해야 한다'고 말한다. 임종국은 이 작품에 드러난 이원구의 사상이 '사대주의'와 '자기모멸'에서 유래한다고 비판하고 있다.

문학으로 이어지는 그의 친일 행각 가운데 가장 두드러진 부분은 징병제에 대한 찬양이다. 총독부 당국에 징병제 시행을 촉구(「동포에게 부침(同胞に寄す)」, 《경성일보》 1940년 10월 1~9일자)하고 '병역'을 치러야 '옹근 국민'이 된다며 '징병'이 고맙다고 말하는 그에게는 이제 '충

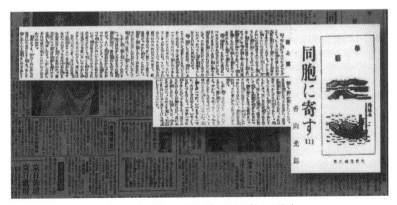

「동포에게 부침」, 《경성일보》(1940년 10월 1~9일자)

용(忠勇)한 황국신민(皇國臣民)'의 결기만이 남아 있다.

그동안 조선 사람 남자들은 병정이 못 되었으니 반편 국민 노릇을 한 셈이었습니다. 내후년부터야 옹근 국민이 되는 것입니다.

— 「징병과 여성」, 《신시대》(1942년 6월호)

한번 병역의 의무를 치르고 남으로 완전한 국민이 된다. 병역을 안 치른 국민은 반편이다. 그러므로 징병이 고맙다는 것이다.

— 「앞으로 2년」, 《신시대》(1942년 9월호)

아마 가까운 장래에 조선인 전 장정이 병사로서 부름받을 광영의 날이 올 것이다. 우리는 그날을 위한 준비를 서두르지 않으면 안 된다. 조선의 장정은 한 사람도 남김없이 몸도 마음도 맑고 씩씩한 천황의 방패가 될 수 있도록 자기 수련을 쌓지 않으면 안 된다. 그리고 부름을 받는 날에는 기쁘고 용감하게 어군(御軍)에 참여할 마음을 준비해야 한다.

— 「병역과 국어와 조선인(兵役と國語と朝鮮人)」, 《신시대》(1942년 5월호)

저도 이제는 조선 동포도 천황의 백성이 되었다는 것을 알고 있습니다. 우리 남자 형제들은 내지(內地)의 형제들과 똑같이, 육군에도 해군에도 들어갈 수 있게 되었다는 사실도 알고 있습니다. ……이는 말씀 드릴 것도 없이 무변(無邊)한 황은(皇恩)이며, 단지 감격할 따름입니다.

— 「소녀의 고백(少女の告白)」, 『신태양』(1944년 10월호)

1943년 11월에 최남선·김연수 등과 함께 일본에서 학생들에게 지원병을 권유하는 '선배 격려대원'으로 연설하였다. 이 행사와 관련하여 최남선과 나눈 대담에서 이광수는 메이지대학 강당에서 열린 특별지원병 궐기대회의 풍경을 다음과 같이 묘사하였다.

그런 장면은, 일찍이 없었던 것으로 생각하오. 우리들의 지금까지의 경험으로는 참으로 내선일체가 실현된 것 같은 장면이었지요. 조선 학생들이 의견을 말하면 내지 학생들이 그것을 뒷받침하는 말을 하며, '하나가 되자'라는 그런 생각으로 가득했지요. 일종의 극적 광경이라고나 할까. 모두가 울고 있더군요. 황국을 위해 전장에 나가 죽자는 생각이 모두의 얼굴에 드러났더군요.

– 「동경대담(東京對談)」, 『조선화보(朝鮮畫報)』(1944년 1월호)

신념화한 '대동아공영권론'

자, 조선의 동포들아
우리들이 있음으로써
이 큰 싸움을 이기게 하자
우리들이 있음으로써
대 아세아 건설을 완수시키자
이럼으로써 비로소
큰 은혜에 보답하여 받듦이 되리라

아아 조선의 동포들아,

우리 모든 물건을 바치자

우리 모든 땀을 바치자

우리 모든 피를 바치자

동포야 우리들, 무엇을 아끼랴

내 생명에서 나온 것이라고 말하지 말지어다

내 생명 그것조차 바쳐 올리자

우리 임금님께, 우리 임금님께

– 「모든 것을 바치리」, 《매일신보》(1945년 1월 8일자)

끌려가는 일본 국민이어서는 아니 된다. 구경하는 국민이어서는 아니 된다. 자발적, 적극적으로 내지 창조적으로 저마다 신체의 어느 부분을 바늘 끝으로 찔러도 일본의 피가 흐르는 일본인이 되지 아니하여서는 아니 된다.

– 「황민화와 조선 문학」, 《매일신보》(1940년 7월 6일자)

일제의 강제나 겁박에 따른 소극적 행위가 아니다. 이미 그는 1940년 전후로 일본의 동양체제론, 내선일체론, 대동아공영권론 등을 받아들인 후, 마침내 일본 천황 중심의 대동아공영권론을 신념화하기에 이른 것이다.

씩씩한 우리 아들들은 총을 메고 전장으로 나가고
어여쁜 우리 딸들은 몸빼를 입고 공장으로 농장으로 나서네.

말 모르는 마소까지도 나라 일 위해 나서는 오늘이 아닌가.

천년 화평 도의세계를 세우랍신

우리 임금님의 명을 받자와

'예' '예' 하고 집에서 뛰어나오는 무리

이날 설날에 반도 삼천리도 기쁨의 일장기 바다.

무한한 영광과 희망의 위대한 새해여.

— 「새해」, 《매일신보》(1944년 1월 1일자)

곳곳에 등장하는 '우리 임금님'이 누군가. 이광수는 마음으로 천황 폐하를 위해 이 한 몸을 초개같이 바치자고 웅변한다. 전시 동원 체제에 부응하여 1943년부터 실시한 학병제에 적극 동조하고, 조선의 젊은이들에게 일왕의 총알받이로 지원할 것을 부추기고 있는 것이다.

이 성전의 용사로

부름 받은 그대 — 조선의 학도여

지원하였는가, 하였는가

— 특별지원병을 —

그래, 무엇으로 주저하는가

부모 때문인가

충 없는 효 어디 서리

나라 없이 부모 어디 있으리

(……)

가라 조선의 6천 학도여.

삼천만 동향인의 앞잡이 되라

총후의 국민의 큰 기탁(寄託)과

누이들의 만인침(萬人針)을 받아 띠고 가라

—「조선의 학도여」, 《매일신보》(1943년 11월 5일자)

이미 반세기도 전의 과거사라고 하더라도 이것이 조선의 으뜸 작가, 만인의 연인으로 불리던 춘원 이광수의 행적임을 확인하는 건 여간 끔찍한 일이 아니다. 그는 온몸으로 황민화와 내선일체, 국어와 국민문학을 주장하고 그 선두에서 부역을 이어 갔지만 역사의 진전, 일본의 패망 앞에선 무력했다.

변명으로 일관한 『나의 고백』

'아주 피와 살과 뼈가 일본인이 되어 버려야 한다'는 신념을 가졌지만, 그는 결국 일본인이 될 수 없었다. 1945년 그의 '천황폐하'가 무조건 항복하였을 때 그는 해방 조국의 민족반역자로 역사 앞에 서야 했다. 그러나 그는 자신의 친일 행위에 대해서 끝까지 변명으로 일관하였다.

1948년 12월 자신의 친일 행적에 대한 경위와 그 역사철학적 맥락을 밝힌 『나의 고백』에서 그는 민족의식이 싹트던 때부터 일제 말기까지 자기의 행위가 민족을 위한 선택이었다고 서술한다. 그리고 일제 말기의 친일 행위 역시 '애국자로서의 명예를 희생하더라도 민족

보존을 위해서는 어쩔 수 없는 고육지책'이었다고 강변하였다.

1949년 2월 7일 그는 반민특위에 체포되어 서대문형무소에 수감되었다. 1차 심문 후 그는 친일에 대한 고백서를 썼지만, 여전히『나의 고백』에서와 같은 변명으로 일관하였다. 병보석으로 석방된 뒤 특검에 송치되었으나 그해 8월 불기소 처분되었다.

이광수는 1950년 7월 서울을 점령한 인민군에 의해 납북되었고 그해 10월 25일 폐결핵이 악화되어 사망하였다. 향년 58세. 60년도 채 살지 못하면서 민족을 등지고 친일부역의 길을 걸은 것은 무엇을 위해서였을까. 그의 말대로 '민족'을 위해서였을까. 민족과 민족어를 부정한 작가의 선택에 대해서 역사는 이미 무언으로 응답한 듯하다.

경기 남양주 봉선사(奉先寺)에 있는
춘원이광수기념비

김기진,
황민문학으로 투항한
계급문학의 전사

김기진(1903~1985)

'기진'이라는 이름보다 '팔봉(八峯)'이라는 호로 더 알려진 김기진(金基鎭·金村八峯, 1903~1985)은 회월(懷月) 박영희와 함께 카프(KAPF, 조선 프롤레타리아 예술가 동맹)의 주요 성원으로 활동하였다. 그는 경향소설인 「붉은 쥐」(1924)를 쓰기도 했지만 대체로 시인과 평론가로 소개되며 대중적 시인이나 작가로 알려진 이는 아니다.

오히려 그는 우리 문학사에서 매우 소략하게 소개되는 1920년대 이후 계급문학(프로문학)의 전개에 매우 비중 있게 다루어지는 인물이다. 그는 1924년 10월 좌익 문예단체 파스큘라(PASKYULA)에 창립 회원으로 참여한 이후, 1925년 8월 이 단체가 또 다른 좌익 문예단체인 염군사(焰群社)와 합쳐 발족한 카프에도 창립 회원으로 참여하였다.

파스큘라, 카프 등 계급문학의 주역

1931년과 1934년의 '카프 제1·2차 검거 사건' 때 그는 각각 열흘과 70일 동안 경찰에서 조사를 받고 석방되었다. 일제의 탄압으로 카프가 실질적으로 해산된 1935년까지 그는 박영희와 '내용·형식 논쟁'을 벌이는 등의 활동을 통해 비평을 문학사의 중심 위치로 올리는 데 이바지하였다고 평가된다.

김기진은, 한일병합 후 영동 군수와 충주 군수를 지내고 일제로부터 여러 차례 훈작을 받아 『친일인명사전』에 오른 관료 김홍규의 아들로 태어났다. 일본 유학 중에 사회운동에 관심을 갖게 되었으며, 도쿄에 있는 조선인 유학생들의 연극단체인 토월회(土月會)의 창립 동인으로 활동하기도 하였다.

1923년 『개벽(開闢)』에 평론 「프로므나드 상티망탈」을 발표하면서 평론가로 정식 등단하였다. 같은 해 9월에는 문학동인지 『백조(白潮)』의 창립 동인으로도 참여하였다. 파스큘라 창립 이후 그는 《매일신보》, 《시대일보》, 《조선일보》 등의 언론사에서 기자로 일하였는데, 그가 본격적으로 친일의 길을 걷기 시작한 것은 1938년부터 1940년 1월까지 《매일신보》 사회부장을 지내면서부터다.

그는 1938년 9월에 조선총독 미나미 지로(南次郎)가 호남과 남해안을 시찰할 때《매일신보》사회부장으로서 총독을 수행하면서「제주도 남(南) 총독 수행기」(9월 20~27일자)와「소록도를 보고 광주로 – 남(南) 총독 수행기」(9월 28~29일자)를 썼다.

이 가운데「제주도 남(南) 총독 수행기 3 – 놀라운 각고 근면, 도내의 만리장성」에서는 도내 소학교 학생들이 제2의 일본 국가(國歌)라고 하는 〈우미유카바(海ゆかば)〉를 부르고 황국신민서사를 외우며 황민화되어 가는 모습을 긍정적으로 서술하였다.

매사가 처음이 어렵다. 첫 단추를 꿰고 나면 나머지는 비교적 수월하게 이루어지는 것이다. 이후 가네무라 야미네(金村八峯)로 창씨개명한 그는 총독부 외곽 단체인 조선문인협회* 발기인으로 참여하고, 영화에도 관여하면서「조선 영화의 새 출발(朝鮮映畫の新出發)」(『춘추』, 1942년 8월호)이라는 평론을 발표한다.

그는 이 평론에서 지금의 시국이 조선 영화에 요구하는 안건으로 "국어의 보급, 내선일체 이념의 철저, 일본정신의 파악, 필승 체제로의 적극적 협력, 직역봉공(職域奉公), 증산(增産)·저축·개로(皆勞)의 실천, 방공·방첩정신의 앙양, 동양 윤리사상의 함양, 과학 지식의 보급, 시사 인식의 강화 등등"을 들었다.

●   1939년 결성된 총독부의 어용 문인단체. 창립 총회에서 회장으로 이광수, 간사로 박영희·이기영·유진오·김동환·정인섭·주요한 등과 세 명의 일본인이 선출되었다. 1943년 조선문인보국회로 강화, 결성되었다.

1938년 이후, 전쟁 찬양에서 징병과 학병 선동까지

1943년 4월 조선총독부의 지시에 따라 조선문인협회 등의 네 단체가 통합하여 조선문인보국회*로 출범하면서 그의 친일 행각은 날개를 단다. 제국주의 전쟁 수행을 뒷받침하는 국민총력조선연맹**에서 그는 보도특별정신대 강연, 증산 위문 파견, 방문·좌담 기사 집필 등의 선전·선동 활동을 펼쳤다.

그에 따르면, 중일전쟁(1937~1945)은 '동아 신질서 건설의 역사적 사명을 가진 성전(聖戰)'이다(「대아세아주의와 김옥균 선생」, 『조광』 1941년 11월호). 그는 만주 침략과 러일전쟁, 청일전쟁을 같은 성격의 전쟁으로 평가하였다. 또 내선일체의 본보기로 일본의 극우단체와 조선의 김옥균을 연결 지었고, 시조를 통해 일제의 침략전쟁을 우리의 전쟁으로 받아들이도록 유도하였다.

이 산과 이 냇가에 우리는 이웃사촌

삼천리 한집이요 내선(內鮮)이 일가어늘

어찌나 이 큰 전쟁이 내 싸움이 아닐까.

— 「경산시첩(慶山詩帖) 1」, 《매일신보》(1944년 10월 4일자)

- 1943년 4월 조선문인협회, 조선하이쿠(俳句)작가협회, 조선센류(川柳)협회, 국민시가연맹이 통합하여 결성한 친일 단체. '조선에 최고의 황도문학(皇道文學)을 수립한다'라는 구호 아래 1천여 명의 문학가들이 모여 결성되었으며, 대표급 문인과 작가들이 총동원되다시피 참여하여 온갖 친일 문필과 행동으로 내선일체를 선동하고 전쟁을 지원하였다.
- 1940년 조선총독부 차원에서 조직된 친일 단체. 중일전쟁 발발 이후 전쟁 시국에 대한 협력과 조선 민중에 대한 강력한 통제, 후방 활동의 여러 문제를 처리하기 위해 조직된 기구로, 국민정신총동원조선연맹의 후신이다.

태평양전쟁 발발 이후 그가 쓴 일련의 시편들은 모두 '대동아전쟁'의 정당성과 미영(美英)에 대한 비난, 일본군의 승리에 대한 찬양 일색이었다. 또 침략전쟁에서의 희생과 이를 뒷받침하는 이른바 총후봉공(銃後奉公, '총후'란 총의 뒤, 즉 전쟁 중의 후방을 말함)을 주장하였다.

황군이 치는 곳에 난공불락 있을소냐.
백년을 이 깨물고 참아 오던 철퇴 아래
제 소위 대불열전(大不列顚, 영국) 산산파편 되누나.

3개월 버티겠다 장담하던 그 입으로
이 몸은 포로 되려 황군 앞에 왔노라고
영(英) 총독 군인이라면 배 가르고 죽어야

긴 역사 비춰 보면 백년도 잠시런만
세월을 헤이건대 지루한 압제였네.
다 같이 홍콩(香港) 함락의 만세 높이 부르세.

- 「대동아전쟁송」, 『조광』(1942년 2월호)

1942년 2월 일찍이 우리가 바친 놋그릇들이 모조리 어뢰 되어
지금 서남태평양에서 악의 무리를 쳐부수는구나.
일찍이 공장에 들어간 아우가 누이가 정성을 다해서
못 한 개 나사 한 개 소홀히 하지 않은 우리의 비행기가
지금 미국의 태평양 함대를 놓치지 않고 뒤쫓아가네.

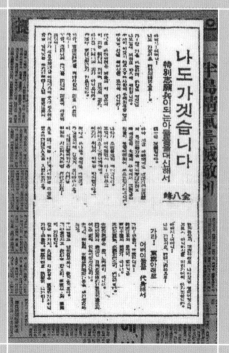

「님의 부르심을 받들고서」
《매일신보》(1943년 8월 1일자)

「나도 가겠습니다
– 특별지원병이 되는 아들들을 대신해서」
《매일신보》(1943년 11월 6일자)

아아, 주먹에 땀을 쥐고 이를 갈면서 우리도 따르자.

— 「의기충천」, 《매일신보》(1944년 10월 19일자)

    그는 이른바 '국민문학'의 당면 조건으로 '황도(皇道)정신의 앙양, 대동아 신질서 이념의 파악, 일본적 교양의 수련' 등 세 가지(「국민문학의 출발 - 연두의 각서를 대신하여 5」, 《매일신보》 1942년 1월 14일자)를 들면서 '전쟁에의 진충(盡忠), 신질서 건설에의 협력, 세계문화에의 신지향은 금일 문단인들의 태도요, 결의'(「탄환과 충언(상)」, 《매일신보》 1944년 1월 5일자)라며 문학인의 적극적인 체제 협력을 선동하였다.

    징병과 학병의 선전, 선동에 있어서도 김기진은 여느 친일문인과 다르지 않았다. 1943년 8월 1일부터 징병제가 시행되자, 같은 날 그는 《매일신보》에 화가 고희동의 호랑이 그림과 함께 시 「님의 부르심을 받들고서」를 발표하였다.

반도의 아우야, 아들아 나오라!
님께서 부르신다. 동아의 백만의 천 배의
용감한 전위의 한 부대로 너를 부르신다.
(……)
나라를 위해 목숨을 바치는 영광의 날이 오고야 말았다.
죽음 속에서 영원히 사는 생명의 문이 열리었구나.

    1943년 10월 육군특별지원병 채용 시행규칙이 공포되면서 학도병 제도가 실시되었다. 그는 11월 6일 《매일신보》에 기고한 시에서 특별지원병, 즉 학병으로 나가는 아들의 목소리로 학병 지원과 희생의 대의를 노래하였다. 그가 노래한 '피'는 군국주의 일본을 위한 덧없는 희생이었지만, 그것이 동양과 아시아의 지도를 바꾸는 일이라 강변하고 있다.

> 한 사람에 천년의 목숨 없고
> 천 살을 산들 썩어 살면 무엇에 씁니까!
>
> 대대로 받아 내려온 제 몸의 이 더운 피
> 이 피는 조선의 피이며 일본의 피요,
> 다 같은 아세아의 피가 아니오니까.
> 반만년 동양의 역사가 가르칩니다.
>
> 지금, 동양의 역사를 동양 사람의 피로 새로이 쓸 때 —
> 지금, 아세아의 지도를 동포의 피로써 새로이 그릴 때 —
> – 「나도 가겠습니다 – 특별지원병이 되는 아들들을 대신해서」, 《매일신보》(1943년 11월 6일자)

인민재판에서 살아나 '무공훈장'까지

식민지 청년들의 희생에도 불구하고 동양의 역사는 그의 바람처럼 새로 쓰이지 않았다. 해방 후 그는 반민특위가 공개한 미체포자 명단에 포함되었으며, 자수를 권유받았으나 자수하거나 체포된 사실 없이 공소시효인 8월 30일을 넘겼다.

한국전쟁이 발발해 인민군이 서울을 점령하자 그는 '인민재판'에 회부되어 즉결 처분을 받았지만, 닷새 후 극적으로 생환한다. 그 뒤 육군종군작가단에 입대하여 '전선문학'에 해당하는 글을 썼고, 1952년에는 작가단 부단장으로 금성화랑무공훈장까지 받았다.

종군작가단에 무공훈장이 얼마나 주어졌는지는 알 수 없다. 불과 칠팔 년 전에 동포 청년을 일제를 위해 총알받이로 내몰던 친일부역 인사에게 적을 물리친 전공으로 훈장이 내려지는 이 한 편의 일화 속에는 첫 단추가 잘못 꿰어진 우리 역사의 단면이 어른거리고 있는 셈이다.

그는 문인이면서 친일로 전향한 이후 대부분 시간을 언론인으로서 보냈다. 동족을 향해 친일과 순종을 강요하고 징병과 학병을 위한 선전·선동에 매진하였다. 그러나 그는 단죄를 피했으며, 전쟁 중의 공로로 훈장을 받고 전후에 언론사 주필을 역임하기도 하였다.

프랑스의 전후 청산 과정에서 문인과 언론인이 첫 번째 숙청 대상에 오른 것은 그들이 누구보다 가장 증오받는 부역자들이었기 때문이다. 파리의 한 부역자재판소에서 재판받은 작가·언론인 32명 중 12인이 사형 선고를 받았고 그중 7인이 처형되었다는 기록은 그 단적인 실례다.

그러나 35년 동안 식민 지배를 받았지만 우리는 단 한 명의 문인도 단죄하지 못했다. 그리고 그들은 일말의 참회도 없이 해방된 독립 조국의 과실을 아낌없이 챙겼다. 팔봉은 한국펜클럽과 한국문화협회 고문, 예술원 회원을 지냈고, 문화훈장을 받았다.

해방 후 자신의 친일 행위에 대한 그의 회고—「나의 회고록」
(1964~1966), 「일제 암흑기의 문단」(1970)—는 황당하기만 하다. 조선
문인보국회의 상무이사를 맡은 것 외에는 일체의 친일 활동을 한 바
없으며, 보국회에서도 전혀 일을 하지 않고 오로지 독립을 위한 '비밀
공작'(일제가 물러간 뒤에 민족의 독립을 준비할 신간회와 같은 민족의 기간
단체를 꾸릴 정치 자금을 모으기 위한!)을 했다는 것이 그가 훗날에 남긴
기록들 속에서 되풀이하여 주장하는 내용이다.

팔봉 김기진은 1985년 5월에 죽었다. 향년 82세. 신군부 집권 기간
중이었지만 기득권 세력에게 세상은 언제나 '태평성대'였다. 1989년
한국일보사에서 그의 문학을 기리는 팔봉비평문학상을 제정하였다.
이 상은 『친일인명사전』에 오른 문인을 기념하는 문학상 중 김동인,
서정주를 이어 세 번째로 제정된 문학상이다.

팔봉비평문학상, 친일은 친일이고 상은 상이다?

2013년에 두 명의 현업 음악가가 난파 홍영후의 친일 전력을 이유
로 '난파음악상' 수상을 거부하는 파란이 있었다. 음악가 홍영후를 기
념하는 상이 제정된 지 46년 만에 수상자 선정이 무산된 것이다. 새삼
스레 수상 거부 사태가 일어난 것은 역사 왜곡을 둘러싸고 한일 양국
간에 첨예한 대립이 벌어진 덕이었을까.

팔봉비평문학상은 첫 회에 김현이, 두 해째엔 김윤식이 수상하였고,
이어서 김치수, 김우창, 김병익, 김주연, 염무웅 등 이 나라의 내로라

하는 비평가들이 수상자 목록에 이름을 올렸다. '친일은 친일이고, 상은 상'일 뿐일까. 미당문학상이나 동인문학상 역시 마찬가지다.

대저 상이란 문학사에 커다란 족적을 남긴 이들을 기리고 그들의 업적을 토대로 후배 문인들을 격려하고 평가하기 위해 만들어진다. 그러나 가장 어둡던 시대의 아픈 자취를 짐짓 외면하지 않으면 안 되는 게 우리 문학사의 우울한 초상인 것이다.

김동인, '문필보국(文筆報國)'의 전범

김동인(1900~1951)

김동인(金東仁·東文仁, 1900~1951)은 우리 소설사에서 빼놓을 수 없는 인물이다. 그는 춘원 이광수와 함께 초기 현대 소설의 발전에 크게 이바지하였다. 소설 문장을 과거형 시제로 서술하고 영문의 'he'와 'she'에 대응하는 '그'와 '그녀'라는 3인칭 대명사를 정착시킨 이가 이들이다.

김동인의 아버지는 평양의 대부호인 기독교 장로 김대윤이며, 일제 강점기에 각종 친일 단체에서 활동하고 제헌국회 부의장을 지낸 김동원이 이복형이다.

동인은 일본 유학 중이던 1919년 2월, 도쿄에서 우리나라 최초의 순문예 동인지 『창조(創造)』를 창간하였다. 그는 주요한을 발행인으로 한 이 동인지에 단편 소설 「약한 자의 슬픔」을 발표하며 등단하였다.

그는 춘원 이광수와 함께 초기 현대 소설의 발전에 기여하였지만, 문학을 바라보는 관점 등에서 춘원과 차이를 보인다. 이광수가 자신의 계몽주의적 사상과 가치관을 대중들에게 설득하는 통로로 문학을 상정한 데 반해, 그는 순문학적 목표를 분명히 했던 것처럼 보인다.

김동인은 1919년 2월 히비야(日比谷)공원에서 열린 재일본 도쿄 조선유학생 학우회 독립선언 행사에 참여하였다가 체포된 지 하루 만에 풀려났다. 3월에 귀국하여 동생이 사용할 3·1운동 격문을 기초해 준 일로 구속되었고, 그 뒤 6월에 풀려났다. 이는 어떤 형식이었든 '조선인' 김동인의 정체성을 보여 준 사건이라 할 수 있다.

역사소설로 '황민화운동'과 '내선일체'의 선두에

김동인이 본격적인 친일의 길로 들어선 것은 1930년대 후반이다. 그는 1939년 2월 초중순에 조선총독부 학무국 사회교육과를 찾아가서 '문단사절'을 조직하여 중국 화베이(華北) 지방에 주둔한 '황군(皇軍)'을 위문할 것을 제안하였다. 이 제안이 받아들여져 3월 위문사(문단사절)를 선출하는 선거에서 박영희·임학수와 함께 뽑혔고, 4월 15일부터 5월 13일까지 '북지황군(北支皇軍) 위문 문단사절'로 활동하였다.

조선 민중에게 성전(聖戰)의 참 의의와 병사들의 노고를 보고하여

조선 민중의 몽매함을 깨닫게 할 중대한 사명과 의무가 우리들 조선
문사(文士)에게 있다.

− 「북지 전선을 향하여」, 『삼천리』(1939년 6월호)

본인의 제안으로 떠나게 된 여행이라 결의도 굳세었던 모양이다.
그러나 동행한 박영희와 임학수가 돌아와 각각 『전선기행』, 『전선시
집』 등을 발표하여 자신의 임무를 완수한 데 반해 김동인은 병 때문
에 약속한 방문기는 쓰지 못했다.

히가시 후미히토(東文仁)로 창씨개명한 김동인의 친일 행위는 총독
부 외곽 단체인 조선문인협회 발기인으로 참여한 이후 본격화된다.
작가로서 그는 '역사소설'을 통해 이른바 '황민화운동'과 '내선일체'의
선두에 섰다. 임종국이 '조선의 역사소설은 마침내 김동인에 의해서
조선 역사를 버리고 일본 역사에서 취재하는 난센스를 빚어내'었다고

북지황군 위문 문단사절 기사(가운데가 김동인), 《매일신보》(1939년 4월 8일자)

조롱한 문제의 작품은, 장편『세이간(星巖)의 길』(『조광』 1944년 8~12월 호)이다.

이 장편의 주인공은 야나가와 세이간(梁川星巖)인데, 그는 도쿠가와 막부 말기의 시인이며 막부가 근왕양이(勤王攘夷)를 주장하는 자들을 체포하였을 때 25편의 시로써 시사(時事)를 개탄·비분한 인물이다. 김동인이 굳이 일본인을 주인공으로 하는 소설을 쓴 것은 메이지유신의 숨은 원동력이 된 세이간을 통해 메이지유신 전후의 일본을 그려 내어 이른바 '국민의식'을 고취하려 한 듯하다. 연재가 중단되긴 했지만, 그는 적어도 이 소설을 통해 일제의 '내선일체' 정책에 동의하고 이를 적극적으로 수용하려 한 것이다. 그의 이러한 적극적 친일 행위는 1941년 7월부터《매일신보》에 연재된 장편 소설『백마강(白馬江)』의 집필에서부터다.

『백마강』은《매일신보》에 소개된 것처럼 "내선일체의 성지 백제를 배경으로 신체제에 즉응하여 역사소설의 신기원을 만들고자" 한 작품이었다. 이 소설은 백제 의자왕이 항복하자 일본이 구원하러 온다는 내용으로, '내선일체'의 역사적 연원을 끌어내어 부여신사(夫餘神社) 건립 시책을 다루었다.

어떤 방식으로든 내선일체의 당위를 선전하고자 한 부역 문인들은 대체로 한일고대사를 매개로 부여신사의 역사성을 강조하곤 했다. 장편 소설『백마강』으로 이민족의 역사를 교배하는 통 큰 시도에 나선 점에서 김동인은 가히 선구적이었던 셈이다.

해방 당일까지 친일의 길로 매진하다

일제에 협력하는 글쓰기에 있어서도 김동인은 다른 친일문인들과 다르지 않은 활동을 벌였다. 그는 '일장기'를 '광명의 원천인 태양의 단순 간결한 표시'라고 찬양하는가 하면, '내선일체'와 '동조동근론'에 적극 부응하는 글을 썼다.

> 대동아전이 발발되자 인제는 '내선일체'도 문젯거리가 안 되었다. 지금은 다만 '일본 시민'일 따름이다. 한 천황폐하의 아래서 생사를 같이하고 영고(榮枯)를 함께할 한 백성일 뿐…….
> 이미 자란 아이들은 할 수 없지만 아직 어린 자식들에게는 '일본과 조선'의 별개 존재라는 것을 애당초부터 모르게 하련다.
>
> — 「감격과 긴장」, 《매일신보》(1942년 1월 23일자)

> 성전의 결과로 생겨날 대동아공영권 — 즉 신일본권이야말로 우리가 지금껏 옛말에서나 듣던 바와 같은 용궁(龍宮) 같고 선원(仙園) 같은 찬란한 대지역일 것이다. 무진장의 수산물·광산물·식물의 위에 찬연한 일본의 문화를 가한, 마치 태양과 같이 빛나고 무지개와 같이 찬란한 신일본권의 문물은 지금 바야흐로 전개되려 한다. 이 빛나는 역할의 한몫을 맡은 우리의 자랑도 소리 높여 부르짖자.
>
> — 「신일본권(新日本圈)」, 『반도의 빛(半島の光)』(1942년 3월호)

일제의 징병제 실시에 반가이 화답하는 것도 여느 친일문인과 다르지 않았다. 그는 1944년 1월 20일 조선인 학병이 첫 입영을 하게 되자 1월 19일부터 28일까지 《매일신보》에 「반도 민중의 황민화 – 징병제 실시 수감(隨感)」을 연재하였다.

「학병 보내는 세기의 감격 – 일장기 물결」,
《매일신보》(1944년 1월 22일)

> 조선에도 드디어 징병제가 실시됐다. 우리나라 헌법은 병역을 국민의 의무로 잡았다. ……병역이란 자는 단지 국민의 의무에 그치는 것이 아니고 국민의 특권인 증좌이다. 조선인의 사상이 과연 황국신민 되기에 충분한가, 아국(我國)의 국방군은 그 사상까지 완전한 일본인적 사상을 가진 자가 아니면 안 된다. ……우리나라의 국체에 대하여 충분한 이해를 가지고 이런 국체를 가진 국가의 우수한 병사가 되기를 명하는 바이다. 내 몸은 이제부터는 내 것이 아니요, 또는 가족의 것도 아니요, 황공하옵게도 폐하의 것이며, 지금 폐하의 어분부(御分付)로 완적(頑敵, 완강하게 버티는 적)을 멸하려는 성검(聖劍)을 잡고 일어선 바라는 자각을 가지고 나서야 할 것이다.

그는 학병제와 관련하여 강제가 아닌 자율 지원인 이 학병제야말로

"조선인의 황민화의 정도, 조선인의 일본인적 애국심의 강도를 다루어 보는 저울"이라고 주장하기도 하였다. 그는 국책문학으로서 '국민문학'을 선전하면서 문학인의 '문필보국(文筆報國)'에 앞장섰다.

> 이데올로기로서의 국민문학에서 오히려 감정으로서의 애국열과 보국정신을 붓의 힘을 빌어서 국민에게 환기시켜 천황폐하의 은혜와 나라의 은혜에 대해 만분의 일이라도 보답하고 싶은 것이다. 여생을 어봉공(御奉公)으로서 말이다.
>
> — 「조선 문단과 내가 걸었던 길(朝鮮文壇と私の歩んだ道)」, 『국민문학』(창간호)

김동인은 《매일신보》에 기고한 「총동원 태세로」(1944년 1월 1~4일 자)에서 지원병제·징병제·특별지원병제 등 "모든 행사가 일시 뇌동적 흥분이 아니고 진정한 황민화의 고양인 점을 천하에 알리는 동시에 후계자의 육속(陸續, 끊이지 않고 계속함)을 효과 있게 부르기에는 문학의 선동력과 흥분력의 힘을 빌 필요가 많다고 본다"고 주장하였다. 또 그러한 뜻에서 "반도의 문학인의 책무는 크고 또 중하다"고 보고 "국가 성쇠의 열쇠가 우리 반도 문학인의 손에 달렸다 해도 과언이 아닐 것"이라며 불을 뿜었다.

문학의 선동력으로 동포를 일제의 전쟁에 나아가게 해야 한다고 주장함으로써 김동인은 마침내 작가의 책무를 선전·선동으로 규정하는 윤리적 파탄에 이른 것이다.

1942년 1월 김동인은 한 잡지사에서 소설가 박계주 등과 잡담을 나누던 중 '법률상 천황의 권한은 개인인 천황 자신에게 있는 것이 아니고 천황이라는 국가기관에 속한다'는 '천황기관설'을 언급하면서, 천황을 '그 같은 자'라고 호칭하는 치명적(!) 실수를 저지른다. 그는 동석한 정보원의 제보로 체포되어 그해 7월 '천황불경죄'로 징역 8월을 선고받고 복역하였다. 이 부분은 발가벗고 친일의 길로 매진하던 히가시 후미히토에게 '옥에 티'가 되었을 것이다.

친일작가 김동인의 비극은 1945년 8월 15일, 해방되는 날까지도 일본의 패망을 전혀 눈치채지 못했다는 데 있다. 당일 오전 10시, 그는 조선총독부 정보과장 겸 검열과장 아베 다쓰이치(阿部達一)를 만나 '시국에 공헌할 새로운 작가단'을 만들 수 있게 도와줄 것을 부탁하였다. 물론 정오에 일본이 항복 선언을 할 것임을 알고 있던 아베는 이를 거절하였다.

해방의 날까지 친일에 골몰한 김동인에게 해방은 어떤 의미였을까. 친일을 비호하는 전형적 논리는 '정황론'이다. 그러나 일제의 강요와 탄압 때문에 피할 수 없었던 행위라는 정황론이 해방되는 날까지 친일의 길을 모색한 김동인에게는 적용되기 어려울 듯하다.

해방 이후, 자신의 친일 행적에 대한 동인의 태도 역시 여느 문인들과 다르지 않았다. 그는 「망국인기(亡國人記)」, 「속 망국인기」 등을 통해 자신의 행적에 대해 변명하였다. 일제 말기의 친일 행위를 민족해방을 위한 결단이자 고육책, '조선어와 조선 소설'을 지키기 위한 체제 내에서의 저항 행위라고 주장한 것이다.

김동인은 1949년에 중풍으로 쓰러졌다. 이듬해에 한국전쟁이 발발하였으니 피난을 떠나지 못한 그는 서울을 점령한 북한군에게 심문을 받았다. 김동인은 1951년 1월, 자택에서 사망하였고 이웃 사람들이 묻어 주었다. 적극적 친일 행위에도 불구하고 그는 해방된 조국에서 5년밖에 살지 못한 셈이다.

친일문인 문학상의 원죄, 동인문학상을 거부한 작가들

김동인의 문학적 업적을 기리는 동인문학상은 1955년 월간 『사상계(思想界)』에서 제정하고 이듬해부터 시상을 시작하였다. 그러나 박정희 정권의 탄압으로 『사상계』가 경영난을 겪으면서 1968년 중단되었다. 이후 동서문화사(1979~1985년)를 거쳐 1987년부터는 조선일보사가 이 상을 주관하고 있다.

1953년에 장준하가 창간하고 1970년에 김지하의 「오적」을 실어 폐간된 진보 잡지 『사상계』가 '동인문학상'을 제정한 속내는 쉽게 이해하기 어렵다. 일제의 학병으로 끌려갔다 탈출하여 광복군 장교로 싸웠던 민족주의자 장준하가 하필이면 친일문인 '김동인'을 기리는 문학상을 제정한 까닭은 무엇일까.

동인문학상을 수상한 작가의 면면은 눈부시다. 손창섭, 이호철, 김승옥, 이청준, 최인훈, 조세희, 이문열, 박완서, 이문구 등이 각각 이 상을 받았다. 모르긴 해도 오랫동안 이 상은 우리 문학계에서 가장 권위 있는 문학상이었던 듯하다.

친일문인의 이름을 딴 문학상은 이 밖에도 조연현문학상, 육당학술상, 팔봉비평문학상, 무영문학상, 미당문학상 등 무려 열 개나 운영되고 있다.

이 중 동인문학상이 가장 먼저 제정되어 친일문인 문학상의 '원죄'로 지목된다. 제1회 동인문학상 심사위원 9명 가운데 김팔봉(김기진), 백철, 최정희, 이무영, 정비석, 이헌구가 친일문인 42인에 포함된다는 사실은 어떻게 해석해야 할까.

문학평론가 오창은은, 친일문인 문학상이 수상자와 심사위원으로 하여금 "친일 행적에 관대한 입장을 취하겠다는 '암묵적 계약서'에 도장을 찍"게 한다는 점에서 위험하다고 지적하였다. 특히《조선일보》(동인문학상),《중앙일보》(미당문학상),《한국일보》(팔봉비평문학상) 등 중앙 일간지들이 친일문인 문학상 운영에 적극적으로 나서고 있는 점은 경계되어야 한다고 주장한다. "언론사가 '친일문인 문학상' 운영에 자신의 조직력을 동원함으로써 마치 문인들에 대한 사회적 승인 기구인 양 행세하는 것은 더 큰 위험 요소를 내포하고 있"기 때문이다.

그럼에도 작가들이 수상을 거부한 전례는 많지 않다. 동인문학상의 경우 2000년과 2001년에 걸쳐 작가 황석영과 공선옥이 각각 후보작이 되는 것을 거부하였다. 2003년에는 소설가 고종석이 같은 방식으로 수상 후보작을 거부하였다. 그러나 이 거부는 현대 문학에서 친일 작가라는 동인의 위치만이 아니라 문화 권력인《조선일보》에 대한 반대가 강했던 것이 그 배경으로 보인다.

최근 다시 동인문학상 폐지를 요구하는 시민사회의 요구가 거세어지고 있다. 2018년 10월, 한국작가회의와 민족문제연구소가 '문단의 적폐, 친일문인 기념문학상 이대로 둘 것인가'라는 제목으로 세미나를 열고 동인문학상 폐지를 촉구하면서, 폐지 이전에라도 개별 문인들이 이 상의 심사와 수상을 거부할 것을 주문한 것이다.

문학은 모국어를 통해 민족의 고유한 정서와 사상, 세계관을 드러내는 예술이다. 내로라하는 시인, 작가들이 일제의 식민 지배를 추인하고 그에 직·간접적으로 협력한 역사에 대하여 피치 못할 정황을 고려한다 하더라도 쉽게 이해하기 어려운 이유가 여기에 있다.

2009년, 친일반민족행위진상규명위원회에서 김동인이 친일 반민족행위를 하였다고 결정하자 그의 아들이 이에 불복하는 소송을 냈다. 그러나 재판부는 김동인이 《매일신보》에 글을 게재한 횟수가 11회에 이르러 '전국적 차원에서 징용을 주도적으로 선전, 선동하였다'고 판시하였다. 또 소설 『백마강』의 내용도 친일 행위의 직접적 증거로 보았다.

김동인은 어쨌든 한 시대에 걸쳐 우리의 현대 소설 문학을 이끌어 온 이다. 그의 작품 가운데 단편 「감자」는 만만찮은 문학적 성취를 자랑하는 작품이다. 그는 평론과 풍자에 능하였으며, 한때 문인은 글만 써야 된다는 신념을 가지기도 하였다. 그런 작가를 소설 대신 낯간지러운 친일부역의 글쓰기로 빠지게 한 역사는 얼마나 짓궂은가.

김동인은 단편 「붉은 산」(1932)의 삵, 회심한 망나니 정익호를 통해 원초적 민족주의를 그렸고, 『세이간의 길』과 『백마강』을 통해 내선일체, 황민화에 앞장서기도 하였다. 김동인과 히가시 후미히토 사이의 간극, 그것이 우리 슬픈 비극의 현대사, 문학사라는 사실을 새삼 확인하는 시간은 쓸쓸하기만 하다.

서울 어린이대공원 숲속의무대와 식물원 사이에 세워져 있는 김동인상과 김동인문학비.
원래 사직공원에 있던 것을 이전하였다.

김동환(1901~?)

파인(巴人) 김동환(金東煥·白山靑樹,

1901~?)이라면 낯선가. 그러면 「북청 물장수」나 우리나라 최초의 서

사시라는 「국경의 밤」을 기억하는가. 그도 저도 아니면 「웃은 죄」라는

시는 어떤가. 시골 마을 우물가 처녀와 한 나그네 사이에 오간 미묘한

교감을 서사의 과감한 생략으로 그려낸 이 짧은 시는 여운이 꽤 길다.

> 평양성에 해 안 뜬대두
> 난 모르오.
> 웃은 죄밖에,

그래도 기억이 아련하다면 「산 너머 남촌에는」이라는 대중가요를 기억하시는가. 1965년에 김동현이 작곡하고 '꾀꼬리'로 불리던 가수 박재란이 부른 이 노래는 당시 크게 히트하였다. 같은 시행의 반복과 토속적인 시어에다 7·5조 3음보의 율격이 매끈하게 목에 감겨 오는 노래다.

'민요적 서정'과 '죽음의 선동' 사이

그러나 이처럼 만만찮은 서정을 보여 준 김동환은, 조선인 최초의 지원병으로 1939년 6월 하순에 전사한 이인석(李仁錫)을 찬양하는 시를 통해 일본군 지원을 선동한 시인이기도 하다. 평범한 농민은 전사(戰死)를 통해서만 미천한 신분에서 벗어날 수 있으니 이 땅의 젊은이들에게 이인석을 본받아 하루바삐 '영광스러운 죽음의 길'로 뛰어들라고 독려한 것이다.

> 이인석 군은 우리에게 뵈어 주지 않았던가
> 그도 병(兵) 되어 생사를 나라에 바치지 않았던들
> 지금쯤 충청도 두메의 이름 없는 농군이 되어
> 베옷에 조밥에 한평생 묻혀 지내었겠지
> 웬걸 지사, 군수가 그 무덤에 절하겠나
> 웬걸 폐백과 훈장이 그 제상에 내렸겠나.
>
> – 「권군(勸君) '취천명(就天命)'」, 《조선일보》(1943년 11월 7일자)

김동환은 함경북도 경성 출신이다. 아명 삼룡(三龍)을 동환으로 개명한 것은 1926년. 호는 파인(巴人)·취공(鷲公), 필명은 김파인(金巴人)·초병정(草兵丁)·목병정(木兵丁)·석병정(石兵丁)·화병정(火兵丁)·강북인(江北人)·강서산인(江西山人) 등을 썼다.

김동환은 1924년 5월 문예지 『금성』에 시 「적성(赤星)」을 손가락질하며」로 등단하였다. 이후 《동아일보》, 《시대일보》, 《조선일보》 등에서 기자로 일하였고, 1925년 3월 첫 시집이자 우리나라 현대시 사상최초의 장편 서사시 『국경의 밤』을 발간하였다.

일본 유학 시절, 유학생들이 창립한 재일조선노동총동맹에서 중앙집행위원을 맡았던 그는 1925년 8월부터 1928년 7월까지 카프에서활동하였다. 1927년 1월 프롤레타리아 연극단체인 불개미극단을 창단하기도 하였다.

김동환은 1929년 6월 삼천리사를 만들어 종합 월간지 『삼천리』를창간하였다. 1930년에는 신간회 중앙집행위원으로 선출되었으며, 12월에는 서대문경찰서에 검속되었다가 풀려났다.

김동환이 창간한 『삼천리』는 1930년대 중후반부터 체제에 순응하여 내선일체와 황민화운동을 적극 선전하였는데, 그의 친일도 이러한출판 활동과 궤를 같이하였다.

백산청수(白山靑樹: 시라야마 아오키)로 창씨개명한 그는 '태백산의푸른 나무[白山靑樹]' 대신 '백산고사목(白山枯死木)'(임종국)의 길로 나아갔다. 김동인이 제안한 '북지황군 위문 문단사절' 행사(1939)에 후보로 선출되었다가 탈락한 그는 이후 적극적인 친일 활동을 벌인다.

잡지 『삼천리』로 내선일체와 황민화 선동

같은 해 10월 조선총독부 외곽 단체인 조선문인협회 결성에 발기인으로 참여하여 출범 때 간사를 맡았고, 뒤에 조선문인협회 이사로 '전선 병사 위문대 보내기' 행사를 주도하였다. 1941년 10월 조선임전보국단(朝鮮臨戰報國團)* 상무이사를 맡은 뒤 발표한 글은 자못 비장한 어조로 내선일체와 황민화를 선동한다.

황군 장병 11만 명이 죽었는데 조선 사람은 겨우 세 사람이 죽었고, 국채 소화의 힘도 내지의 어느 1현만도 같지 못하고, 그 밖에 무엇무엇 모두 다 빈약하였다고 고백하지 않을 수 없습니다. 심히 부끄러운 일이외다.

대체로 우리가 이번 성전에 참가하는 데 세 가지 단계를 밟아야 할 줄 압니다. 제1기는 사상전, 즉 우리 2400만 조선인이 다 황도정신을 파악한 일본 국민이 되는 일로, 이러하기 위하여는 우리들 일부에 종래 가지고 있던 민족주의와 사회주의를 깨끗이 청산하고 한 사람도 빠지지 말고서 내선일체의 길에 들어섭시다.

그런 뒤 제2기로서 우리는 우리가 가진 돈과 땀을 나라에 바칩시다. 돈으로 애국공채를 사고 전쟁에 필요한 놋그릇, 금, 동, 쌀을 바칩시다. 또 땀, 즉 노력을 바칩시다. 국가에서는 지금 지하자원의 개발, 양미 증식을 위하여, 국민의 노력을 간절히 필요로 하고 있습니다. 우

* 중일전쟁이 태평양전쟁으로 확대되던 시점에서 전쟁에 협력할 목적으로 만들어진 친일 단체. 김동환의 임전대책협의회와 윤치호가 중심이 된 흥아보국단(興亞報國團) 준비위원회가 통합된 조직이다.

리들은 노력을 통하여 국책에 협력합시다.

이렇게 국민정신을 통일하고 그런 뒤 노력과 물자와 돈을 바치고 그러고 난 뒤 할 일이 있습니다. 그것은 피를 바치는 일이외다. 우리의 생명을 전장에 바쳐야 하겠습니다. 황군 장사 모양으로 총과 칼을 메고 우리도 전장에 나아가 우리나라 일본 제국을 방위하여야 할 것입니다.

– 「임전보국단 결성에 제(際)하여」(일문), 『삼천리』(1941년 11월호)

1943년 8월부터 조선인 징병제가 시행되자, 김동환은 8월 7일자 《매일신보》에 발표한 시를 통해 일왕의 은혜에 감읍하면서 온 민족이 그 '님'의 앞으로 가자고 노래하였다. 「출정하는 자제에게 주는 말」에서는 '이기지 못하거든 죽어서 돌아오라'고 강변하기도 하였다.

「신가패(싱가포르) 함락과 문화인의 감격
–축 삼배(祝三杯)」,
《매일신보》(1942년 2월 20일자)

5월 담장에

월계꽃 피듯

인제, 우리 자녀

송이송이 피오리다.

누가 감히 낮추어 보랴

님이 쓰실 이 소중한 몸을,

누가 감히 범하려 들랴

님이 부르실 이 거룩한 자녀를.

앞으로! 어서 앞으로!

우리 2천7백만, 님의 앞으로!

– 「님의 부르심을 받들고서」, 《매일신보》(1943년 8월 7일자)

아들아 오늘 나아가거든 마지막까지 참고 버티어서 끝끝내 이기고 돌아오라. 이기지 못하겠거든 신던 신 한 짝이라도 이 아버지는 돌아오기를 원치 않는 줄 알아라.

– 「출정하는 자제에게 주는 말」, 『신시대』(1944년 3월호)

사랑하는 병사여!

맥추(麥秋) 익어가는 4백여 주(州) 넓은 벌엔 그대의 선배들이

우리의 명예와 신뢰를 짊어지고 지금 싸우고 있잖는가,

그중에 두 분은 벌써 '호국의 충혼'이 되어서

정국(靖國: 야스쿠니) 신사 신전 속에 고요히 누워 계시잖는가,

아직도 4년에 미치는 동아의 전화(戰火)는 끈칠 줄을 몰라서

백만의 요우(僚友)가 포첩(砲疊)˙ 속에 분전하고 있거늘

어서 그대도 조련(操鍊)을 마처 나아가 군고(軍鼓)를 치라, 나아가 나팔을 불라.

– 「1천 병사의 수풀(一千兵士の森)」, 『삼천리』(1940년 12월호)

●   '포탄이 겹침'의 뜻.

"이기지 못하거든 죽어서 돌아오라"

그는 동포를 침략전쟁에 동원하기 위하여 일본의 전쟁 상대국인 미국과 영국에 대한 적개심을 고취하는 일도 서슴지 않았다. 여러 편의 글에서 미국과 영국의 침략성을 상기시켰고, 이에 대립하는 일본의 전쟁은 '침략전쟁'이 아닌 '해방전쟁'으로 묘사하였다.

이 총 끝 닿는 곳, 진주만이요, 보르네오요, 적도 밑이며

이 총소리 들리는 곳, 비율빈(比律賓 : 필리핀)이요, 포왜(布哇 : 하와이),

인도 사람의 귀라

강적 영미(英米)의 심장 찌르려 한다. 그 총자루 5억인가 10억인가,

(……)

일본이여, 일본이여, 나의 조국 일본이여

어머니여, 어머니여, 아세아의 어머니 일본이여

주린 아이 배고파서, 벗은 아이 추워서

젖 달라고, 옷 달라고 10억의 아이 우나이다, 우나이다.

— 「총, 1억 자루 나아간다」, 『삼천리』(1942년 1월호)

물러가라 쫓아내라 포악 미영을

천리 옥야(沃野) 비율빈도 동양 것이요

석가 신(神) 인도 땅도 동양 것이라

주인 두고 너희들은 왜 들어왔노

물러가라, 쫓아내라, 포악 미영을

백여 년을 아편 위에 영화 누리던

거만스런 홍콩 총독 몰아내듯이

마래(馬來 : 말레이시아) 포왜 인도 총독 모두 내치자

물러가라, 쫓아내라, 포악 미영을

아세아의 땅 위에 익어 오르는

벼 한 포기 석유 한 알 다치게 말고

파나마 수에즈 운하 저쪽에 몰자

- 「미영장송곡(米英葬送曲)」, 《매일신보》(1942년 1월 13일자)

1942년 5월, 김동환이 창간한 잡지 『삼천리』는 제호를 『대동아』로 바꾸고 본격적으로 일제의 침략전쟁을 지원·찬양하기 시작하였다. 그는 개제호에 실은 「내외동포에 호소한다(內外同胞に訴ふ) – 본지 대동아로 개제, 재출발에 즈음하여(本誌大東亞と改題, 再出發に際して)」에서 영미를 동아에서 완전 추방할 때까지 전진하기 위해 일체의 사심을 버리고 '야마토정신

『삼천리』(1942년 1월호)에 발표한 전쟁시 「총 1억 자루 나아간다」

(大和精神)' 속으로 뛰어들어 최대의 양식과 희생을 바치자고 호소하
였다.

침략전쟁을 지원할 '총후'의 자세에 대하여 『대동아』에 발표한 「군
복 깁는 각시네」는 그가 쓴 친일시의 백미(?)다. 이 시는 이른봄 조선
임전보국단 본부에 장안 각시들이 모여 조선군사령부에서 가져온 해
진 군복을 정성스레 깁고 있는 모습을 묘사한 작품이다.

> 임금님 부르심이 내리자, 이내 일어나
> 만리 전장에 내달아 이렇게 옷이 다 해질 철까지 싸운 것을, 싸우신
> 것을.
> 군복 입은 남편이 어떻게 빛나 보일까
> 사내 된 이 살아서 군복을 입고, 죽어 국기에 말려 묻힐 것을
>
> 조선의 여인도 인제는 전장에 달리는 젊은이에 꽃다발 드리노라, 치
> 마폭에 한 아름 안아 드리려노라.
>
> — 「군복 깁는 각시네」, 『대동아』(1942년 5월호)

> 우리들은 겨우 일곱
> 수는 적으나 바위라도 치리라
> 하고 수저운 듯 손 들며 일어서는 7인의 청년
> 어찌 일곱이 적다 하리,
> 7백에서 줄고 줄어 오늘의 일곱됨이 아니고
> 그대들 이제 7천으로 7만으로 썩썩 늘어갈

그 일곱이 아니던가.

(······)

임금님을 위해 싸움마당에 나아가

목숨 버릴 것을 이미 각오하고 나서는 그 양미간

나는 거기서 불을 보았다, 큰 해를 보았다.

– 「우리들은 7인」, 『대동아』(1942년 5월호)

　김동환은 1943년 조선문인보국회의 심사부장을 맡은 데 이어 국민정신총동원조선연맹*의 후신인 국민총력조선연맹의 참사로 활동하였다. 일제의 신체제운동을 수행한 국민총력조선연맹이 1944년 2월에 보도특별정신대를 결성하여 문인들을 조선 각지의 대회에 보냈는데, 김동환은 경상북도로 배정받아 활동하였다.

　1944년 7월에 그는 일본어 논문 모음집 『조선 동포에게 고함(朝鮮同胞に告ぐ)』을 편찬하여 발간하였다. 이 책은 징병제·대동아전쟁(태평양전쟁)·내선일체·전시 식량 증산·징병제하 조선 부인의 역할 문제 등을 다루었는데, 필자는 언론사 사장, 일본문학보국회 회원, 귀족원 의원 등으로 활동하는 일본인들이었다. 마침내 김동환은 충실한 일제의 하수인 구실을 맡고 있었다.

●　1938년 6월 민간의 사회교화 단체 대표자들이 총독부의 종용에 따라 후방에서 자발적인 봉사 활동을 내세우며 조직한 친일 단체.

대중잡지 『삼천리』는 1930년대 중후반 이후로
시국성을 드러내는 화보로 표지를 장식하였다.

반민특위에 자수, 셋째아들이 부친의 죄과를 사죄

해방 후, 1946년 2월 김동환은 조만식이 이끌던 조선민주당의 간부로 활동하였다. 1948년에는 삼천리사를 다시 열고 편집인 겸 발행인으로 『삼천리』를 복간하여, 1950년 6월까지 펴냈다.

김동환은 1949년 2월 반민특위에 자수하여 수감되었다가 공민권 정지 5년을 선고받았다. 구차한 궤변으로 자신의 친일 행위를 변명하지는 않은 것 같다.

한국전쟁 중 서울을 점령한 북한군에 자수한 뒤 그는 행방불명되었다. 납북된 것으로 여겨지지만 이후 행적은 밝혀진 것이 없다. 재혼한 소설가 최정희(1912~1990) 역시 『친일인명사전』에 이름을 올렸으니 친일도 부창부수였던 것일까. 최정희와의 사이에 뒷날 소설가가 된 지원(1943~2013)과 채원(1946~), 두 딸이 있다.

부친의 일대기를 펴낸 바 있는 파인의 셋째아들이 2002년 민족문제연구소에서 연 학술심포지엄에서 '부친의 친일 죄과'를 민족 앞에 사죄한 것은 특기할 만하다.

친일 인사가 스스로 자신의 행위를 참회한 예도 드물지만, 후손이 선대의 친일 행위를 사죄한 것은 처음이 아니었나 싶다. 김동환의 삼남 김영식은 부친이 친일문인으로 지목된 것에 대해 '아무런 이의가 없다'며, 역사적 평가에서 공과가 교차된 선친의 행적은 그 분야에서 일하는 후배들에게 분명 교훈이 될 것이라고 밝혔다. 경찰 총경으로 은퇴한 김영식은 반민특위 김상덕 위원장의 후손들을 직접 만나 사죄하기도 했으며, 민족문제연구소 회원이 되었다고 한다.

아버지가 일제 말엽에 한때 저지른 치욕적인 친일 행위를 뉘우치고 변절 고충을 고백하면서 '반역의 죄인'임을 자처했던 바 있음을 되새겨 보면서, 저는 가족을 대신하여 국가와 민족 앞에 깊이 머리 숙여 사죄합니다.

– 『아버지 파인 김동환–그의 생애와 문학』(국학자료원, 1994), '펴내는 말'

파인 김동환의 시 「웃은 죄」를 눈으로 거듭 읽어 본다. 우물가 처녀에겐 나그네와 나눈 교감에 대해서 '웃은 죄'밖에 없다고 할 수 있지만, 시인이 자신의 나라와 민족을 부정하고 식민 지배에 투항한 것은 어떤 변명으로도 용서받기 어렵다. 그것을 알았기에 그는 두 번에 걸쳐 자수를 감행한 것이었을까.

꾀꼬리 가수 박재란의 목소리로 「산 너머 남촌에는」을 들으며, 파인이 노래한 남촌은 어디였을까를 무심히 생각해 본다.

김억, 친일부역도 '오뇌의 무도'였나

김억(1896~?)

　　우리나라 신문학의 첫 장을 연 사람들이 대부분 친일파라는 것은 잘 알려진 일이다. 최초의 신체시를 쓴 최남선, 첫 번째 신소설을 쓴 이인직, 최초의 현대시 「불놀이」의 주요한, 첫 현대 소설 「무정」의 이광수가 바로 그들이다.

　　안서(岸曙) 김억(金億, 1896~?)도 그 한자리를 차지하고 있다. 그는 1921년 1월에 프랑스 상징파의 시를 중심으로 한 조선 최초의 현대 번역시집 『오뇌의 무도』를 번역해 펴냈고, 같은 해 6월에는 조선 최초의 현대 창작시집 『해파리의 노래』를 출판하였다.

소월의 스승, 엇갈린 사제의 길

평안북도 정주의 부유한 종가에서 태어나 오산학교를 졸업한 김 억은, 일본 유학에서 돌아와 모교의 교사로 일하면서 김소월(金素月, 1902~1934)을 가르쳤다. 소월에게 김억은 자신을 문단으로 인도한 문학의 스승이었다. 소월이 세상을 떠난 뒤, 김억은 1939년에 『소월시초』를 엮어 발간하기도 하였다.

1977년 소월의 시작 노트가 발견되었는데, 여기 실린 시들 가운데 김억의 작품으로 이미 발표된 것들이 있어 사람들을 놀라게 하였다. 논란 끝에 스승이 제자의 시를 자기 작품으로 둔갑시켜 발표한 것으로 결론이 났다. 당사자인 김억은 이미 한국전쟁 때 납북되어 행적을 알 수 없었으니 불행 중 다행이었던가.

안서 김억의 문학 활동은 단순히 최초의 번역시집이나 창작시집을 펴낸 데 그치지 않았다. 초창기 현대 문학의 전개 과정에서 그의 이름이 곳곳에서 드러나기 때문이다. 그는 1918년에 주간 문예지 『태서문예신보(泰西文藝新報)』를 창간하였고, 1919년부터 문예지 『창조』, 『폐허』, 『영대(靈臺)』 등의 동인으로 활동하였으며, 인도 시인 타고르의 시집을 여러 차례 펴내기도 하였다.

소월과 사제의 연을 맺었지만 두 사람의 길은 어긋나기 시작하였다. 초기의 여성적이고 서정적이던 시풍에서 점차 현실 참여적으로 바뀌어 간 소월의 민족주의적 성향과 달리, 김억은 친일로 기울어져 간 것이다. 그는 1937년 조선총독부의 문예를 통한 황민화 정책 실천을 위해 발족한 조선문예회*에 참여하면서부터 친일의 길로 접어든다.

조선문예회가 후원한 '애국가요대회'에 발표된 김억 작사 「종군간호부의 노래」, 최남선 작사 「김 소좌를 생각함」 등의 이른바 '애국가요'는 1940년대 '국민문학운동'의 실마리가 되었다. 김억은 야전병원에서 활약하는 종군간호부를 기리는 「종군간호부의 노래」를 통해 일제 침략전쟁을 찬양하고 여성의 전쟁 참여를 부추겼다.

> 대포는 쾅 우레로 튀고
> 총알은 땅 빗발로 난다
> 흰옷 입은 이 몸은 붉은 십자의
> 자애에 피가 뛰는 간호부로다
>
> — 「종군간호부의 노래」

이후 그는 조선문인보국회, 국민총력조선연맹, 조선문인협회, 조선임전보국단 등 일제의 문화 기구에 발기인, 간사 등으로 참여하면서 친일 활동의 수위를 높여 갔다. 문인들의 친일 행위에는 필수적으로 징병제 찬양이 빠지지 않는데, 이는 일제의 압력이 작용한 것으로 보아도 무방할 것이다.

● 1937년 서울에서 유행가요 개량, '문장보국(文章輔國)'을 목적으로 조직된 친일 단체. 주요 활동으로 관제가요를 음악회와 음반을 통해 보급하였다. '총후 반도의 애국가요대회'(1937년 9월 30일, 부민관) 등을 주최하였다.

시를 통해 일제 군부와 침략전쟁 찬양

안서 김억은 유독 일제 군부를 찬양하거나 그 역할을 강조하는 형식의 글을 많이 썼다. 1942년 3월 일본 육군기념일을 맞아 발표한 시가 대표적 사례다. 그는 일제 육군이 동아시아에서 '수호자적 역할'을 하고 있다고 강조하며 '아름다운 낙원'을 지켜 달라고 축원하였다.

동으로 동으로 밀려들면서 입을 벌리고
하늘엔 검은 구름 땅엔 바람을 들이던
험상궂은 제국(帝國) 제국(諸國)을 단번에 꺾어 버려
이 세계의 눈과 귀는 놀라지 않았던가
이 동아의 수호시여. ……이 동아의 우리는 10억,
마음과 뜻을 하나로 한곳에 모아
고이고이 드리는 정성의 이 잔을
이 동아의 수호시여, 쾌히 드시고
길이길이 정의의 날카로운 칼로
이 세계의 사악(邪惡)들을 몰아대시고
아름다운 이 낙원을 지켜 주시라

— 「육군기념일에」, 《매일신보》(1942년 3월 10일자)

1942년 5월 전사하여 일제의 군신(軍神)으로 추앙된 일본 육군비행대 가토 다테오(加藤建夫) 중좌를 노래한 시에서 그는 일제 침략전쟁의 공적을 미화하였다. 가토 다테오의 부대는, 일본 육군항공사관학교를 나와 태평양전쟁에서 전사해 야스쿠니 신사에 합사된 최명하(崔鳴夏, 1918~1942, 일본식 이름은 武山隆) 대위가 복무한 부대이기도 하다.

북지나(北支那)라 중지나(中支那) 또는 남방의
길도 없는 허공을 까맣게 날며
간 데마다 사악(邪惡)을 뚜다려내고
새로운 길 뚜렷이 지으신 군신
높을세라, 그 이름 가토(加藤) 부대장

호령호령 긴 칼을 높이 빼들고
사악을 인도양서 베고 베다가
귀한 정신 그대로 다시 나타나
영구히 이 동아를 지키는 군신
높을세라, 그 이름 가토 부대장

―「군신(軍神) 가토(加藤) 비행부대장」, 『반도의 빛』(1942년 9월호)

그의 일제 군부 찬양은 해군제독 야마모토 이소로쿠(山本五十六)의 전사를 노래한 시에서 정점을 찍는다. 야마모토는 1941년 진주만 공격을 입안하고 수행한 인물로, 솔로몬 제도를 시찰하다 미 육군항공대에 격추되어 전사하였다.

제독은 가셨으나 귀한 정신은
1억의 맘 골고루 밝혀

저 미영을 뚜드려 눕히일 것을

아아 원수 원수는 돌아가셨다.
원수의 높은 정신 본을 받아서
백배 천배 다시금 새 결심으로
새 동아의 빛나는 명일을 위해
일어나자 총후의 우리 1억들
저 미영이 무어냐 사악인 것을
– 「아아 야마모토(山本) 원수 –
원수의 국장일을 당하여」,
《매일신보》(1943년 6월 6일자)

《매일신보》(1941년 12월 5일자)에 발표한 전쟁시

1944년 레이테 해전에서 처음 가미카제(神風) 자살공격대가 등장한 뒤 11월에 조선인 가네하라(金原) 군조(軍曹, 상사에 해당하는 일본군 계급)가 전사하자, 그는 《매일신보》에 발표한 시를 통해 조선의 젊은이들에게 침략전쟁에 나가 희생할 것을 선동하였다. 미당 서정주의 「마쓰이 오장 송가」에 비할 만한 사례다.

역천(逆天)은 부술 것이 순천(順天)은 받들 것이
대장부 세상 났다가 그저 옐 줄 있는다

이 목숨 귀할시고 모두들 아긴다면
일월(日月)의 충의(忠義) 도고는 보잘 것이 있는고

설사(設使: 설령)에 죽더라도 충혼은 그저 남아

사악을 눕히기 전이야 가실 줄이 있과저

신풍(神風)이 부는고야 육탄이 튀는고야

풍탄(風彈)이 튀는 곳에 거칠 것이 없나니

맘들은 한데 모아 역천은 부서지고

님 따라 손 높이 들고 나설 때는 왔나니

– 「님 따라 나서자—가네하라(金原) 군조 영전에」, 《매일신보》(1944년 12월 7일자)

문학적 공로가 큰 만큼 안타까운 친일부역

해방 후, 김억은 한국전쟁 발발 때까지 육군사관학교와 항공사관학교(공군사관학교의 전신) 강사를 지냈다. 전쟁 때 납북되어 북한 국영출판사의 교정원으로 배치되었다. 1956년 납북 인사들로 구성된 재북평화통일촉진협의회 중앙위원으로 임명되었다가, 평안북도 철산의 협동농장으로 강제 이주되었다. 그 이후의 행적은 알려지지 않고 있다.

그는 시의 본질을 인간 감정의 표출로 인식하고 그것을 표현하는 방법으로 객관적 상관물을 주로 활용하였으며, 심미적 차원의 형상화에도 주의를 기울였다. 또한 감정을 효과적으로 표현할 수 있는 음악적 요소를 중요시하였다고 평가된다.(방인석)

『친일인명사전』과 정부가 발표한 친일 반민족 행위자 명단에 올랐지만, 그의 시와 시론이 한국 현대시에 끼친 영향과 서구의 시와 시론을 소개하고 민요시 운동의 중심에 서서 한국적 정서와 가락을 담은 민요시 창작에 주력한 공로는 부인할 수 없다. 소월을 가르쳐 그를 시단에 소개한 공적도 적지 않다.

그러나 역설적으로 그의 이바지가 크면 클수록 식민 지배에 투항하여 민족을 등진 친일부역 행위의 엄중함도 두드러진다. 그의 대표작 「봄은 간다」를 읽으며 청산하지 못한 역사를 안타깝게 되돌아보는 것은 그런 까닭이다.

김종한, 덧없는 이미지와 서정성

김종한(1914~1944)

능수버들이 지키고 섰는 낡은 우물가

우물 속에는 푸른 하늘 쪼각이 떨어져 있는 윤사월(閏四月)

— 아즈머님

지금 울고 있는 저 뻐꾸기는 작년에 울던 그놈일까요?

조용하신 당신은 박꽃처럼 웃으시면서

두레박을 넘쳐 흐르는 푸른 하늘만 길어 올리시네
두레박을 넘쳐 흐르는 푸른 전설(傳說)만 길어 올리시네

언덕을 넘어 황소의 울음소리는 흘러오는데
— 물동이에서도 아즈머님! 푸른 하늘이 넘쳐흐르는구료

– 「낡은 우물이 있는 풍경(風景)」, 《조선일보》(1937년 1월)

　김종한(金鍾漢·月田茂, 1914~1944)의 시를 처음 만난 것은 중학교 2학년 여름, 작은누나와 함께 살던 대구 내당동의 사글셋방에서였다. 그의 시 「낡은 우물이 있는 풍경」을 어디서 읽었는지는 기억에 없다. 나는 그 시를 베껴서 내 책상머리에다 붙였다. 열다섯 시골 소년에게 그 시가 전하는 풍경이 아마 꽤나 살갑게 다가왔던 것 같다.

　그 뒤 나는 그의 시를 더는 만날 수 없었다. 하긴 한두 편의 시로만 기억되는 시인이 어디 하나둘인가. 그를 다시 만난 건 고등학교에서 아이들에게 『문학』을 가르치면서다. 그의 이 시는 2015년 개정 교육과정 이전의 18종 문학 교과서 중 한 군데와 교육방송(EBS) 교재에 실려 있었다.

시 한 편으로 남은 김종한, 『친일인명사전』에 오르다

　결국 나는 한 번도 그의 시를 가르쳐 보지 못했다. 내가 가르친 교과서는 물론이거니와 문제집에도 그의 시가 나오지 않았던 까닭이다.

나는 김종한을 한 편의 시를 남기고 사라져 간 적지 않은 시인들 가운데 한 사람으로 갈무리하고 그를 잊어버렸다.

『친일문학론』과 『친일인명사전』에서 그의 이름을 발견했을 때의 기분은 좀 뜻밖이었다. 달랑 시 한 편 남겼는데 친일문인으로 이름을 올린 것인가. 『친일문학론』의 '김종한론'은 무려 아홉 쪽이다. '김동인론'이 5쪽 남짓인 데 비해 거의 두 배에 가깝다.

게다가 김종한이 우리 나이로 치면 고작 서른한 살에 요절한 사실을 고려하면 그 친일의 행적이 못내 궁금해진다. 나이로 '친일'을 하는 것은 아니지만 서른 전후의 나이라면 문단에서의 위상이 크지 않으니, 자연 일제의 겁박이 크지 않았을 것이라고 봐야 한다. 그래서 서른 전후 젊은 문인들의 친일은 '자발적 친일'로 규정하곤 하는 것이다. 대체 서른도 안 된 젊은 시인을 친일의 길로 나아가게 한 것은 무엇이었을까.

함경북도 명천에서 태어난 김종한은 여섯 살 때 큰아버지의 양자로 들어가면서부터 친모와 양모 사이에서 불우한 시절을 보냈다. 경성고등보통학교를 졸업한 뒤 1928년

「나의 작시(作詩) 설계도」, 『문장』(1939년 9월호)

《조선일보》에 시 「가을비」와 「하소연」을 발표하였을 때 그는 열다섯 살이었다. 1934년 「임자 없는 나룻배」로 『별건곤(別乾坤)』 주최 제1회 신유행 소곡(小曲) 현상공모에, 1935년 민요 「베 짜는 각시」로 《조선일보》 신춘문예에, 1936년 민요 「망향곡」으로 『동아일보』 신춘문예에 각각 당선되었다.

앞의 시 「낡은 우물이 있는 풍경」은 1937년 《조선일보》 신춘문예 당선작이다. 스무 살 전후에 현상공모와 신춘문예 등 네 군데를 석권하였으니, 당시 그는 문단의 '앙팡 테리블'이었던 셈이다.

김종한은 1939년 『문장』에 정지용의 추천으로 「귀로」, 「고원(故園)의 시」, 「할아버지」 등을 발표하면서 정식으로 등단하였다.

1940년 니혼(日本)대학을 졸업하고 도쿄의 해양문화사에 입사한 그는 1942년 초에 귀국하여 『국민문학』의 편집을 맡게 되었다. 이때부터 그는 친일의 길로 들어선다.

1942년 5월 조선인 징병제 실시가 결정되자, 그는 조선문인협회가 개최한 좌담회 '일본 군인이 되는 마음가짐'에 참석하는 등 징병제의 선전·선동에 동원되었다.

전쟁은 '아름답고 위대하다'

그는 1943년 1월 16일자 《매일신보》에 와세다대학 재학 중 좌익활동을 하다가 '황국신민'으로 다시 태어나 중일전쟁에 군속으로 자원해 전사한 김형(金瀅)이라는 조선 청년의 아버지를 취재하고 방문기 「태산부동(泰山不動)의 아버지 – 나라 위해 또 바칠 아들 없음을 한(恨)」을 썼다.

그는 이 글에서 "전쟁처럼 아름다운 것이 또 어디 있으랴, 전쟁처럼 위대한 것이 또 어디 있으랴. 드디어 김형 씨는 갔다. 그러나 그의 영혼과 청춘은 조국과 고향에 생생할 수가 있었던 것"이라고 하며 전쟁과 청년의 죽음을 찬양하였다. 그리고 당국의 배려로 불편치 않게 살아간다고 유가족을 소개하면서, "금후는 유족 중에 나라를 위해 몸과 마음을 바칠 남자가 없음을 크게 유감으로 생각하는 바이로소이다"라는 내용을 담은 전사자 아버지의 '감격장'을 소개하였다.

1943년 그는 일본어 시집 『어머니의 노래(たらちねのうた)』(인문사)를 펴냈다. 이 시집의 후기에서 그는 「일지에 대해서(一枝について)」(원제는 「원정(園丁)」)에서는 내선일체에 헌신하는 한 문화인의 운명적 인과에 대한 아름다움과 슬픔을 비유하려고 하였다. 「합창에 대해서(合唱について)」에서는 '대동아 건설'에 참여하는 조선인의 풍모와 감격을 벽화(壁畫)하고자 하였다. 「풍속(風俗)」을 쓴 동기는 경성의 거리에서 묵도하는 집단이 영웅적인 장엄함으로 다가왔기 때문"이라고 썼다.

해묵은 돌배나무에, 늙은 원정은
능금의 애가지를 접목하였다.
시퍼렇게 날이 선 칼을 놓고
추워 보이는 유리빛 하늘에 담배 연기를 흘려보냈다.
"그런 일이 성공할까요."
하면서 원정의 아내는 저으기 고개를 갸웃하였다.

이윽고, 철죽꽃이 매소(賣笑)하였다.

이윽고, 버들은 음탕하였다.

해묵은 돌배나무에도, 변명하듯이

두 송이 반[二輪半]의 능금꽃이 피었다.

"그런 일도, 성공하는군요"

원정의 아내도, 비로소 웃음 지었다.

그리고, 버들은 실연하였다.

그리고, 철쭉꽃은 노쇠하였다.

"내가, 죽어 버리고 난 다음에는"

늙은 원정은 생각하였다.

"이 가지에도, 능금이 열려 주겠지.

그리고, 내가 잊혀져 버릴 무렵에는……."

아닌 게 아니라, 원정은 죽어 버렸다.

아닌 게 아니라, 원정은 잊혀지고 말았다.

해묵은 돌배나무에는, 추억처럼

능금의 볼이, 가지를 휘일 듯이 빛나고 있었다.

"그런 일도, 성공하는군요."

원정의 아내도, 지금은 죽고 없다.

- 「원정(園丁)」, 『국민문학』(1942년 1월호)

내선일체를 소재로 한 이 시에서 돌배나무와 능금의 비유가 겨냥하는 게 무엇인지는 자명하다. 조선 민족의 정체성을 부정하고 일제의 황민화 정책에 즐거이 안기고자 하는 젊은 시인이 말하는 '운명적 인과'란 도대체 무엇인가. 노예의 길이란 선택이 힘들 뿐, 거기 일로 나아가는 데는 거침이 없는 법이다.

1943년 8월 징병제가 시행되자, 김종한은 감사결의 선양운동의 일환으로 열린 연극과 낭독의 밤에 참가하여 자작시 「모자」를 낭독하였다. 임종국은 김종한의 '전쟁에 대한 관심'을 '명민한 시대감각'인지, '시류에 영합할 줄 아는 능란한 처세술'인지 모르겠다고 비꼬았지만, 이 탁월한 감각의 시인은 아이들의 모자에서 '철모'를 떠올리고 있다.

엄청나게 많은
모자의 흐름 속에
네 모자도 흐르고 있다
아우여!
지금은 즐거운 등교 시간

졸업하면
군인이 되겠다는
원기가 흘러넘쳐
모자 천장에
그럴듯한 바람구멍을 내어 버렸다

군인이 되겠다는
아우여! 훌륭하지 않은가!
따뜻하게 비치는 아침 태양을 맞으며

네 모자는

망가진 철모보다도 아름답구나

- 「모자」, 『국민총력』(1943년 8월호)

낯부끄러운 친일시에 남은 서정성

김종한이 여느 친일시인들과 구별되는 점은 그의 친일시에 이미지와 서정성이 두드러진다는 점이다. 그리고 그 서정성의 중심에는 언제나 '전쟁'의 이미지가 어른댄다. 「유년(幼年) – 징병의 시(徵兵の詩)」에서 글라이더를 날리는 한 꼬마의 모습을 서정적으로 묘사하면서 장차 '10년' 후에 '전투기에 승무할 게 틀림없다'고 노래하는 식이다.

한낮의 오후,

하고 어느 대문 밖에서, 그 집 꼬마가

글라이더를 날리고 있었다

그날이 5월 8일이라는 사실도

이 반도에서, 징병이 실시된 날이라는 사실도

모르는 듯, 오로지 꼬마는

보조 날개의 실을 감고 있었다

머지않아, 10년이 지나리

그러면, 그는 전투기에 승무할 게 틀림없다

하늘의 층층대를 — 꼬마는
지난밤 꿈속에서 올라갔었다
그림책에서 본 것보다 아름다워서
너무나도 높이 올라갔으므로
푸른 하늘 속에서 오줌을 쌌다.

ー「유년(幼年)-징병의 시(徴兵の詩)」, 『국민문학』(1942년 7월호)

그래서인가. 그는 여는 문인들과 마찬가지로 '징병제 실시'를 느껴워한다. 그는 그 감격을 시로 산문으로 복창한다. 바다로 가도, 산으로 가도 좋은 그 '님의 부르심'을 받아안기에 자신은 나이가 많았던가. 그는 동포 청년을 사지로 내몬 전쟁도 문학 소재를 확대하는 기회로, 태평양전쟁의 침략성도 해양정신으로 포장하였다.

바다로 가도 좋지 않은가
그 싱싱한 파랑(波浪)의 화원
시간과 역사가 무시되는 곳
함대는 물결의 산맥을 기어올라
물결의 곡간에 미끄러지고……

산으로 가도 좋지 않은가
너울너울 쉬고 가는 구름의 침대
풍속과 인정이 초절(峭絶)되는 곳
밀림을 헤치고 고산식물에 멈춰 서면

전우는 여동생처럼 아름답고……

때로는 전투기의 날개에 매어달려
하늘의 층층계를 올라가도 좋지 않은가
성층권 꿈 저쪽의 비상에는
스무 살의 지도와 축제가 펼쳐지고
구름을 물들이는 충성의 피는
형제와 동포의 가능을 길 닦는
날씬한 전투기의 날개에 매어달려

　　　　　– 「님의 부르심을 받들고서」, 《매일신보》(1943년 8월 6일자)

　드디어 조선에서도 육군과 해군의 징병제 시행이 결정되었다. 군인
으로서의 생활, 대륙에서의 생활, 해양생활 등 그것이 조선 문학의 소
재 영역에 놀라울 정도로 큰 것임을 덧붙이는 것은 기뻐 마지않는다.

　　　　　– 「병제와 문학(兵制と文學)」, 「신시대」(1943년 8월호)

　금번의 해군특별지원병제의 결정은 조선의 해양문학에 새로운 영역
과 가능을 가져왔다고 볼 수도 있는 것이다. ……만엽(萬葉)*을 애독
하는 사람들에게는 아국에도 해양문학에 관한 위대한 고전이 있다는
것을 즐길 수가 있을 것이다. ……우리가 생각할 것은, 미영의 해양정
신이란 것은 해적정신이 국민의식에까지 승화된 것이지만 일본의 해

●　　「만요슈(萬葉集)」. 7세기 후반에서 8세기 후반에 걸쳐 만들어진 고대 일본의 가집(歌集).

양정신이란 것은 황실을 중심으로 모시는 자기희생의 정신이었다.

─「해양과 조선 문학」, 《매일신보》(1943년 5월 26〜31일자)

김종한의 전쟁 소재에 대한 천착(?)은 '징병 이후'까지 이어졌다. 그는 시 「초망(草莽)」에서 징병에 아들을 빼앗긴 채 늙은이와 여자들만 남은 시골 농가의 비참한 풍경을 그린다. 집을 비운 주인은 어디로 갔을까. 솔뿌리를 캐러 갔을지도 모르건만, 국민문학자들은 이런 가정을 명예 유가족의 집으로 찬양하고 증산 전선에서 감투(敢鬪)하는 모범 농가요, 산업전사로 치켜세웠다.

이끼 앉은 초가지붕에는
흐트러진 머리칼 같은 잡초가 무성해 있다.
"자식 복이 많으셔서요."
하고 안내하던 구장(區長)이 웃었다.
"내년엔 셋째 놈도 적령(適齡)이래요."
포플라가 한 그루 마당귀에서
황홀한 듯이 몸을 흔들고 있는
휑하니 비어진 유가족의 집
"분명 밭에 갔을 거예요."
아무도 없더라 아─무도 없어
흙담 위에 드러누운 채로
호박 두어 개가 집을 지키고 있었다.

─「초망(草莽)」, 『국민문학』(1943년 8월호)

'자식 복'을 들먹이며 셋째도 징병 적령이라는 구장의 말은 '잔인함'의 정도를 넘었다. 그걸 천연덕스럽게 묘사한 김종한에게는 다행히 처자가 없었다. 그는 "당신의 아들에게도, 어머니! 드디어 징집의 날이 가까이 왔다!"(「오늘은 육군기념일(けふ陸軍記念日)」, 《경성일보》 1943년 3월 10일자)라고 노래하기도 하였다.

황군의 패배를 못 보고 요절하다

김종한 친일시의 절정은 천황을 '승천하는 용'으로 비유한 「용비어천가(龍飛御天歌)」였다. 1944년 1월에 발표한 이 시에서 그는 일제의 식민 지배와 대동아전쟁으로 미화되던 침략전쟁을 신성화하였다. 조선 건국의 위업을 노래한 악장(樂章) 「용비어천가」를 짓게 한 세종 임금이 기함할 일이었다.

(······)
용, 용,
용이 승천한다
우리 동양 전설에서는,
새로운 세상이 창조될 때에는
반드시, 용이 승천한다
(······)

– 「용비어천가」, 「국민문학」·「신시대」(1944년 1월호)

침략전쟁에서 '백전백승'하는 일본의 승리와 그리하여 바꿔 낸 '새로운 동아(東亞)의 지도'(「오늘은 육군기념일」)를 노래한 시인은, 그러나 백전백승도, 새 동아의 지도도 보지 못한 채 요절하였다. 1944년 9월 27일, 향년 31세였다.

한 해 뒤에 그 백전백승의 '황군'은 연합군에 무조건 항복하였고, 조국은 해방되었다. 황군의 패배와 대동아의 좌절을 그가 살아서 만나지 못한 것은 다행일까, 불행일까. 민족과 모국어를 등진 시인의 시첩에 남은 시는 고작 몇 편이다. 낯부끄러운 친일시에 남은 이미지와 서정성은 한갓 신기루일 뿐이었으니.

노천명,
여성 화자를 앞세운 친일시들

노천명(1911~1957)

'모가지가 길어서 슬픈 짐승'은 시인 노
천명(盧天命, 1912~1957)의 「사슴」을 아느냐 모르느냐에 따라 답이 달
라진다. 한 퀴즈 프로그램에서 유명 연예인이 과감히 '기린'이라고 답
하여 장안의 화제가 되기도 하였다. 목이 길기로는 기린을 빼놓을 수
없다. 그러나 기린도 목이 길어서 슬픈가? 사슴이 '목이 길어서 슬픈
짐승'이 된 것은 한 시인의 부름을 받았기 때문이다. '현실에 적응하
지 못하는 외로운 삶'을 노래한 시에서 '사슴'은 곧 감정 이입의 기법
으로 투영된 시인 노천명 자신이었다.

일제에 부역한 「사슴」의 시인

내가 우리 현대시를 처음 접한 것은 초등학교 때 한림출판사에서 펴낸 『영원한 한국의 명시』를 통해서였다. 나는 집안을 굴러다니던 세로쓰기의 이 하드커버 시집으로 우리 현대시에 입문하였다. 이 시집에서 유독 기억에 남는 시인이 노천명이다.

정작 그의 대표작인 「사슴」보다는 「고향」이라는 시가 더 살갑게 다가왔다. '아프리카에서 온 반마(斑馬)처럼'이라는 구절이 이상하게도 마음에 오래 남았다. 물론 시 자체에 대한 호오라기보다 시가 초등학생도 알아먹을 만큼 쉬웠기 때문이다.

언제든 가리
마지막엔 돌아가리.
목화꽃이 고운 내 고향으로
조밥이 맛있는 내 고향으로.
아이들 하눌타리 따는 길머리엔
학림사 가는 달구지가 조을며 지나가고
대낮에 여우가 우는 산골
등잔 밑에서
딸에게 편지 쓰는 어머니도 있었다.
(……)
목사가 없는 교회당
회당지기 전도사가 강도상을 치며

설교하는 산골이 문득 그리워

아프리카서 온 반마(斑馬)처럼

향수에 잠기는 날이 있다.

- 「고향」, 『인문평론』(1940년 6월호)

노천명은 황해도 장연 출신이다. 진명여학교를 나와 1934년 이화여
자전문학교 영문과를 졸업하였다. 이화여전 재학 중 『신동아』(1932)에
「밤의 찬미」를 발표하며 등단하였다. 졸업 후 《조선중앙일보》 학예부
기자로 근무하였으며, '극예술연구회'와 『시원(詩苑)』의 동인으로 활
동하였다. 1938년 첫 시집 『산호림(珊瑚林)』(1932)을 펴냈다.

노천명이 친일에 참여한 것은 1940년대다. 1941년 7월 조선문인협
회가 주최한 '호국신사(護國神社) 어조영지(御造營地) 근로봉사'에 참여
한 이래 조선문인협회의 간사, 조선임전보국단 산하 부인대(婦人隊)의
간사로 일하면서 친일 활동을 벌였다. 1942년에는 조선임전보국단의
'군복 수리 근로'에 참가하였고, 조선임전보국단에서 주최한 '저축 강
조의 결전 대강연회'에서 연사로 활동하였고, 징병제 선전을 위해 조
선문인협회가 주관한 순국영령방문단의 일원으로 경상남도에 파견되
기도 하였다. 대동아전 1주년 기념 국민시 낭독회에도 참여하였다.

부인근로대 작업장으로

군복을 지으러 나온 여인들

머리엔 흰 수건 아미 숙이고

바쁘게 나르는 흰 손길은 나비인가

총알에 맞아 뚫어진 자리
손으로 만지며 기우려 하니
탄환을 맞던 광경 머리에 떠올라
뜨거운 눈물이 피잉 도네

한 땀 두 땀 무운을 빌며
바늘을 옮기는 양 든든도 하다
일본의 명예를 걸고 나간 이여
훌륭히 싸워 주 공을 세워 주

나라를 생각하는 누나와 어머니의 아름다운 정성은
오늘도 산(山)만 한 군복 위에 꽃으로 피었네

　　　　　　　－「부인근로대」, 《매일신보》(1942년 3월 4일자)

　　2차 대전이 점차 치열해져 가던 1940년대에는 남자들만 징용과 징병으로 끌려간 것이 아니었다. 여자들은 여자들대로 애국금차회(愛國金釵會)＊를 통해서 금비녀를 헌납하고 군복 수리 등에 동원되었으며, 말기에는 여자정신대로 끌려가기도 하였다. 노천명의 「부인근로대」는 군복 수리에 동원된 부인을 통해서 '총후(銃後)'의 각오를 노래한 것이었다.

● 　1937년에 금차(금비녀) 등 금제 장신구의 헌납과 군인 환송연·위문 등 '황군 원호'를 강화할 목적으로 총독부가 사주하여 조직한 친일 단체. 일제 수작자(受爵者)들과 친일 장교의 아내 등 상류층 부녀와 중견 여류를 중심으로 편성되었다.

어머니와 누이를 내세운 '친일시'들

노천명은 주로 여성(어머니 혹은 누이) 화자를 내세운 시를 통해 일제에 부역하였다. 그의 시에는 참전 군인들의 무운을 기원하거나 전몰병사들을 추모하고 학병 출전을 권유하며, 일본군의 승전을 찬양하거나 후방의 여성이 가져야 할 마음가짐을 가다듬는 내용 등이 담겼던 것이다.

노천명은 시를 통해 일제의 침략전쟁 수행을 옹호하고 미화하였다. 시 「젊은이들에게」를 통해서는 일본의 선전포고 행위를 미화하였고, 「기원」을 통해서는 총후 여성의 정신 자세를 노래하였다. 「싱가폴 함락」에서는 일제의 승전을 해방으로 미화하였다. 특히 '동아 민족'의 침략자로 규정된 '영미(英米)'에 대한 적개심을 고취하고, '대동아공영권' 건설의 당위성을 강조하였다.

> 늙은 영국을 대해서
> 저 혼혈아 아메리카를 향해서
> 제국(帝國)은 드디어 선전을 포고했다
> 정의를 위해 대동아 건설을 위해서
> 우리는 불수레를 달렸다
>
> ─ 「젊은이들에게」, 「삼천리」(1942년 1월호)

> 신사(神社)의 이른 아침
> 뜰엔 비질한 자욱 머리 빗은 듯 아직 새로운데

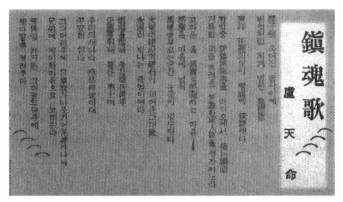

「진혼가」,《매일신보》(1942년 2월 28일자)

경건(敬虔)히 나와 손 모으며 기원하는 여인이 있다

일본의 전 아세아의 무운을 비는 청정한 아침이어라

어머니의 거룩한 정성
아내의 간절한 기원
아버지를 위한 갸륵한 마음들……
같은 이 시간 방방곡곡 신사가 있는 곳
아름다운 이런 정경이 빚어지고 있으리

— 「기원」, 『조광』(1942년 2월호)

아세아의 세기적인 여명은 왔다
영미의 독아(毒牙)에서

일본군은 마침내 신가파(新嘉坡)를 뺏어 내고야 말았다

동양 침략의 근거지
온갖 죄악이 음모되는 불야의 성
싱가폴이 불의 세례를 받는
이 장엄한 최후의 저녁

싱가폴 구석구석의 작고 큰 사원(寺院)들아
너의 피를 빨아먹고 넘어지는 영미를 조상(弔喪)하는 만종(晩鐘)을
울려라

- 「싱가폴 함락」, 《매일신보》(1942년 2월 19일자)

추녀 끝 드높이 나부끼는
일장기ㅅ발도 유난히 선명한 이 낮
고운 처녀들아 꽃을 꺾어라
푸른 하늘에 흰 비둘기를 날려라

- 「흰 비둘기를 날려라」, 《매일신보》(1942년 12월 8일자)

「흰 비둘기를 날려라」는 일본군의 진주만 습격(1941) 1주년을 맞아 일본군의 명복을 비는 내용이다. 특히 진주만 폭격에서 숨진 일본군의 충성 뒤에 뛰어난 '아홉 어머니', '굳센 일본의 아내'가 숨어 있다는 점을 환기하기도 하였다.

문인들의 친일 행위를 들여다보면 일정한 시기를 지나면서 이들의

반민족적 일탈이 매우 위태위태하게 치달았음을 확인할 수 있다. 그런 상황을 본인이 얼마나 체감하고 있었는지는 알 수 없다. 원색적이고 노골적인 자기 부정과 굴욕의 수사들 너머에 최소한의 민족적 정체성조차 보이지 않을 정도다.

노천명 역시 예외가 아니다. 친일에 대한 변명이나 해명도 따로 보이지 않으니, 일말의 갈등이나 번뇌조차도 상정해 볼 수 없다. 정말 그는 친일부역, 그 반민족적 선택을 전폭적으로 수용했던 것일까. 노천명의 친일은 일본의 패망이 다가오는 시기까지 일관되게 이루어졌다.

전쟁이 말기로 접어들면서 친일시의 내용도 일본군의 승리를 찬양하는 것에서 전쟁 동원 논리를 전파하는 것으로 변해 갔다. 조선의 젊은이들에게 전쟁터로 나갈 것을 선동한 시로 「님의 부르심을 받들고서」와 「출정하는 동생에게」 등이 있다.

남아면 군복에 총을 메고
나라 위해 전쟁에 나감이 소원이리니

이 영광의 날
나도 사나이였더면 나도 사나이였더면
귀한 부르심 입는 것을─

– 「님의 부르심을 받들고서」, 《매일신보》(1943년 8월 5일자)

노천명은 가미카제(神風) 특공대로 나가 전사한 조선인 청년 마쓰

「님의 부르심을 받들고서」(1943년 8월 5일자).
1943년 8월 1일, 조선인 징병제가 시행되자 《매일신보》는
'님의 부르심을 받들고서'라는 제목으로 노천명과
김상용·김동환 등의 징병제 찬양시를 연재하였다.

이(松井) 오장의 명복을 비는 추모시 「신익(神翼) – 마쓰이 오장 영전에」(《매일신보》1944년 12월 6일자)를 발표하고, 1944년 12월《매일신보》의 대동아전쟁 3돌 기념 특집호에 「군신송(軍神頌)」을 싣는다. 병사들의 죽음을 '거룩한 역사'를 완성하기 위한 '아름다운 희생'으로 미화한 시다.

이 아침에도 대일본 특공대는
남방 거친 파도 위에
혜성 모양 장엄하게 떨어졌으리

싸움하는 나라의 거리다운
네거리를 지나며
12월의 하늘을 우러러본다

어뢰를 안고 몸으로
적기를 부순 용사들의 얼굴이
하늘가에 장미처럼 핀다
성좌처럼 솟는다

– 「군신송(軍神頌)」, 《매일신보》(사진판, 1944년 12월)

전쟁 때 부역 혐의로 수감, 불우한 만년

1945년 2월에는 두 번째 시집 『창변(窓邊)』을 간행하면서 「흰 비둘기를 날려라」, 「진혼가」, 「출정하는 동생에게」, 「승전의 날」, 「병정」, 「천인침(千人針)」, 「학병」, 「창공에 빛나는」, 「아들의 편지」 등 9편의 친일시를 수록하였다. 이 시집은 해방 직후에도 친일시만 뺀 채 계속 출판되었다.

노천명의 친일은 시에만 국한되지 않았다. 단상·논설·참관기 등을 통해서도 친일 행위를 계속하였다. 수필 「싸움하는 여성」에서 그는 총후 여성으로서 생산 증대에 노력할 것을 주장하는 등 결연한 모습을 유감없이 연출한다.

> 대동아전쟁의 승패는 결국에 있어서 적국 여성들과 일본 여성의 근로의 투쟁에 있을 것입니다. ……유복자의 외아들을 전지로 바치는 늙은 어머니도 있습니다. 엊그제 혼인한 남편을 특별지원병으로 내보내는 젊은 아내도 있었습니다. ……여자정신대는 이때 우리 여성들에게 허락된 유일한 길인 줄 압니다.
>
> – 「싸움하는 여성」, 『조광』(1944년 10월호)

친일에 눈먼 문인들이 시로, 수필로 전쟁을 찬미하고 젊은이들의 희생을 요구하였지만, 이미 대세는 꺾이고 일본은 패망의 길로 접어들었다. 바칠 외아들도 남편도 없었던 것이 노천명에게 있어 다행한 일이었을까.

해방이 되었지만, 시간은 여전히 노천명의 편이 아니었다. 그는 6·25전쟁이 발발하자 피난을 가지 못해 서울에 남았고 북한군에 협조하지 않을 수 없게 된다. 서울 수복 후 노천명은 부역자 처벌 특별법에 따라 20년 형을 선고받고 서대문형무소에 수감되었다가 나중에 문인들의 석방운동으로 풀려날 수 있었다.

본인의 선택과 그 결과이긴 하지만, 노천명은 여느 친일문인들과 달리 불운하였다. 그는 1957년 백혈병으로 사망하였다. 향년 46세. 2001년 이후 한국시연구협회에서 노천명문학상을 제정하여 매년 시·수필·평론 등 9개 부문에서 시상하고 있다.

시인의 이름을 딴 문학상을 제정한 것은 그의 문학을 기리고자 함일 터이다. 그러나 이 기림은 일제의 침략전쟁을 옹호하고 동포 젊은이들을 전쟁터로 떠미는 데 쓰인 그의 친일부역은 감춘 채 나머지 성취만을 선택적으로 비추고 있다. 굴절된 역사 속에 노천명은 여전히 '사슴'의 가련한 시인으로 남아 있는 것이다.

모윤숙,
영욕을 오간 '렌'의 선택

모윤숙(1909~1990)

우리는 높이 펄럭이는 일장기 밑으로
모입시다. 쌀도, 나무도, 옷도 다 아끼십시오. 나라를 위해서 아끼십시
오. 그러나 나라를 위해서 우리의 목숨만은 아끼지 맙시다. 아들의 생
명 다 바치고 나서 우리 여성마저 나오라거든 생명을 폭탄으로 바꿔
전쟁마당에 쓸모 있게 던집시다.

－「여성도 전사다」, 『대동아』(1942년 5월호)

산 옆 외따른 골짜기에
혼자 누워 있는 국군을 본다.

아무 말, 아무 움직임 없이

하늘을 향해 눈을 감은 국군을 본다.

(……)

나는 죽었노라, 스물다섯 젊은 나이에

대한민국의 아들로 나는 숨을 마치었노라.

질식하는 구름과 바람이 미쳐 날뛰는 조국의

산맥을 지키다가

드디어 드디어 나는 숨지었노라.

– 「국군은 죽어서 말한다」, 『풍랑(風浪)』(문성당, 1951)

모윤숙의 '두 얼굴'

앞엣것은 산문이고 뒤엣것은 시니, 일률적으로 비교하기는 어렵다. 그러나 두 글의 지은이가 같고, 두 글을 관통하는 열쇳말이 '애국'이라고 하면 어떤가. 물론 '애국'의 대상은 명백히 다르다. 하나는 식민 종주국 일본의 침략전쟁에 대한 찬양과 선동이고, 다른 하나는 한국전쟁에 희생된 젊은이에 대한 추모와 기림이다.

이 두 편의 글에 모윤숙(毛允淑, 1909~1990)의 멘탈리티가 압축적으로 제시되어 있는 듯 보인다. 어디에서든 주어진 조건 안에서 언제나 적극적으로(!) 자기 삶을 살아간 20세기 여류 명사 모윤숙의 삶 말이다. 그 현란한 변신은 가히 무애(?)의 경지라 할 만하다.

그러나 국제연합(UN)에서 외교 활동을 벌이고 국제펜클럽을 무대로 전방위 활약을 펼친 그의 삶은, 동포 젊은이들을 전선으로 내몬 친일부역 행위 앞에서 빛을 잃는다.

모윤숙은 함경남도 원산에서 태어났다. 호은 영운(嶺雲), 필명으로 모악인(母岳人), 모악산인(母岳山人) 등을 썼다. 시인 노천명과 소설가 최정희의 친우로, 이광수의 문단 제자다.

모윤숙은 이화여자전문학교 영문과를 졸업하고 1931년『동광』에 「피로 새긴 당신의 얼굴」을 발표하면서 등단하였다. 1933년 첫 시집 『빛나는 지역』(조선창문사)을 펴냈고, 1935년에는『시원(詩苑)』 동인으로 활동하였으며, 1934년부터 1938년까지 극예술연구회 동인을 지냈다. 그러나 모윤숙은 시인으로서 괄목할 만한 성공을 거둔 것 같지는 않다.

1937년에 산문과 시의 중간 형식인 일기체 연가(戀歌)『렌의 애가(哀歌)』(일월서방)를 출간하였는데, 이 39쪽짜리 책은 닷새 만에 매진되었다. 나머지 일기도 읽을 수 있게 해 달라는 독자들의 성화가 빗발쳤고, 유진오는『렌의 애가』가 한국판『좁은 문』이며 여자 쪽에서 쓴 『젊은 베르테르의 슬픔』이라고 극찬하였다.

시몬!

그러나 저는 책보다 당신을 더 동경하여서는 안 될 것을 알아요.

저 하늘에 윤회하는 성좌의 비밀을 알기 전에 당신이란 환상의 비밀을 알려고 고민함이 의롭지 못함인 줄 잘 압니다.

시몬!

당신의 애무를 원하기보다 당신의 냉담을 동경해야 할 저입니다. 용서하세요.

그러나 저는 당신의 빛난 혼의 광채를 벗어나서는 살 수 없습니다. 당신이 알려 준 인생의 길, 진리, 평화에 대한 높은 대화들을 떠날 수는 없습니다.

당신은 때로 내 생명을 장성시켜 주는 거룩한 사도이기도 합니다. 신에게 향한 이 신앙의 비애를 마음속으로부터 물리치려고 때로 노력합니다.

– 『렌의 애가』 제1신(일월서방, 1937년)

글쎄 평가야 평자의 자유겠지만, 중학교 때 『렌의 애가』를 읽은 나는 막연하지만 삶과 사랑을 감상적으로 읊은 달착지근한 연애편지 같다고 느꼈다. 내게 모윤숙이 시인으로 기억되지 않는 까닭은 그때 『렌의 애가』에서 받은 느낌 때문인지도 모르겠다.

'여성도 전사다', 목숨만은 아끼지 말자!

모윤숙이 친일의 길로 들어선 것은 대체로 1940년 이후로 보인다. 조선문인협회 주최의 문예강연대회에서 시를 낭독한 이래, 시국강연 등에 나서다가 조선임전보국단의 발기인으로 참여하면서 그의 친일은 날개를 단다.

1941년 《매일신보》가 주최한 시국부인대강연회에 연사로 참가하여
'총후 부인의 가정 결전 체제를 갖출 것'을 역설하였고, 조선임전보국
단 결전부인대회에서 '여성도 전사(戰士)다'라는 제목으로 연설하였
다. 모두에 제시한 "물자는 아끼되 목숨만은 아끼지 말자"라는 사자후
가 바로 그것이다. 모윤숙은 이 연설에서 전시의 '도덕적'인 여성상을
제시하면서 총후봉공의 소임을 다할 것을 주장하였다.

여느 친일문인들과 마찬가지로 모윤숙의 친일부역도 태평양전쟁
의 전개와 함께 일제의 총동원 정책에 적극적으로 이바지하는 것으로
이어졌다. 육군특별지원병제가 시행된 지 3년이 지난 1941년 『삼천
리』에 발표한 시 「지원병에게」는 지원병에 대한 찬양을 담았다. 1943
년 5월 해군지원병제도 시행이 결정된 후에도 해군지원병 참여를 독
려하는 시 「아가야 너는 – 해군기념일을 맞이하여」를 발표하였다.

눈은 하늘을 쏘고 그 가슴은 탄환을 물리쳐
대동양의 큰 이상 두 팔 안에 꽉 품고
달리어 큰 숨 뿜는 정의의 용사
그대들은 이 땅의 광명입니다.

대화혼(大和魂) 억센 앞날 영겁으로 빛내일
그대들이 나라의 앞잡이 길손
피와 살 아낌없이 내어 바칠
반도의 남아 희망의 화관(花冠)입니다.

– 「지원병에게」, 「삼천리」(1941년 1월호)

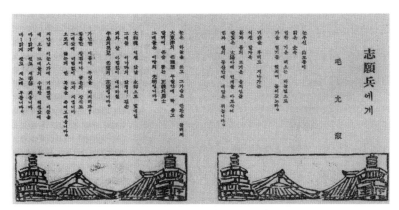

「지원병에게」, 『삼천리』(1941년 1월호)

아가야! 조개잡기 즐겨 모래성을 쌓고

땅에서 서기보다 물에 놀기 좋아하는 너 그 못 잊어운 바다가

이제 너를 오란다.

이제 너를 부른다.

해군모 쓰고 군복 입고 나오란다.

대동아를 메고 가란 힘찬 사명이

넓은 바다 한가운데서 너를

부른다.

사나운 파도 넘어

네 원수를 물리쳐라.

너는 아세아의 아들

대양의 용사란다.

　　　－「아가야 너는－해군기념일을 맞이하여」, 《매일신보》(1943년 5월 27일자)

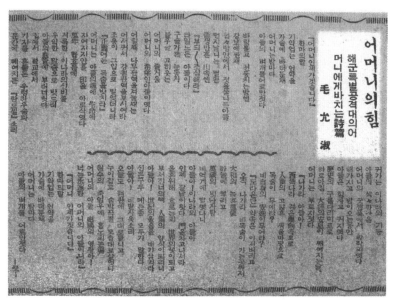

「어머니의 힘」, 《매일신보》(1942년 3월 9일자)

시 「아가야 너는」은 일부만 개작하여 해방 직후에 '등대지기 아가'
라는 제목으로 시집 『옥비녀』에 실렸다. 세상이 바뀌었는데도 어떤
정서와 이념의 변화 없이 일부 구절만 바뀌어 이 시는 살아남았다. 장
차 일제의 전사가 될 '대동아의 아들'이 졸지에 순진무구한 '등대지
기'가 된 것이다. 그것은 마치 친일부역 행위에 골몰하다 이내 신생
대한민국의 외교 전선에 서는 그의 무한 변신을 닮았다.

정책적인 주문이 있었든지, 아니면 그 자신의 취향인지는 알 수 없
지만, 해군에 대한 그의 찬양은 산문에서도 이어진다. 모윤숙은 1943
년 6월 『춘추』에 발표한 산문 「해군의 얼굴」에서 해군특별지원병제의
시행을 환영하였다.

사실 나는 육군지원병제가 공포될 때보다 이번 해군특별지원병제가 공포될 때 더 감격이 되었습니다. ……우리 반도의 남자들은 지금까지 큰일, 즉 나라를 위하여 바다에 떠 본 일이 없다고 해도 과언이 아닙니다. ……나는 어서 해군모의 키 큰 자태가 우리 동리에 나타나기를 바랍니다. 만약 내게 아들이 태어난다면 나는 꼭 해군 되기를 빌겠습니다. 사나이다운 사나이, 그는 오직 해군에서만 찾을 수 있는 기품일까 합니다.

– 「해군의 얼굴」, 『춘추』(1943년 6월호)

위태하게 내닫던 모윤숙의 글쓰기는 1943년 10월 육군특별지원병 채용 시행규칙이 공포되어 같은 해 11월 20일 학병 모집의 마감을 앞두고 11월 12일 《매일신보》에 발표한 시에서 절정을 이룬다. 지원을 독려하는 어머니와 자신의 죽음을 설워 말라는 아들의 말을 교차시켜 '애국 모자'의 모습을 형상화한 것이다.

오냐! 지원을 해라 엄마보다 나라가
중하지 않으냐 가정보다 나라가 크지 않으냐.
생명보다 중한 나라 그 나라가
지금 너를 나오란다. 너를 오란다.
조국을 위해 반도 동포를 위해 나가라.
폭탄인들 마다하랴 어서 가거라.
엄마도 너와 함께 네 혼을 따라 싸우리라.
어머니여! 거룩한 내 어머니여!

찬 들에 구르거나 진흙에 파묻히거나

내 나라의 행복을 위함이어니

설워 마소서.

내가 가면 아세아의 등불이 되어

번개가 되어 광명이 되오리다.

- 「내 어머니 한 말씀에」, 《매일신보》(1943년 11월 12일자)

모윤숙은 1937년 중일전쟁 이후부터 「백의 용사」(『신시대』 1941년 6월호) 등을 통해 일제의 침략전쟁을 찬양하였고, 1941년 태평양전쟁 발발 후 일제가 싱가포르를 점령하자 시 「호산나·소남도」를 통해 일제의 침략전쟁을 아시아 민족을 해방시키기 위한 전쟁으로 미화하기도 하였다.

애국채권을 팔고 군복 수리에 동참하며

1942년 1월에는 대중잡지 『신시대』에 정월맞이 기념시로 발표한 「동방의 여인들」에서 '대일본 제국' 여인의 참모습을 기렸고, 이듬해 12월 『신시대』에 발표한 시에서 가미카제로 출격하여 전사한 조선인 소년 비행병 출신 하사관인 히로오카 겐야(廣岡賢載, 이현재)를 찬양하였다. 이현재는 1945년 5월 27일 오키나와 주변 해상에서 18세의 나이로 전사하였다. 이렇듯 한국인 가미카제 희생자들은 대부분 일제 패망 서너 달 전에 전사하였다.

새날이라서

상 차려 즐기지 않겠습니다.

입던 옷 그대로

먹던 밥 그대로

달가워 새아침을 맞이하렵니다.

동은 새로 밝고

바람은 다시 맑아졌습니다.

훤한 하늘 새로

힘차게 날으는 독수리 나래

쳐다보며 쳐다보며 호흡을 준비합니다.

비단치마 모르고

연지분도 다- 버린 채

동아의 새 언덕을 쌓으리다.

온갖 꾸밈에서

행복을 사려던 지난날에서

풀렸습니다.

벗어났습니다.

들어 보세요.

저 날카로운 바람 새에서

미래를 창조하는

우렁찬 고함과

쓰러지면서도 다시 일어나는

산- 발자국 소리를.

우리는 새날의 딸

동방의 여인입니다.

– 「동방의 여인들」, 『신시대』(1942년 1월호)

고운 피 고운 뼈에

한번 새겨진 나라의 언약

아름다운 이김에 빛나리니

적의 숨을 끊을 때까지

사막이나 열대나

솟아 솟아 날아가라.

사나운 국경에도

험준한 산협에도

네가 날아가는 곳엔

꽃은 웃으리, 잎은 춤추리라.

– 「어린 날개–히로오카(廣岡) 소년 항공병에게」, 『신시대』(1943년 12월호)

모윤숙은 군국가요 「군국의 어머니(軍國の母)」, 「어머니의 희망(母の
希ひ)」을 직접 작사하기도 하였는데, 이 노래들은 1943년 경성방송국
제2방송에서 여러 차례 방송되었다.

1941년 임전대책협의회가 이른바 '채권가두유격대'(채권봉공대 또는

채권보국대)*를 꾸려 경성부 11곳에서 "총후의 봉공은 채권으로부터!"를 외치며 애국채권을 팔 때 그는 종로대원으로 참가하였다. 1942년에는 조선임전보국단 부인대의 군복 수리 근로에 동참하였고, 1943년 11월 조선총독부가 육군특별지원병제도를 선전·선동하기 위해 전위여성격려대를 조직하여 조선 각지에 파견하자 함흥·원산·북청 지역 강사를 맡아 강연회와 좌담회를 통해 '일본 여성의 갈 길'을 주장하였다.

모윤숙 친일시의 으뜸은 1945년 1월 2일자 《매일신보》에 발표한 시 「신년송(新年頌) – 금녀의 노래」다. 그는 '금녀'라는 이름의 아낙을 화자로 삼아, 침략전쟁과 그 출정자를 찬양하고 내선일체와 총후봉공을 선동하였다.

그러나 님이여!
한 줄기 피의 자손
그 얼굴 그 얼굴 같은 얼굴들
제 나라 위해 모이는 장사들
무에 서먹하리까 맘 놓고 손잡으사
앞으로 앞으로 저 원수 물리치소.

씨름도 첫째, 헤엄도 첫째
이 동리 이름 낸 장사이시니

● 　1941년 9월 7일 친일 단체인 임전대책협의회가 서울 시내에서 전개한 친일 활동 조직. 전쟁 경비를 확보하고자 사회 저명인사들을 동원하여 거리에서 소액 채권을 판매하였다.

산도 물도 무서울 게 없으리다.

바람 눈비 속도 마다 않고 가시리다.

오늘부터 이 몸은 공장 색시 되어서

서방님 달리던 길 아침저녁 걸으며

나라 위해 왼 정성 이바지하려 하오.

님이 쓰실 총포탄을 내 손수 만들려오.

- 「신년송(新年頌)-금녀의 노래」, 《매일신보》(1945년 1월 2일자)

금녀의 소망은 그러나 이루어지지 못하였다. 그해 8월 조국이 해방
된 것이다. 내선일체와 총후봉공을 외쳤던 친일부역자들은 일왕의 항
복 선언을 들으며 어떤 기분이었을까. 그러나 알다시피 이들은 신생
조국에서도 일제 강점기에 누렸던 기득권을 잃지 않고 너끈히 간직할
수 있었다.

눈부신 입신과 낙랑클럽

모윤숙은 해방 후 이승만의 노선을 따르면서 외교 활동을 벌였다.
유엔 한국임시위원단 단장인 메논(V. K. Krishna Menon)과 긴밀한 관계
를 맺어 메논이 애초의 뜻을 뒤집고 남한만의 총선거를 통한 단독정
부 수립을 지지하도록 유도하였다. 1948년 10월에는 프랑스에서 열
린 제3차 유엔총회에 참석하여 한국이 합법적 국가로 승인받도록 외
교 활동을 전개하였다.

이후 모윤숙은 1949년 4월 유엔 한국위원단 연락관, 제4차 유엔총회 대표단원, 한양여성클럽 회장, 대한여자청년단 총본부 단장과 북진통일여성투쟁위원회 위원장 등을 역임하였다. 한국전쟁 중에는 부산에서 영어에 능통하고 외모가 뛰어난 지식인 여성을 모아 '낙랑클럽'을 조직하여 정부 고위 관리, 군 장성, 주한 외교사절 등을 대상으로 사교 활동을 벌여 이승만 정부를 위해 정보를 수집하고 로비를 전개하였다.

1954년에 한국펜클럽을 창립하였고, 제10차 유네스코 총회, 아시아반공대회와 아시아여성단체연합회 등에 한국 대표로 참여하였고, 1960년에 드디어 국제펜클럽 한국위원장을 맡았다. 1970년에는 국민훈장 모란장을 받았으며, 민주공화당 소속 전국구 국회의원이 되었다. 가히 눈부신 활약이요, 입신이다.

모윤숙은 1973년 한국현대시협회 회장에, 1976년 국제펜대회 종신부회장에 추대되었다. 1980년 『황룡사 구층탑』으로 3·1문화상을 수상하였다(3·1정신을 계승한다는 이 상은 『친일인명사전』에 오른 문인 가운데 조연현, 백철, 최정희도 수상하였다).

1980년에 문학진흥재단 이사장, 1987년 대한민국예술원 원로 회원에 올랐다. 모윤숙은 1990년 6월 사망하였다. 향년 80세. 한갓진 수사가 아니라 '영욕을 넘나든 삶'은 결국 80년을 넘기지 못하였다. 다음 날 정부는 고인에게 1등급의 금관문화훈장을 추서하였다. 어떤가. 이만하면 한 인간의 삶으로는 만족할 만한가.

인간에 대한 평가로 흔히 공과를 논한다. 쿠데타로 민주 헌정을 짓밟은 박정희의 '과(過)'는 '조국 근대화'라는 공으로 상쇄되다가 결국 슬그머니 지워진다. 식민 종주국을 위해 동포 젊은이들을 전장으로 내몬 친일부역자 모윤숙의 과도 신생 대한민국을 위한 헌신으로 덮어질까. 설사 그런 타협이 우리 역사의 아쉬운 선택이었다 치더라도 그것이 성찰 없이 추인되어야만 하는 것일까.

박영희(1901~?)

달빛이 가장 거리낌없이 흐르는
넓은 바닷가 모래 위에다
나는 내 아픈 마음을 쉬게 하려고
조그만 병실(病室)을 만들려 하여
달빛으로 쉬지 않고 쌓고 있도다.
가장 어린애같이 빈 나의 마음은
이때에 처음으로 무서움을 알았다.

한숨과 눈물과 후회와 분노로

앓는 내 마음의 임종(臨終)이 끝나려 할 때

내 병실로는 어여쁜 세 처녀가 들어오면서

—당신의 앓는 가슴 위에 우리의 손을 대라고 달님이

우리를 보냈나이다.—

이때로부터 나의 마음에 감추어 두었던

희고 흰 사랑에 피가 묻음을 알았도다.

나는 고마워서 그 처녀들의 이름을 물을 때

—나는 '슬픔'이라 하나이다.

나는 '두려움'이라 하나이다.

나는 '안일(安逸)'이라고 부르나이다.—

그들의 손은 아픈 내 가슴 위에 고요히 닿도다.

이때로부터 내 마음이 미치게 된 것이

끝없이 고치지 못하는 병이 되었도다.

— 「월광(月光)으로 짠 병실(病室)」, 「백조」 3호(1923년 9월호)

박영희(朴英熙·芳村香道, 1901~ ?)를 처음 만난 것은 중학교 때 국어 교과서에서였다. 문학사를 다루는 소단원에서 1920년대의 시인과 작품을 서술하면서 그의 「월광으로 짠 병실」을 소개하고 있었다. 제목부터가 꽤 애상적인 이 작품은 시인 자신의 평가대로 '정서의 난만한 향락에 빠'진 것이었다. 이른바 1920년대 초기 '병적·퇴폐적 낭만주의'의 경향이 여과 없이 드러난 작품인 셈이다.

"잃은 것은 예술이요, 얻은 것은 이데올로기다"

카프(KAPF) 따위의 낯선 낱말들 틈바구니에서 "잃은 것은 예술이요, 얻은 것은 이데올로기다"라는 그의 유명한 글귀를 접하게 된 것도 비슷한 시기였을 것이다. 그러나 그게 다였다. 그때는 '이데올로기'는 고사하고 '예술'조차 제대로 이해하기가 어려웠던 것이다.

회월(懷月) 박영희는 1901년 서울에서 태어나 배재고등보통학교를 다녔다. 1919년 3월 5일 배재고보 학생들의 만세운동 때 체포되었으나 훈계 방면되었다. 배재고보 수료 후 일본에 유학하면서 나도향 등과 펴낸 잡지 『신청년』에 시 「목동의 적(笛)」을 발표하였다.

1921년에는 박종화, 황석우 등과 함께 우리나라 최초의 시 전문지인 『장미촌(薔薇村)』을 펴냈다. 창간호에 「적(笛)의 비곡(悲曲)」과 「과거의 왕국」 두 편을 발표하였는데, 박영희는 이 중 「적의 비곡」을 첫 작품으로 간주하였다. 등단작은 1921년 5월 『청년』에 발표한 시 「인생」과 「애홍(愛虹)」이다.

박영희는 1922년, 우리 문학사에서 낭만주의 또는 상징주의 문학의 요람으로 일컫는 문예 동인지 『백조(白潮)』 창간에 관여하였고, 그 창간호에 「미소의 허화시(虛華詩)」 등 7편의 시와 오스카 와일드의 희곡 「루 살로메」를 번역해 실었다.

『백조』 제3호 발간을 전후하여 박영희의 문학은 중대한 사상적 변모를 보이는데, 그는 스스로 이를 "『백조』 이전은 정서의 난만한 향락에 빠졌으며, 그 이후는 인생파의 문예 사조에 옮기기 시작"하였다고 밝히고 있다.

그는 '신경향파'를 거쳐서 '카프'로 이어지는 이른바 '프로문학'을 주도하기 시작하였다. 1924년 말 일본의 사회주의자인 나카니시 이노스케(中西伊之助)가 조선을 방문한 것을 계기로 박영희는 파스큘라를 결성하여 "인생을 위한 예술, 현실과 싸우는 의지의 예술"을 지향하게 된 것이다.

「전투」, 「정순이의 설움」, 「사냥개」, 「피의 무대」 등이 이 '인생을 위한 예술'의 결과물이다. 1925년 8월 송영 등이 중심이 된 염군사와 파스큘라가 합쳐져 카프가 결성되었다. 박영희는 카프 결성 후 이 조직의 교양부 책임자를 맡았다.

박영희는 1931년 6월 이른바 제1차 카프 검거 사건 때 종로경찰서에 구속되었다가, 이듬해 봄에 불기소 처분으로 풀려났다. 카프가 점차 좌경향을 띠게 되면서 내부의 노선 대립이 계속되자, 박영희는 이에 회의를 느껴 1933년 12월에 카프를 탈퇴하였다. 그가 《동아일보》에 「최근 문예이론의 신전개와 그 경향」이라는 사설을 기고하면서 공개적으로 카프 탈퇴와 전향을 선언한 것은 그 이듬해인 1934년 1월이다. '이데올로기와 예술의 득실'에 대한 그의 언급이 이 글에 실렸다.

1934년 12월 신건설사 사건(제2차 카프 검거 사건)에 연루되어 또다시 구속되었으나, 1935년 12월 29일 징역 2년, 집행유예 3년을 선고받고 풀려났다. 1937년에 초기 시를 묶어 시집 『회월시초(懷月詩抄)』를 펴냈다.

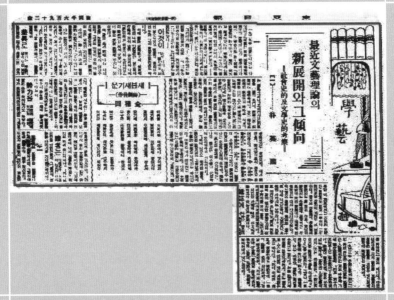

박영희가 공개적으로 카프의 탈퇴와 전향을 선언한 글.
《동아일보》(1934년 1월 2일자)

박영희가 전향자전국위원회에 파견된다는
《매일신보》(1938년 6월 17일자) 기사

카프의 '맹장'에서 친일문학의 '선봉'으로

카프를 주도한 박영희가 친일문인으로 변신한 것은 1938년 이후로 보인다. 박영희는 1936년에 조선사상범 보호관찰령에 따라 만들어진 경성사상범 보호관찰소에 수용되었는데, 이는 앞서의 투옥 경험과 함께 박영희의 친일 동기를 '생존'에다 두는 견해의 근거가 되기도 한다.

박영희는 1938년 전향자들을 국민정신총동원에 적극 참여시킬 목적으로 도쿄에서 열린 시국대응전국위원회에 조선인 대표위원으로 참석하였다. 그는 이 행사의 참석 결과 보고회를 가진 뒤, 시국대응전 선사상보국연맹* 결성을 위한 준비위원으로 선출되면서 본격적인 친일의 길로 나아가게 된다.

그해 6월 박영희가 각색한 최초의 친일 방첩영화인 〈군용열차〉가 개봉되고, 7월에 결성된 사상보국연맹에서도 몇 가지 직책을 맡게 된다. 사상보국연맹은 '일본정신을 파악하여 내선일체 정화'를 목표로 하며, '사상을 정화해서 품성을 연마하며 생활의 쇄신을 도모'한다는 표어를 내건 단체였다.

그는 1939년, 황군 위문 작가단의 단장으로 김동인 등과 함께 중국을 다녀와서《국민신보》에 「북지여행기」(1939년 6월 4일자)를,『동양지광』에 「전선기행」(1939년 9~10월호)을 발표하고, 이광수 등과 함께 조선문인협회 결성을 주도하였다. 조선문인협회는 결성대회에서 회장으로 추대된 이광수가 밝혔듯이 '새로운 국민문학의 건설과 내선일체

---

* 조선사상범 보호관찰소의 외곽 단체로 1938년 7월 24일에 조직된 친일 전향자 단체. 민족운동 또는 좌익운동과 관련된 사상 전력자 중 친일로 변절한 자를 맹원으로 하였다.

「문단사절 귀환 보고」, 「삼천리」(1939년 6월호)

의 구현'을 위한 조직이었다.

박영희는 조선문인협회의 목적이 단순한 애국 행사만이 아니요, "현재 문학운동에 주류를 형성할 수 있는 어떠한 통일된 정신"을 수립함에 있다고 주장하였다. 그리고 그 '통일된 정신'을 '도덕, 종교·인륜, 성애(性愛), 생활 전체를 관통해서 흐르게 하는 동양적 정신, 일본적 정신의 표현'이라 규정하였다.

박영희는 1940년 2월과 10월, 2회에 걸쳐 조선문인협회 '문사부대(文士部隊)'의 일원으로 경기도 양주 지원병훈련소에 1일간 입영하여 견학하였다. 같은 해 3월 전후부터 1941년 2월까지 국책영화 〈지원병〉의 대본 원안을 집필하는 등 제작에 적극적으로 참여하였다.

카프의 발기인이기도 했던 영화인 안석영이 연출한 친일영화 〈지원병〉은 일본군이 되고 싶어하는 조선 청년의 이야기다(칼 찬 군인이 되고 싶어했다는 청년 박정희, 다카키 마사오를 떠올리게 하는 부분이다).

시골에서 농사를 지으며 살아가는 주인공에게는 일본의 군인이 되어 전장에 나가 싸우겠다는 꿈이 있다. 홀어머니와 어린 동생, 결혼을 약속한 여인이 있어도 그의 꿈은 흔들리지 않는다. 주변 인물들도 그가 일본군이 되는 것을 영광으로 여기고, 지주도 그의 선택에 감복하여 남은 가족을 보살펴 주겠다고 약속한다. 영화의 메시지는 "남아 있는 가족은 국가가 책임질 터이니, 조선의 청년은 충성심을 가지고 국가를 위해 싸우라"인 것이다.

일제가 창씨개명 정책을 시행하자 박영희는 누구보다도 빨리 '요시무라 고도(芳村香道)'로 개명함으로써 '가야마 미쓰로(香山光郎)'가 된 이광수의 방식을 따랐다. 일제의 강요로 어쩔 수 없이 창씨개명한 경우 대부분 한 자를 추가하거나 성씨를 두 자로 분리하는 방식을 취하였는데, 이들은 성과 이름자를 전부 바꾸어 버린 것이다.

요시무라 고도가 된 박영희는 각종 친일 조직의 간부를 맡아 적극적으로 친일 활동을 벌인다. 그는 평론의 형식으로 일제의 각종 정책에 적극적으로 호응하면서 조선인과 조선 문인이 가져야 할 자세와 이른바 '국민문학', '전시문학'의 이론적 바탕을 제공하였다.

그는 1941년 《매일신보》에 발표한 「문학의 새로운 과제」(4월 11~16일자)를 통해 "조선 사람이 소설 한 권을 읽고 황국신민의 진의를 깨달을" 때에 "문학은 훌륭한 무기의 임무를 수행"하게 된다고 주장하였다.

박영희가 대본을 쓰고 안석영이 만든 친일영화 〈지원병〉. ⓒ 한국영상자료원

지금 우리가 해결할 문제는 무기로서의 문학을 창조함에 있다. ……
전쟁문학이니 국민문학이니 하는 것은 역시 국민 전체가 비상시에 있
어서 나가야 할 방향과 의식을 고양하고 강조하는 것을 의미한 것……

– 「문학의 새로운 과제」, 《매일신보》(1941년 4월 11~16일자)

그는 계속해서 조선문인협회와 사상보국연맹 외에도 조선방공협
회, 황도학회(皇道學會), 국민정신총동원조선연맹, 조선문인보국회 등
에서 활동하였다. 이름에서 드러나듯 국민들을 대상으로 일제의 침략
전쟁을 홍보·지원하는 이 같은 단체의 간부로 활동하면서 박영희는
문필 활동에서도 적극적 친일 성향을 보였다.

박영희는 『인문평론』(1939년 10월호)에 기고한 「전쟁과 조선문학」을

통해 "당면한 신계단의 문학운동인 전쟁문학"은 "위정자나 국민이나 일치단결된 대중적 한 과정"이라면서 '전쟁문학은 일본정신의 일 영역에 불과한 것'이라고 규정하였다. 그는 또 일본정신이 "조선 사람들이 귀중하게 생각하던 도덕과 정의감이나, 또는 지나(중국)인들이 생각하던 그것이 다 포함되어 있는 광범하고 또 광범한 그 정신"이므로 "이 정신을 기초로 한 전쟁은 말할 것도 없이 성전(聖戰)임에 틀림없다"고 찬양하면서 중일전쟁을 "동양의 영구한 평화를 위한, 일본정신의 발로"라고 주장하였다.

> 황군의 고로(苦勞)를 국민에게 보이는 것도 좋은 일이지만, 황군과 한가지 국민 전체가 움직이고 있는 그 정신적 기본을 잡는 것이 필요하다.
>
> — 「전쟁과 조선문학」, 『인문평론』(1939년 10월호)

> 국민 사상의 앙양이 사상계의 임무라면 국민의 전시 생활로부터 생기는 국민 감정의 조직은 문학의 임무라고 할 것이다. 나는 이것을 가리켜서 문학의 전시 체제라고 한다.
>
> — 「문학운동의 전시 체제」, 《매일신보》(1940년 7월 6일자)

박영희는 「지식인의 윤리」(《매일신보》 1940년 8월 4일자)에서 지식인이 사상적 법규에서 탈출하여 "역사적으로 새로이 전개되는 새로운 신생활"의 실천에서 재출발할 것을 호소하였다. 또 「포연 속의 문학」(《매일신보》 1940년 8월 15~20일자)에서 "대동아 건설의 계속 완수를 위

하여 포연 속을 달리고 있는 현대의 작가야말로 충의와 정의와 정열
(貞烈)에서 즐겁게 고민하는 인간형을 새로 창조"하는 전지(戰地) 문학
의 기수라고 주장하였다.

이데올로기조차 잃은 '잊힌 문인'

이러한 글들은 그 논리의 정합성 여부를 떠나 식민지 문인이 일제
의 요구에 부응하기 위해 자신의 재능을 어떤 방식으로 소비하였는가
를 보여 주는 씁쓸한 자료다. 그러나 그의 곡학아세는 불과 5년 후에
도래한 조국 광복 앞에서 그 허구성을 스스로 드러내고 말았으니, '식
자우환(識字憂患)'이라는 옛말이 단지 '어설픈 앎'을 저어한 것이 아님
을 확인하게 된다.

박영희는 1945년 8월 1일 조선문인보국회 평론부 회장으로 선출되
었다. 그리고 이것이 그가 1940년을 전후하여 눈부시게 보여 준 친일
부역 활동의 끝이 되었다. 보름 후, 그가 말한 '광휘 있는 대동아의 건
설'은 수포가 되고 '천황폐하'는 연합군에게 무조건 항복을 선언하였
던 것이다.

해방 후 박영희는 중등학교 교사, 대학 강사 등을 지냈고, 1949년
국민보도연맹 선도위원으로 활동하였다. 한국전쟁 개전 초기에 서울
을 점령한 인민군에게 체포되어 서울형무소에 수감되었다가 납북되
었다. 납북 이후의 행적은 전혀 알려지지 않고 있다.

해방과 분단 이후 반세기가 흘렀다. "변혁적 이데올로기에 철저하

려 했다가 탄압의 고통 속에서 그 이념을 벗어던지자 탄압의 회피를
위한 또 다른 정치적 이데올로기의 족쇄를 차지 않을 수 없었던"(임규
찬) 박영희는 이제 우리 문학사 한 모퉁이에 희미한 자취만 남긴 채
잊혀 가고 있다.

서정주,
"친일은 하늘 뜻에 따랐다"

서정주(1915~2000)

서정주(徐廷柱, 1915~2000)는 적어도 이
나라에서 '시인'을 대표하는 이름이다. 그의 서정시가 이룬 성취가 곧
한국 현대시의 성취라고 해도 지나치지 않을 만큼. 교과서마다 다투
어 그의 시를 싣고, 지역의 나이 지긋한 시인들 가운데 상당수가 그의
추천을 받아 문단에 나온 그의 제자들이다. 진보문학 진영의 원로 고
은도 그의 제자다.

그는 첫 시집 『화사집(花蛇集)』(1941) 이래 『귀촉도(歸蜀途)』(1948),
『서정주시선(詩選)』(1956), 『신라초(新羅抄)』(1961), 『동천(冬天)』(1968),
『질마재 신화』(1975), 『늙은 떠돌이의 시』(1993) 등 여러 권의 시집을

펴내면서 가히 '시선(詩仙)'의 지위를 얻은 듯하다. 그는 마치 우리 현대 시단의 살아 있는 '표준' 같은 존재로 보이기도 하였다.

삶이 그대로 현대시의 역사

서정주는 '화사집' 시대, '귀촉도' 시대, '동천-신라초' 시대 등으로 명명된 개인의 시사(詩史)가 버젓이 고교 교과서에 오를 만큼의 지위를 지닌 흔치 않은 시인이다. 초기의 '악마적이고 원색적인 시풍'에서 '동양 사상'과 '불교와 토착적 전통의 융화'를 거쳐 '우주와 공감할 수 있는 시적 깊이'에까지 이른 미당 시 세계의 변천이 그대로 우리 현대 시사에서 주요한 흐름이었던 것이다.

서정주의 시를 본격적으로 만나게 된 것은 고교 시절이다. 형이 사온 민음사 판의 얇은 미당 시집이었는데 제목은 정확히 기억나지 않는다. 책머리에 "스승의 시는 한 편도 뺄 수 없다"는 엮은이 고은 시인의 글이 실려 있었던 것으로 기억한다(고은은 1970년대에 민중시를 쓰면서 스승과 정신적으로 결별하게 된다).

그 시집에서 읽은 「자화상」과 「밤이 깊으면」을 달달 외워 버렸다. 「밤이 깊으면」은 미당이 젊은 시절에 자신의 아내에게 바친 시라는데, '달래 마늘같이 쬐그만 숙아' 어쩌고 하는 시구의 울림이 어쩐지 마음에 감겨 왔던 것이다.

'애비는 종이었다'로 시작되는 시 「자화상」은 미당이 스물세 살 적에 쓴 시다. '나를 키운 건 8할이 바람이다'라는 시구로도 유명한 이

시는 고등학교 문학 교과서에 더러 실려 있고, 가끔 모의고사에 출제되기도 한다. 나는 고개를 갸웃했는데, 실제 그의 부친은 종이 아니라 전북 고창의 거부 인촌 김성수 집안의 마름이었다고 한다.

미당은 전북 부안의 줄포공립보통학교를 나와 1929년 서울의 중앙고등보통학교에 보결생으로 입학하였다. 이듬해 11월 광주학생운동 기념시위를 주도하여 퇴학과 함께 구속되었으나 나이가 어려 기소유예되었다. 1933년 대한불교전문강원에 입학하고, 그해 12월《동아일보》에 시「그 어머니의 부탁」으로 등단하였다.

1936년 1월《동아일보》신춘문예에 시「벽(壁)」이 당선되었고, 1935년에 입학한 중앙불교전문학교를 중퇴한 후 11월부터 다음해 12월까지 시가(詩歌) 중심의 문예 모임인 '시인부락' 동인으로 활동하였다. 1939년 만주로 가서 회사원으로 일하다 1941년 고향으로 돌아왔다.

같은 해 첫 시집『화사집』을 발간하고 동대문여학교 교사로 부임하여 1942년 봄까지 근무하였다. 서정주가 문필로 친일 대열에 합류한 것은 같은 해 7월《매일신보》에 평론「시(詩)의 이야기 – 주로 국민시가(國民詩歌)에 대하여」를 발표하면서부터다.

대동아공영권이란 또 좋은 술어(述語)가 생긴 것이라고 나는 내심 감복하고 있다. 동양에 살면서도 근세에 들어 문학자의 대부분은 눈을 동양에 두지 않았다. 몇몇 동양 학자들이 따로 있어 자기들의 일상 사용하는 한자의 낡은 문헌들을 자의적(字義的)으로 해석해 내는 정도에 그쳤었다. ……시인은 모름지기 이 기회에 부족한 실력대로도 좋으니 중국의 고전에서 비롯하여 황국(皇國)의 전적(典籍)들과 반도의 옛것들을 고루 섭렵하는 총명을 가져야 할 것이다.

- 「시(詩)의 이야기-주로 국민시가(國民詩歌)에 대하여」, 《매일신보》(1942년 7월 13~17일자)

　불과 스물일곱, 등단한 지 10년도 안 된 젊은 시인이 '동방 전통의 계승과 보편성에의 지향'을 내세우면서 은근히 '대동아공영권'의 논리를 내면화하기 시작한 것이다. 이후 그는 1943년 10월에 용산 주둔 조선군이 김제평야에서 진행한 전쟁 연습에 최재서와 함께 조선군 보도반원 자격으로 종군하였다.

　그 후, 최재서가 경영하던 인문사에 입사하여 1944년 2월까지 일본어로 간행된 친일 문예지인 『국민문학』과 『국민시가(國民詩歌)』를 편집하였다. 서정주는 주로 시·소설·잡문·평론 등을 통해 일제에 협력하였다. 시 「항공일에(航空日に)」는 일제가 침략전쟁을 미화하고 전쟁

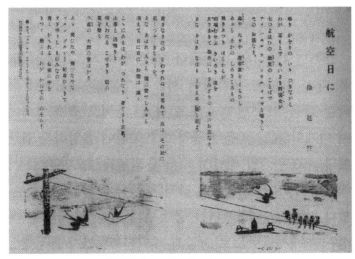

「항공일에」, 『국민문학』(1943년 10월호)

동원을 독려하기 위해 제정한 항공일 행사에 맞춰 쓴 기념시다.

> 아아 날고프구나 날고 싶어
> 부릉부릉 온몸을 울려
> 사라진 모든 것
> 파랗게 걸린 저 하늘을
> 힘차게 비상함은
> 내 진작 품어 온 소원!

- 「항공일에(航空日に)」, 『국민문학』(1943년 10월호)

옥처럼 부서지라며
청년들을 전쟁터로

《매일신보》에 발표한 「헌시(獻詩)」(1943년 11월 16일자)의 부제는 「반도학도 특별지원병 제군에게」이다. 학도지원병제도는 일제가 침략전쟁 수행을 위해 '육군특별지원병령'과 '해군특별지원병령' 등을 공포하여 한국인을 전쟁에 반강제적으로 동원한 제도였다. 이 제도는 중일전쟁(1937)이 발발

「경성사단 대연습 종군기」,
『춘추』(1943년 11월호)

한 이후 안정적인 병력 보급이 절실해지자, 장기적으로 조선에도 징병제를 시행한다는 목표 아래 과도적인 형태로 시행되었다.

이 시는 일제 침략전쟁을 찬양하고 학도지원병의 전투를 영웅적으로 미화하면서, 조선 학생들에게 학도지원병으로 나갈 것을 독려하고 있다.

너를 쏘자, 너를 쏘자 벗아
조상의 넋이 담긴 하늘가에
붉게 물든 너를 쏘자 벗아!
우리들의 마지막이요 처음인 너
그러나 기어코 발사해야 할 백금탄환인 너!

교복과 교모를 이냥 벗어 버리고
모든 낡은 보람 이냥 벗어 버리고

주어진 총칼을 손에 잡으라!
적의 과녁 위에 육탄을 던져라!
벗아, 그리운 벗아,
성장(星章)의 군모 아래 새로 불을 켠
눈을 보자 눈을 보자 벗아……
오백 년 아닌 천 년 만에
새로 불을 켠 네 눈을 보자 벗아……
아무 뉘우침도 없이 스러짐 속에 스러져 가는

네 위엔 한 송이의 꽃이 피리라

흘린 네 피 위에 외우지는 소리 있어

우리 늘 항상 그 뒤를 따르리라

– 「헌시(獻詩)−반도 학도특별지원병 제군에게」, 《매일신보》(1943년 11월 16일자)

어머니여, 저 용맹스런 함성은 저곳이리

푸른 혈조가 끊임없이 내려와

커다란 목소리, 나를 부른다

아아, 기쁘도다 기쁘도다

희생 제물은 내가 아니면 달리 없으리

어머니여, 나 또한 창을 들고 일어서리

배를 띄우리

사이판으로!

매킨·타와라로! 아투로!

– 「무제−사이판 섬에서 전원 전사한 영령을 맞이하며」, 『국민문학』(1944년 8월호)

「무제(無題)−사이판 섬에서 전원 전사한 영령을 맞이하며(サイベン 島全員戰死の英靈ヘて)」는 태평양전쟁 말기에 사이판 등지에서 일어난 일본 병사들의 옥쇄(玉碎)를 찬양하는 내용을 담고 있다. 옥쇄는 원래 '옥처럼 아름답게 부서진다'는 뜻으로 대의나 충절을 위한 깨끗한 죽음을 일컫지만, 당시 일제는 전 국민을 제국주의적 침략전쟁에 총동

원하기 위해 이 낱말을 반복하여 사용하였다. 이 작품을 통해서 미당
은 옥쇄를 감행한 병사들과 하나가 되어 적과 맞서 싸우자고 선동하
였다.

미당 서정주의 또 다른 대표작 「마쓰이 오장 송가」

아아 레이터 만*은 어데런가.

언덕도

산도

뵈이지 않는

구름만이 둥둥둥 떠서 다니는

몇천 길의 바다런가.

아아 레이터 만은

여기서 몇만 리런가…….

귀 기울이면 들려오는

아득한 파도 소리…….

우리의 젊은 아우와 아들들이

* 레이테 만. 필리핀 중부 비사야 제도의 태평양 측, 레이테 섬의 정동에 있는 수역으로 필리핀 해가 포함
  된 만. 여기서 1944년 10월 23일부터 26일까지 미국·오스트레일리아 해군 연합과 일본 해군 사이에 벌
  어진 레이테 만 전투는 공식적으로 제2차 필리핀 해전으로 알려져 있으며, 제2차 세계대전 중 가장 큰
  해전이었다.

그 속에서 잠자는 아득한 파도 소리…….

얼굴에 붉은 홍조를 띠우고
"갔다가 오겠습니다"
웃으며 가더니
새와 같은 비행기가 날아서 가더니
아우야 너는 다시 돌아오지 않는다.

마쓰이 히데오!
그대는 우리의 오장 우리의 자랑.
그대는 조선 경기도 개성 사람
인씨(印氏)의 둘째 아들 스물한 살 먹은 사내.

마쓰이 히데오!
그대는 우리의 가미카제 특별 공격대원.
귀국대원.

귀국대원의 푸른 영혼은
살아서 벌써 우리게로 왔느니.

우리 숨쉬는 이 나라의 하늘 위에
조용히 조용히 돌아왔느니.

「마쓰이 오장 송가」, 《매일신보》(1944년 12월 9일자)

우리의 동포들이 밤과 낮으로

정성껏 만들어 보낸 비행기 한 채에

그대, 몸을 실어 날았다간 내리는 곳.

소리 있어 벌이는 고운 꽃처럼

오히려 기쁜 몸짓 하며 내리는 곳.

쪼각쪼각 부서지는 산더미 같은 미국 군함!

수백 척의 비행기와

대포와 폭발탄과

머리털이 샛노란 벌레 같은 병정을 싣고

우리의 땅과 목숨을 뺏으러 온

원수 영미의 항공모함을

그대

몸뚱이로 내려쳐서 깨었는가?

깨뜨리며 깨뜨리며 자네도 깨졌는가 –

장하도다

우리의 육군 항공 오장(伍長) 마쓰이 히데오여!

너로 하여 향기로운 삼천리의 산천이여!

한결 더 짙푸르른 우리의 하늘이여!

아아 레이터 만이 어데런가.

몇천 길의 바다런가.

귀기울이면

여기서도, 역력히 들려오는

아득한 파도 소리…….

레이터 만의 파도 소리…….

– 「마쓰이 오장 송가(松井伍長頌歌)」 전문

일반에도 널리 알려진 「마쓰이 오장 송가」(《매일신보》 1944년 12월 9
일자)는 1944년 11월 24일 한국인 출신 소년 비행병으로서 가장 먼저
가미카제(神風) 특공대로 전사한 인재웅(印在雄)을 추모하는 내용이
다. 마쓰이 히데오(松井秀雄)는 인재웅의 창씨개명, 오장(伍長)은 우리
나라의 '하사'에 해당하는 일본 육군부사관의 최하위 계급이다.

서정주는 이 시에서 미국과 영국에 대한 적개심을 노골적으로 드러
내면서 조선 병사의 죽음을 대동아공영권 건설을 위한 영광스러운 자
기희생인 양 노래하였다. 그는 자살특공대원의 개죽음을 '우리의 자
랑'이라 미화하고 그의 죽음이 우리 산천을 향기롭게 하였다고 찬양
하였다.

그는 수필 「인보정신(隣保精神)」(《매일신보》 1943년 9월 1~10일자)에
서 이웃간에 일어난 촌극을 통해 일본 국기(일장기)에 대한 흠모의 정
을 그렸다. 「스무 살 된 벗에게」와 「징병 적령기의 아들을 둔 조선의
어머니에게」(『춘추』 1943년 10월호)에서는 일제의 징병에 젊은이와 어
머니들이 적극 부응해야 한다고 선전하였다. 지원병제도 시행 이래
처음으로 중국에서 전사한 조선인 이인석은 일제가 '제1호 전사자'로
선전하고 야스쿠니 신사에 합사한 병사였다.

이보단 앞서서 이미 우리들의 선배의 지원병들은 우리들의 것이요,
동시에 천황폐하의 것인 그 붉은 피로써 우리들 앞에 모범을 보이어
우리들의 나갈 길을 보여 주었습니다. 이미 야스쿠니 신사의 영령이 된
한 사람의 이인석 상등병의 피는 절대로 헛되이 흘려져 버리고 말 성
질의 것은 아닙니다. 가나우미. 땅에 흘려진 피는 또한 늘 귀 있는 자를
향하여 외치는 것이라는 것도 총명한 그대는 잘 알 것입니다. 지원병들
의 뒤를 이어서 인제부터 젊은 사람들은 스물한 살만 되면 부절(不絶)
히 일어서서 일본 제국의 군인으로서의 자기를 단련해 갈 것입니다.
　　　　　　　　　　　　　－「스무 살 된 벗에게」, 『조광』(1943년 10월호)

서정주는 소설로도 일제에 협력하였다. 『조광』에 발표한 「최 체부 (崔遞夫)의 군속(軍屬) 지망」에서 침략전쟁에 복무하는 것이 부와 명예를 누리는 지름길이라는 것을 노골적으로 표현하였다. 주 장르인 시도 아닌 소설을 써서 일제의 전쟁 논리를 따를 만큼 그는 의욕이 넘쳤다.

> 덴노헤이카 반자이(천황폐하 만세)! 하고 큰 획으로 맨 처음 줄을 아로새긴 밑에, 신문지를 두 쪽에 낸 것만 한 백로지 위에 탄원의 문구가 가득히 쓰이어 있었다. 지성이면 감천이라고 최 체부의 소원은 마침내 관계 관원들을 울린 바 있어서, 그의 벗인 해리면사무소의 가네무라 군과 같이 얼마 후에 두 사람은 군속이 되어 먼 남녘 나라로 떠났다. 최 체부는 떠난 달부터 꼭꼭 그의 집에 돈을 부치어, 집안은 전보다 살기에 궁색지 않았고, 마을 사람들의 끝없는 호의와 존경 속에서 최 체부의 어머니도 손자를 따라 아침해가 떠오를 때면 규-조-요하이(궁성요배)를 하는 갸륵한 습성이 생기었다.
>
> — 소설 「최 체부(崔遞夫)의 군속 지망」, 『조광』(1943년 11월호)

이 소설은 침략전쟁에 군인이 아닌 군무원으로라도 복무하는 것이 부와 명예를 누리는 첩경이라는 궤변을 노골적으로 드러내고 있다. 최 체부는 전쟁이 끝나고 살아서 돌아올 수 있었을까.

친일파가 아닌 '종천순일파'라 강변

해방을 맞이할 때 서정주는 우리 나이로 갓 서른이었다. 그것은 그가 일제에 협력하라는 피하지 못할 압력을 받을 만한 위치에 있지 않았다는 뜻이며, 이는 그의 친일이 자신의 자발적인 행위였음을 반증하는 것이다. 그러나 자신의 부역 행위에 대해 서정주는 어떠한 반성의 뜻도 표하지 않았다.

『서정주 문학 전집』에 실린 자전적 성격의 글인 「천지유정」, 「흑석동 시대」와 「창피한 이야기들」에서 그는 자신을 '친일파', '부일파(附日派)'로 부르는 것에 이의를 제기하였다. 자신이 다만 일본의 "욱일승천지세(旭日昇天之勢) 밑에서 '종천순일파(從天順日派)'로 체념하면서 살아간 것에 지나지 않았다"고 강변한 것이다. '하늘 뜻에 따라 일제에 순응했다'는 것인데, 반민족적 행위에 '하늘 뜻' 운운하는 것은 '파렴치' 이상도 이하도 아니다.

미당은 1992년 월간 『시와 시학』에서도 자신의 친일 행적 시비와 관련하여 입장을 밝힌 바 있다. 그는 "국민총동원령의 강제에 따라 어쩔 수 없이 징용에 끌려가지 않기 위해 친일문학을 썼다. 살기 위해 어쩔 수 없었던 일"이라고 고백하였다. 일찍이 "일본이 그렇게 쉽게 항복할 줄은 꿈에도 몰랐다. 못 가도 몇백 년은 갈 줄 알았다"라고 토로한 것과도 맥을 잇는 발언이다.

해방 후 서정주의 삶은 여느 친일문인들의 그것과 다르지 않았다. 조선청년문학가협회를 결성하여 시 분과위원장으로 활동하였고, 《동아일보》에서 사회부장, 문화부장으로 활동하다 정부 수립 후 문교부 초대 예술과장으로 근무하였다. 어떤 시대든 주류로 살아가는 데에 그는 거리낌이 없었던 것이다.

1949년 한국문학가협회 창립과 함께 시 분과위원장으로 활동하였고, 전기『이승만 박사전』(삼팔사)을 발간하였다. 한국전쟁이 일어나자 종군문인단을 결성해 활동하였다. 이후 그는 정년까지 대학 교수로 후진을 가르쳤고, 문단의 중진과 원로의 지위를 누리면서 평탄한 삶을 살았다.

서정주는 해방 후 이승만 정권과의 관계도 대통령 전기를 쓰고 문교부 초대 예술과장으로 근무할 만큼 가까웠지만, 1980년 쿠데타로 집권한 전두환 신군부와의 유착은 상상을 뛰어넘는 것이었다. 그는 전두환 대통령 후보의 찬조 연사, 대통령 당선 축시 헌사, 광주항쟁 이후 텔레비전 방송의 군사정권 지지 발언 등으로 일제와 독재정권 주변을 맴돌며 권력과 야합한 인물로 손가락질을 받았다.

1987년 1월 18일 당시 전두환 대통령의 생일 축하장에서 자작시 「전두환 대통령 각하 제56회 탄신일에 드리는 송시」를 낭독하였다. 낯부끄러운 찬양과 아부로 점철된 이 시는 문인이 도덕적으로 타락할 수 있는 극한의 모습을 여과 없이 보여 주는 것이었다.

(……)
1986년 가을 남북을 두루 살리기 위한
평화의 댐 건설을 발의하시어서는
통일을 염원하는 남북 육천만 동포의 지지를 받고 있나니

이 나라가 통일하여 흥기할 발판을 이루시고
쉬임 없이 진취하여 세계에 웅비하는
이 민족 기상의 모범이 되신 분이여!
이 겨레의 모든 선현들의 찬양과
시간과 공간의 영원한 찬양과
하늘의 찬양이 두루 님께로 오시나이다

서정주는 2000년 12월에 사망하였고, 금관문화훈장이 추서되었다. 2001년 6월,《중앙일보》에서 미당문학상을 제정해 매년 시상하고 있다. 2001년에는 고창에 미당시문학관이 건립되었으며, 이곳에서 2005년 이후 매년 가을 '미당문학제'가 열리고 있다.

최근 관련 뉴스에 미당문학상 운영위원회에서 친일 논란을 빚어 온 미당문학상을 폐지하기로 의견을 모으고 조만간 이를 공표하기로 하였다고 하니, 다행스러운 일이다.

미당시문학관은 민족문제연구소와 태평양전쟁유족회의 '친일·친독재 작품 병행전시' 요구를 받아들여 2006년부터 문학관 안에 친일 작품과 전두환 생일 축시 등을 전시하고 있다고 한다. 미당시문학관 누리집의 미당 '연보'에는 그의 친일 전력이 한 줄—1943년 친일 작품 발표 시작. 1944년까지 시, 소설, 수필, 르포 등 11편 발표—로 기록되어 있다. '문학자료실'에 '친일 작품 소개'란도 있어 친일 작품 목록과 함께 9편의 작품을 실어 놓았다. 아쉽지만 이것으로 우리가 청산한 식민지 역사의 일부라고 위로할 수 있을까.

2001년 전북 고창군 부안면 선운리 선운분교 터에 세워진
미당시문학관

유진오 (1906~1987)

대동아전은 이미 최후에 돌입하고 말았습니다. 이 전쟁이 이미 3년, 지나사변 이래 자(玆)에 7년, 아니 미영이 동아의 침략을 시작하여, 이미 수 세기에 걸친 장구한 전쟁의 최후의 막이 이제 바야흐로 닫쳐지려고 하는, 실로 역사적인 숨 막히는 순간입니다. 중대한 순간입니다.

그리하여 전쟁의 귀추는 이미 명백한 것입니다. 침략자와 자기 방위자의, 부정자(不正者)와 정의자(正義者)의, 세계 제패의 야망에 붙들린 자와 인류 상애(相愛)의 이상에 불타는 자의, 일언이폐지하면 악마와 신의 싸움인 것입니다. 정의는 태양과 같고, 사악은 흑운과 같아서, 구

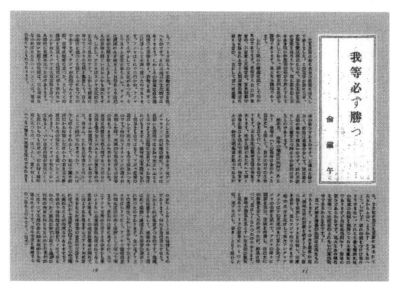

「우리가 반드시 이긴다」, 「신시대」(1944년 9월호)

름은 마침내 태양의 적이 될 수 없는 것입니다. 우리는 정의이며 정의
자가 일어설 때 그 승리는 명백한 것입니다…….

　생각하면 역사 발전의 법칙은 아이러니컬한 것입니다. 아시아의 오
래된 쇄국의 기간에, 기계문명의 이기를 갈고 닦아 신대륙을 약취(掠
取)하고 아프리카를 분할하고, 인도를 정복하고, 드디어 아시아의 중
심에까지 침략의 조아(爪牙)를 뻗쳐 온 앵글로색슨은 그 사려 깊은 타
산에서 우선 아시아의 거세를 시도하여, 아시아의 각국에 개국을 강요
하고, 종교를 강매하고, 자기 문화의 이식을 기도한 것이었습니다만,
결과는 도리어 희망한 대로 되지 않았던 것입니다.

－「우리가 반드시 이긴다(我等必ず勝つ)」,(적국항복 문인대강연회 1944년 8월 17일 연설),

「신시대」(1944년 9월호)

유진오, 작가에서 법학자, 정치인까지

현민(玄民) 유진오(兪鎭午, 1906~1987)는 작가 이전에 법학자로, 그리고 정치인으로 먼저 기억되는 이다. 그는 경성제국대학 입학 예비시험 격으로 일본과 조선 학생이 공동으로 치른 '제1회 대학예과 고등학교 입학 모의시험'에서 수석을 차지하였다. 경성제국대학 수석 입학과 수석 졸업을 자랑하는 이 당대의 수재는 자신의 재능을 다해 일제에 부역하였다.

독립된 후에는 신생 대한민국의 제헌 헌법을 기초했고, 대학 교수와 총장을 지냈다. 제1공화국 대일 외교의 주역으로 활약했고, 1961년 박정희의 쿠데타와 1979년 신군부의 쿠데타 이후에도 이른바 '메

유진오는 제헌 헌법 기초위원으로 참여하였다. 기초위원들의 기념촬영. ⓒ 국가기록원

인 스트림'에서 밀려나지 않았다. 한마디로 전 생애를 주류로 살았던 사람이다.

대부분의 친일부역 인사들이 그러했듯이 그도 초기에는 민족주의적 태도를 견지하고 있었던 듯하다. 그는 경성제국대학 법문학부에서 수학하면서 대학 내 좌익 모임인 '경제연구회'를 조직하고 활동하였다. 졸업 후에도 조선인 졸업생 모임인 '낙산구락부'를 조직하여 학술잡지 『신흥(新興)』을 발간하였다. 1930년에는 《동아일보》에 '이지휘'라는 필명으로 당시 운동의 상황과 문제점을 정리한 「연간 조선 사회 운동 개관」을 발표하였다.

그가 작가로 등단한 것은 1927년 5월 단편 소설 「스리」를 『조선지광』에 발표하면서부터다. 1930년 만주를 여행하고 돌아온 후에는 「마적」, 「귀향」, 「송군 남매와 나」 등의 '동반자적(同伴者的) 경향'이 짙은 작품을 발표하였다. 유진오는 카프로부터 가입을 권고받았으나 카프가 조선의 식민지적 현실을 등한시한다고 판단하고 거리를 두었다.

'동반자'란 본래 러시아 문학에서 온 개념으로, 우리나라에서는 '카프에 가입은 하지 않았으나 작품 활동에 있어 카프의 이데올로기에 동조하고 있는 작가'를 이른다. 카프에서는 유진오를 이효석과 함께 동반자 작가로 규정하고 있었다.

경성제국대학 법문학부에서 강사 생활을 시작한 후 1931년 9월부터 이강국 등과 함께 '조선사회사정연구소'를 설립해 활동하였다. 1932년 5월께는 근로 대중의 이익을 위한 연극을 표방하는 극단 '메가폰'을 결성하였다.

1933년부터 《동아일보》의 객원 기자를 지냈으며, 1936년 원산청년회가 개최한 강연회에서 발언한 내용이 문제가 되어 경찰 조사를 받았다. 1937년 보성전문학교 교수로 부임하였으며, 1939년부터 법학연구를 중단하고 창작 활동에 몰두하였다. 같은 해에 『유진오 단편집』(학예사)을 펴냈다.

유진오의 좌파적 민족주의 활동은 거기까지였다. 보성전문학교 법과 과장을 맡고 단편집을 발간하던 1939년, 잡지 『삼천리』 7월호에 '북지황군위문단'을 격려하는 「신질서 건설과 문학」이라는 글을 발표하면서 본격적인 친일 활동에 나선 것이다.

> 동아 신질서 건설을 위하여 대륙의 전선에 분전하는 용사를 위문하기 위하여 금차(今次) 도지(渡支)하는 제위의 건강을 빌며 이 중대한 사명을 무사히 다하시기를 바랍니다. 전쟁이란 실로 인간의 가장 심오한 금선(琴線)을 울리는 가장 절실한 인간 활동이라 금차의 제위의 전선 위문은 반드시 위대한 문학적 성과로 나타날 것을 아울러 기대합니다.
>
> － 「신질서 건설과 문학」, 『삼천리』(1939년 7월호)

유진오는 조선총독부 외곽 단체인 조선문인협회가 결성될 때까지 발기인과 간사였다. 그는 1939년 11월 조선문인협회가 주최한 '전선에 위문문·위문대 보내기 행사'를 주도하였고, 12월 조선문인협회 간사로서 사업부 조직의 임무를 맡았다.

1940년 11월부터 12월까지 조선문인협회가 주최한 순회시국강연회의 연사로 평안도에 파견되어 「신체제와 국어 보급」이라는 연제로 강연하였다. 모국어인 한글로 글을 쓰던 작가가 식민지 종주국의 언

「포악무도한 미영 죄상」, 《매일신보》(1942년 1월 16일자)

어를 '국어'라 지칭하며 그 보급의 중요성을 주장하기에 이른 것이다. 그것은 작가로서의 자기 부정이자 정체성의 파탄이었지만, '국어'로 일제에 부역한 숱한 시인·작가들과 마찬가지로 그는 손쉽게 현실과 타협하였다.

1941년에는 조선인의 전쟁 협력을 위한 전시 체제기 최대의 민간 단체인 조선임전보국단의 발기인으로 참여하였다. 11월에는 국민총력조선연맹 주최로 지원병 독려 연설을 하였다. 동포 청년들에게 일왕을 위해 전쟁터에 나가라고 부추긴 것이다. 그 역시 뭇 친일부역자들이 간 길을 따랐던 셈이다.

대동아공영권 건설에 지식인 참여 주장

유진오가 문학 활동을 통해 적극적으로 주장한 친일 논리는 '대동
아공영권 건설'과 '내선일체'였다. 그는 몇 편의 친일 글을 통해 '동아
신질서 건설'을 전면에 내세우며, '대동아공영권' 건설에 조선의 지식
인들이 참여해야 한다고 주장하였다.

그는 또 조선 민족의 일본 국민화와 내선일체를 주장하면서 "내선
일체는 내선 무차별 평등 일체화를 목적으로 하고, 그것을 위해서 조
선인의 국민적 자각과 문화적 교양을 내지인과 동일한 수준으로까지
끌어올리는 것"이라고 함으로써, 뼛속까지 민족 일치를 향한 방법론
을 제시하기도 하였다.

그는 내선일체를 위해 "반도인은 일본 국민이고 국어는 일본어"(「조
선 문단 1년을 돌아본다(朝鮮文壇一年を顧る)」,《경성일보》1942년 12월 2일자)
라고 규정하고 일본어 보급과 일본어 창작에 전력을 기울이기 시작하
였다. 모국어를 버리는 데 그치지 않고 식민지 종주국의 언어를 창작
의 수단으로 쓰기 시작한 것이었다.

특히 일본어 보급은 "단순히 언어를 깨닫는다는 것을 의미하는 것
에 그치지 않고 동양정신을 최고로 순수한 형태로 보지(保持)해 온 일
본정신을 체득하는 것이고, 더 나아가 지역문화의 수준을 향상시키는
것"(「일본어의 보급(日本語の普及)」,《경성일보》1942년 11월 15일자)이라고
주장하였다. 그는 작가로서뿐 아니라 민족으로서의 정체성도 기꺼이
버렸다.

유진오는 전쟁 수행의 도구로서 문학의 역할을 강조하였다. 당시의

문학이 나아가야 할 방향을 '국민문학'으로 지정하고 일본어 창작을 평가하였고, 이는 자연스레 일본의 침략전쟁 미화와 학병·지원병 지원의 독려로 이어졌다.

유진오는 『문학보국』(1943년 9월 10일자)에 발표한 「거대한 융화(巨いなる融和)」에서 "우리들 마음은 이미 하나가 되어 미영(米英) 격멸을 위하여 불타고 있"고 "편협한 개인주의의 미영 문학을 격멸하고 웅대하고 장려한 동양의 오래고 새로운 문화를 창조해 나가는 것이야말로 우리의 사명"이라며 전쟁 승리를 위한 문학적 사명을 강조하였다.

> 현하(現下)의 최대 문제인 내선일체도 또한 그러하다. 내선일체를 최종적으로 해결하는 것도 다른 사람이 아니라 조선인 자신인 것이다. 조선 사람이 지금 내지인과 다른 경우에 처해 있는 것이 사실이라 하면 그것은 조선 사람이 내지인에게 지지 않는 힘을 가짐으로써 비로소 해결될 것이다. ……이번 특별지원병제도는 조선 사람에게 이러한 힘을 주는 것이라고 나는 생각한다.
>
> – 「병역은 곧 힘이다」, 《매일신보》(1943년 11월 19일자)

동포를 대상으로 "병역이 단순한 의무가 아니라 특전"이라고 말하는 유진오의 침략전쟁 선동은 마치 강박처럼 보이기까지 한다. 그는 이미 패전으로 기울기 시작한 전쟁에 더욱 매진해야 한다고 하면서, 전쟁 동원에 참여하지 않은 동포들에게 '총후봉공'의 자세를 독려하였다. 조부가 모아 놓은 쇳조각을 나라에 바치는 것을 자랑스러워하는 등장인물을 통해 총후봉공의 필요성과 필연성을 강조한 소설 「조

부의 철 조각(祖父の屑鐵)」(『국민총력』 1944년 3월호)은 그 절정이었다.

> 싸움은 이미 우리의 것입니다. 어째서? 우리가 이 전쟁에서 반드시
> 승리하지 않으면 안 되기 때문입니다. 우리가 이 전쟁에서 반드시 이
> 길 운명에 놓여 있기 때문입니다. 여러분, 필승에의 신념은 결코 헛된
> 맹신이 아닙니다. 실로 이와 같이 필승의 이(理)를 자각하고, '대화일
> 치', 서로 굳세게 최후의 단계를 돌파하고 나아가야 하겠습니다.
>
> — 「조부의 철 조각(祖父の屑鐵)」(『국민총력』 1944년 3월호)

유진오는 기고·좌담·대담 등 갖가지 형식으로 일제의 식민 정책을
옹호·지지하고 침략전쟁을 미화·찬양하는 활동을 활발히 전개하였

제2육군지원병훈련소 입소식을 마치고 평양신사에 참배하는 육군지원병. ⓒ 민족문제연구소

지만, 역사는 진전하고 있었다. 침략전쟁의 승리를 강변한 지 1년도 되지 않아 일제가 패망하면서 해방이 된 것이다.

해방 후에도 누린 '주류'의 삶

해방 직후인 1945년 8월 16일 새벽, 유진오는 문학단체에 동참하라는 임화(林和, 1908~1953)의 부탁을 받고 문인들의 모임에 나갔다가 이태준(李泰俊, 1904~?) 등의 항의로 쫓겨났다. 이것이 그가 생전에 친일부역으로 인해 겪은 유일한 굴욕이었을까. 그는 문학 활동을 접고 교육가, 법학자, 관료, 그리고 정치가의 길로 나섰다.

그리고 이후 그는 여전히 한국 사회의 주류로서 별다른 굴곡 없는 평탄한 삶을 살았다. 교수를 거쳐 총장까지, 헌법 기초위원으로 대한민국 헌법의 초안을 작성하고 아울러 초대 법제처장을 지내는 등, 사법과 교육 분야에서 타의 추종을 불허하는 주류 중의 주류였다.

권력과의 관계를 유지하는 데도 그는 여전히 발군의 능력을 보였던 듯하다. 그는 5·16군사쿠데타 후 국가재건최고회의 간사를 역임하고, 박정희에 의해 설립된 범국민 중앙행정기관이던 '국가재건국민운동본부'의 본부장이 되었다. 국가재건국민운동본부는 뒤에 그 민간 부문이 새마을운동중앙회로 흡수된 조직이니, 기관의 성격을 미루어 짐작할 만하다.

1966년 유진오는 민중당 대통령 후보로 지명된다. 이어 민중당과 신한당이 합당한 신민당의 총재가 되었으며, 1967년 6월 제7대 총선에서 국회의원에 당선되었다. 1969년 9월 뇌졸중으로 쓰러져 1월 총재직을 사임하였다.

이 중 박정희 군부 독재에 맞선 야당 총재로의 변신은, 1974년 민주회복국민회의에 참가한 점과 더불어 그의 인생 역정에서 꽤 이질적인 부분처럼 보인다. 1979년 전두환 등 정치군인들에 의해 자행된 10·26군사쿠데타 후에 국토통일고문과 국정자문위원에 위촉되면서 다시 예전의 순응주의로 돌아가긴 하였지만.

유진오는 1983년 12월 뇌혈전증으로 쓰러져 1987년 8월 30일에 사망하였다. 향년 80세. 총장을 지낸 고려대학교에 빈소가 마련되었으나, 일부 교수와 학생들이 반발하여 이른바 '현민 빈소 사건'이 일어났다. '고려대가 친일 행위자나 국정자문위원의 빈소가 될 수 없다'며 철거를 주장한 것이다. 그것이 일제 부역 때문에 그가 겪은 두 번째 굴욕이었으나, 다행스럽게도 그는 이미 고인이었다.

우리 사회는 유진오의 삶을 어떻게 바라보고 있을까. 그는 대체로 일제 강점기의 친일부역자나 반민족 행위자가 아니라 제헌 헌법의 기초자로, 민주주의의 수호자를 자처한 야당 총재로만 기억되는 듯하다. 여전히 청산되지 못한 식민지 역사 앞에서 민족사적 평가 또한 뒤집혀 있기 때문이다.

이무영, 총독상을 수상한 농촌소설가

이무영(1908~1960)

소설의 배경은 중일전쟁부터 태평양전쟁이 일어나 일본이 홍콩을 점령할 때까지, '청기와집'이라 불리는 양반 권씨 집안이다. 이 집안이 식민지 '조선'을 상징한다면, 이 가족 3대는 각각 그 시대의 사상을 상징하는 존재다.

가장인 권 대감은 '지나(支那)에 대한 사대주의'를, 아들 수봉은 '영미제일주의', 손자 인철은 '일본'으로 상징되는 신사상을 대변한다. 소설의 대단원에서 조부는 세상을 떠나고, 수봉은 마음을 바꾸어 조선신궁을 참배하며, '젊은 일본'을 상징하는 손자 인철은 꿋꿋하게 개간사업에 몰두하게 된다.

이상은 작가 이무영(李無影, 1908~1960)이 쓴 장편 친일소설 『청기와집(靑瓦の家)』의 내용이다. 이 소설은 조선에서 조선인 작가가 일본어로 쓴 최초의 일간지 연재소설로서, 1942년 9월부터 1943년 2월까지 일본어 신문 《부산일보》에 연재되었으며 이듬해 9월 29일에 신태양사에서 단행본으로 간행되었다.

일본어 장편 소설로 총독상을 받다

이 소설은 일본의 신태양사가 주관하는 제4회 조선예술상총독상을 수상하였다. 줄거리로 미루어보면 총독상이 주어질 만한 작품이라는 데 이견이 있을 수 없다. 이 수상에 대해 "당당하게 국어와 씨름을 하면서, 반도인이 시국과 함께 일어나서 나가는 모습을 그린 것"이 인정받았다는 《경성일보》 기사(1942년 2월 21일자)는 사족일 정도이다.

작가 이무영은 1908년 충청북도 음성에서 태어났다. 본명은 갑룡이고, 무영은 필명이다. 충북 중원의 사립학교에 다니다가 1920년 경성의 휘문고등보통학교에 입학하였다. 1925년에 고보를 중퇴하고, 일본의 세이조(成城)중학교에 입학했다가 다시 중퇴하였다. 이후 일본 작가 가토 다케오(加藤武雄)의 집에서 기숙하면서 4년 동안 소설을 공부하였다.

이무영은 1926년 『조선문단』 6월호에 단편 소설 「달순의 출가」로 등단하였다. 1927년부터 1928년까지 연달아 첫 장편과 두 번째 장편인 『의지할 곳 없는 청춘』과 『폐허의 울음』을 발간하였다. 1931년 《동아일보》희곡 현상모집에「한낮에 꿈꾸는 사람들」이 당선되었다.

1932년 문인들의 친목 단체인 조선문필가협회가 창립될 때 발기인으로 참여하였고, 이듬해에 문예지『문학타임스』를 창간하였다. 1933년부터 1936년까지 이효석, 유치진, 이태준, 정지용 등과 함께 문학 동인 '9인회' 회원으로 활동하였다. 1933년 10월『문학타임즈』의 제호를 바꿔『조선문학』을 창간하였다.

1935년부터《동아일보》학예부 기자로 일하였고, 1937년 첫 작품집『취향(醉香)』(조선문학사)을 발간하였다. 1938년 작품집『무영 단편집』(한성도서주식회사)과 장편 소설『명일(明日)의 포도(鋪道)』(삼문사)를, 1939년 장편 소설『먼동이 틀 때』(영창서관)를 발간하였다. 등단 10년을 전후하여 장편 네 편과 작품집 두 권을 냈으니, 그는 꽤 다작의 작가였던 셈이다.

이무영은 1939년 7월《동아일보》를 사직하고 경기도 시흥군 의왕면 어엽2리 궁촌으로 내려가 직접 농사를 지으며 농촌소설을 쓰기 시작하였다. 그의 대표작이라 할 수 있는「제1과 제1장」과「흙의 노예」가 이곳에서 쓴 작품이다. 이무영이 한국 농민문학 또는 농촌소설의 선구자로 불리는 것은 농민을 주인공으로 한 이 일련의 소설들 덕분이다.

그러나 그의 농민소설은 그를『친일인명사전』에 등재되게 한, 그가 꾸준히 그리고 반복적으로 해온 '대일 협력'의 한 축이라고 할 수 있다. 이무영이 1940년 4월에 발표한 대표작「흙의 노예」(『인문평론』)부터 농촌 계몽을 일제의 식민 정책과 융화시켰다는 평가를 받고 있기 때문이다.

「제1과 제1장」의 속편으로 쓰인 이 작품은 기계문명에 밀리고 농촌 정책에 희생되어 땅을 잃어 가는 농민들의 모습을 잘 그려 내고 있다. 그러나 식민지 현실에 대한 천착 없이, 흙을 긍정하고 농촌과 친화하며 그 안에서 자기 생활을 창조해 나가는 농민의 모습은 일제 식민 정책의 요구와 맥을 잇는다.

농촌소설 형식으로 이바지한 '총후봉공'

이무영은 『청기와집』이나 『향가(鄕歌)』 등에 작가의 목소리를 대변하는 '계몽주의적인 젊은 주인공들'을 등장시켜 조선의 근로 대중을 일제의 총동원 체제에 합류시키려고 시도하였다. 1943년에 《매일신보》에 연재한 장편 소설 『향가』는 농촌소설의 형식을 빌려 농촌에서의 '총후봉공'과 지원병 문제를 다루고 있다.

소설의 무대가 되는 농촌 마을에서 원수지간인 두 집안의 아들과 딸인 남녀 주인공은 귀향해 함께 수리 공사, 강습소 설립 등을 통해 촌락 공동체를 건설하기 시작한다. 그리하여 당시 농촌의 중대 과제였던 자작농 창설을 이루어 내고, 전선에 보낼 위문대와 애국저금을 확보해 나간다. 그리고 지원병에 응모하는 젊은이가 나오고 국어 보급도 활발해지는 등 '전시하의 촌락'다운 체제와 활동을 갖추고야 만다는 내용이다.

이무영의 친일 문필 활동은 1942년에 조선총독부 외곽 단체인 조선문인협회의 문학부 소설·희곡회 상임 간사를 맡으면서 본격적으로 시작된다. 그는 1942년 12월부터 이듬해 1월까지 채만식 등과 함께 만주 젠다오성(間島省)의 조선인 개척촌을 시찰하였다.

출발 전에 그는 "영하 30여 도의 추위와 싸우면서 그다지 비옥하지 않은 토지를 감연히 개척한 그 위대한 정성을 내 마음의 양식으로 하고 싶다"(《매일신보》 1942년 12월 29일자)는 포부를 밝혔다. 돌아와서도 「간도성 시찰 작가단 보고」를 통해 만주 이민의 황국신민화는 논리가 아니라 생활로부터 이루어지고 있다고 하면서, 개척민의 친화나 단결, 정착을 위한 일본의 분촌(分村) 계획* 같은 것이 조선에도 시행되었으면 좋겠다고 말하였다(『녹기(綠旗)』 1943년 2월호).

결국 이무영의 논리는 '일제의 정책적 농업 식민을 2등 신민인 조선인이 만주에서 재현하기를 기대하는 것으로 전형적인 아류 제국주의적 발상'에 기초하고 있었다. 이는 이태 전에 발표한 「흙의 노예」에 이미 이 같은 인식이 싹트고 있었다고 추정하는 근거이기도 하다.

이무영이 문학 활동으로 일본에 협력하기 시작한 것은 「대동아전쟁으로 무엇을 배웠는가?(大東亞戰爭に依つて何を敎へられたか)」라는 설문에 대한 응답문에서 확인할 수 있다. 이 글에서 그는 영미에 종속적인 지금까지의 문학을 비판하면서 시국에 조응(照應)하는 문학을 추구할 것임을 밝혔다.

● 1938년 6월 일본 농림성, 척무성(拓務省)에 의해 수립된 '분촌 이민 계획'. 일본 농촌의 과잉 인구를 외부로 방출하기 위한 목적으로 시행하였다. 농민을 만주에 이주시킨 것은 쌀 수확량 증산에도 목적이 있었다.

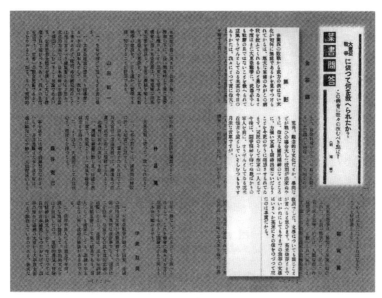

「대동아전쟁으로 무엇을 배웠는가?」, 『국민문학』(1942년 2월호)

관념적인 문학이거나 학문 같은 것이 전쟁의 경우 커다란 역할을 할
수 없으며, 위대한 국민정신이 없는 곳에 힘찬 문학도 기대할 수 없다
는 것을 지금 새삼스럽게 통감하고 있는 것입니다. 국민이며 그리고 작
가의 한 사람으로서 장차는 투쟁정신을 갖지 않는, 숫자만의 군인을 앞
에 두고 두려워서 옹송그리고 있는 영미의 수뇌자들을 거울로 하고 노
력해 나갈 것입니다.

— 「대동아전쟁으로 무엇을 배웠는가?(大東亞戰爭に依つて何を教へられたか)」,
『국민문학』(1942년 2월호)

4년여 동안 일본 작가 가토 다케오를 사사하여 일본어 창작에 자신감을 가진 그는 시국적 문학의 창작 수단으로 일본어를 사용할 것을 주장하였다. 작가가 모국어를 포기하고 식민지 종주국의 언어로 문학을 창작하겠다는 것은, 이를테면 작가로서의 자기 정체성에 대한 심각한 부정이었다.

오늘날의 일본어는 일본만의 국어가 아니며, 동아 10억의 국어가 되고자 하고 있다. 종래 조선 반도만의 좁은 지역만의 조선어로 쓰이고, 그 지역에 삶을 갖는 자만으로 친숙하던 조선 문학은, 이후 일본 내지는 물론 멀리 지나, 남방 방면에도 전파될 가능성이 생기게 되었다.

– 「국어문제회담(國語問題會談)」, 『국민문학』(1943년 1월호)

그는 침략전쟁이 수행되고 있는 국면에서 결전 자세가 강조될수록 문학가의 특수성이 잘 활용되어야 한다고 주장하였다. 그는 마침내 문학을 전쟁의 도구로 상정하고 창작을 생산으로 인식하게 된 것이었다.

애국문학자가 제작한 위대한 문학 작품은 그 한 자 한 구절이 포탄이며 전선 장병이 목말라하며 후방의 국민에게 요청하는 비행기이기 때문에 우수한 문학자를 결전하(決戰下) 생산 각 부분에 계속 투입하고, 그들에게도 생산 수량 전임제랄까, 일정한 기간 내에 국가가 요청하는 우수한 문학 작품을 생산시키자.

– 「결전문학의 수립을 위해(決戰文學樹立の爲めに)」, 『문학보국』(1944년 8월호)

그는 이태준과 공동으로 엮은 『대동아전기(大東亞戰記)』에서 '대동아

전쟁'의 성격을 규정하면서, 영미와 싸우는 '무적 황군'의 활약상을 '국
어', 즉 일본어를 해독하지 못하는 조선인들에게 널리 알리려 하였다.

> 유사 이래로 인간 사회의 전쟁이란 전부가 침략, 다시 말하면 무력
> 으로써 권리를 뺏고 땅을 뺏고 백성을 빼앗아서 자기 나라의 노예를
> 만드는 것이었더니라. 그러나 이번 대동아전쟁은 오랫동안 영미의 악
> 정 밑에서 허덕이고 있던 대동아의 민족으로 하여금 스스로 일어서게
> 하기 위해서 이 공영권 내에 있는 영미 두 나라의 세력을 쫓아내자는
> 데 있는 것이다. 그래서 대동아공영권 내에 있는 10억의 유색 인종이 한
> 덩치가 되어 단란하게 살자는 것이다.
>
> — 『대동아전기(大東亞戰記)』(인문사, 1943년)

1943년 2월부터 8월까지 이무영은 《경성일보》에 일문 장편 소설
「바다에의 서(海への書)」를 연재하였다. 4월에는 일문 단편집 『정열의
서(情熱の書)』를 발간하였다. 여기 실린 작품 가운데 「제1과 제1장」은
1939년 10월에 한글로 발표한 소설을 작가가 직접 일본어로 번역한
것이었다. 그러면서 일제의 농업 정책으로 인해 농민들이 궁핍한 생
활에 시달리는 대목들은 대거 삭제함으로써 일제에 영합하였다.

'자작농 창설'과 '증산보국' 선전

이무영은 『친일인명사전』에 실린 부역 작가 가운데 가장 정력적으로

친일문학을 생산한 작가다. 그는 꾸준히 그리고 반복적으로 문학 작품
을 통해 식량 증산 등 일제의 식민지 정책을 선전·선동하였다. 친일작
가들 가운데 그만큼 꾸준히 작품을 통해 일제의 식민 정책에 협조한 이
는 많지 않을 듯하다.

이무영이 1943년 8월호 『반도의 빛』에 발표한 단편 소설 「용답(龍
畓)」은 일제가 개별 농가의 생산 과정을 직접 장악하려는 정책인 '자
작농 창설'을 다루었다. 이 작품이 '농본주의'와 '휴머니즘'으로 위장
한 증산보국소설의 또 다른 양상으로 평가되는 것은 이 때문이다.

1944년 4월 『국민총력』에 발표된 「화굴 이야기(花窟物語)」는 증산보
국을 다룬 작품이다. 주인공들이 '화굴'이라는 천연동굴에 고구마를
저장하는 법을 생각해 냄으로써 전시의 증산보국에 크게 공헌하게 된
다는 이야기다. 소설집 『정열의 서』에 수록된 「어머니(母)」에서는 자
신을 희생해서라도 증산보국에 공헌하는 농민 어머니를 그림으로써

「화굴 이야기」, 『국민총력』(1944년 4월호)

일제의 정책을 노골적으로 선전하였다.

소설 「어머니」는 정치적 목적인 일제의 정책 선전과 선동을 위해 작위적 구성을 서슴지 않는다. 구성은 물론, 서사의 배경, 주인공의 성격, 사건의 반전 따위에서 오로지 일제의 식량 증산이라는 정책 선전에 충실히 복무하는 것이다.

주인공은 주색잡기로 가산을 탕진한 남편을 먼저 보낸 오(吳) 과부. 그녀는 남은 3천 평 정도의 모래 산을 아들과 부지런히 일구어 훌륭한 복숭아 과수원으로 바꿔 놓는다. 그런데 첫 수확을 거둔 뒤, 지원병으로 출정하겠다던 아들이 감기를 앓다가 죽는다. 슬픔에 젖어 있는 그녀에게 식량 증산을 위해 마을 과수원들을 밭으로 개발하라는 면(面)의 지시가 내려온다. 뒤늦게 그녀의 사정을 알게 된 면에서 지시를 철회하지만, 오 과부는 도리어 국가를 위해서 공들여 심은 과실나무를 뽑아낸다. 아들이 나라를 위해 일하지 못한 게 죄스럽다면서…….

친일파 청산을 폄훼하고 친일파 용서를 주장

그의 지극한 헌신에도 불구하고 일제는 패망하였다. 해방 후 시골에서 칩거하던 이무영은 이듬해 조선문필가협회에 참여하면서 활동을 재개하였다. 그는 대학에서 강의하며 작품집 『흙의 노예』를 발간하였고, 좌익의 '조선문화단체총연맹'에 대응해 조직한 '전국문화단체총연합회'(문총)의 최고위원을 맡았다.

그러나 그는 일제 치하 자신의 부역 사실에 대해서는 침묵하였다. 오히려 그는 해방 후 처음으로 발표한 단편 「꿩장소전(宏壯小傳)」(『백민』 1946년 12월호)에서 친일파 청산을 폄훼하였다. 또 1948년 《국민신문》에 연재한 장편 소설 「피는 물보다 진하다」(「삼년」으로 개제)에서 친일파 역시 시대의 희생양인 것처럼 묘사하였다.

한국전쟁이 일어나자 그는 해군 소령으로 입대하여 정훈교육을 담당하다가 1955년에 대령으로 예편하였다. 이 무렵 발표한 희곡 「팔각정이 있는 집」(『문학예술』 1955년 11월호)에서도 친일파의 죄상을 용서하자는 태도를 보였다. 친일부역을 진심으로 부끄러워한 이가 드물다는 것은 모든 친일파의 공통점일지도 모른다.

이무영은 1960년 4월에 세상을 떠났고, 문인장으로 서울 성북구 창동 천주교 묘지에 묻혔다.

1975년 신구문화사에서 『이무영 대표작 전집』이 발간되었다. 총 5권으로 발간된 『전집』에는 장편 『향가』를 비롯해 다수의 친일 작품들이 개작되어 수록되었다.

1985년 고향인 음성에 '이무영선생문학비'가 건립되었다. 1994년에는 음성문화원이 주최하고 동아일보사가 후원하여 '무영제'가 열렸다(1998년 제5회부터 한국예술문화단체총연합회 음성지부에서 주최). 1995년 4월 제2회 '무영제'를 계기로 문학비가 세워진 설성공원 앞길이 '무영로'로 명명되었다. 이듬해 4월에는 음성군과 음성문인협회에서 이무영 생가에 표지와 표석을 설치하였다.

1998년 음성군은 향토민속자료전시관에 이무영의 작품을 비롯해 친필·유품 등을 전시하였다. 2000년 4월에는 『이무영 문학 전집』(전

6권, 국학자료원)이 발간되었
고, 동양일보사가 주관하고
음성군이 후원하여 '무영문
학상'이 제정되었다. '무영문
학상'은 매년 4월에 '무영제'
에서 시상하고 있다.

음성군 향토민속자료전시관에 전시된
이무영의 저작들

그러나 이무영의 친일 행
적이 알려지면서 음성 지역 시민사회단체가 이무영기념사업 지원 중
단을 요구함에 따라 음성군이 2012년부터 사업비 지원을 중단하였다.
또 도로명 주소 사업으로 이무영의 기념비가 있는 설성공원 옆 '무영
로'도 '설성공원로'로 이름이 바뀌었다.

2013년 민족문제연구소와 지역 시민사회단체의 요구로, 설성공원
안 이무영 문학비와 작품비, 흉상 등이 2006년에 음성군이 매입해 놓
은 석인리 생가 터로 옮겨졌다. 무영제 행사도 유족 중심으로 생가 터
에서 열리고 있다.

음성의 시민사회단체는 음성군에 《동양일보》의 기념사업 중단, 향
토민속자료전시관에 전시한 이무영 관련 자료 철거를 요구하고 있다.

역사는 그것을 기억하고 성찰하는 사람들의 것이다. 35년여 질곡의
세월 속에 얽히고설킨 오욕의 역사를 냉정하게 돌아보고 그것을 엄정
하게 평가하게 될 때, 부끄러운 우리 현대 문학사는 새롭게 태어날 수
있다.

충청북도 음성군 음성읍 설성공원에 세워졌다가,
2013년 시민사회의 항의로 석인리 생가 터로 옮겨진
이무영선생문학비

이원수,
'고향의 봄」에서 '지원병 형님」까지

이원수(1911~1981)

이원수(李元壽·李山元壽, 1911~1981)라
는 이름이 낯선 이는 적지 않을 테지만, 동요 「고향의 봄」을 모르는 이
는 없을 터이다. 이 나라에서 태어난 사람치고 그 노래를 부르며 자라
지 않은 이는 결코 없을 것이기 때문이다.

어법에 맞지 않는 첫 구절 '나의 살던 고향은'부터 '울긋불긋 꽃대
궐 차리인 동네'를 거쳐 '그 속에서 살던 때가 그립습니다'를 구성지
게 부르면 어느새 저 유소년 시절의 추억이 새록새록 피어나기 마련
이다. 그 노랫말에 실린 것은 근대화 이전의 '고향', 그 원초적 정경이
기 때문이다.

나무야 나무야 겨울나무야

눈 쌓인 응달에 외로이 서서

아무도 찾지 않는 추운 겨울을

바람 따라 휘파람만 불고 있느냐

– 「겨울나무」

이원수는 「고향의 봄」과 「겨울나무」 같은 동요의 노랫말을 지은 아동문학가다. 동요 작품으로 모두에게 유년의 고향을 정겹게 떠올리게 해 주었지만, 불행하게도 그는 『친일인명사전』에 이름을 올린 친일부역자였다.

그의 노랫말에 곡을 붙인 작곡가 홍난파 역시 『친일인명사전』에 등재된 인물이라는 사실은, 식민지 시절에 친일부역이 예술의 전 영역에서 일관되게 이루어졌음을 새삼 확인하게 해 준다.

동시에 등장한 '씩씩한 일본 병정', '지원병 형님'

이원수는 1911년 경상남도 양산에서 태어났다. 창원에서 유년 시절을 보냈고, 1922년 마산으로 이사해 정착한 후 어린이잡지인 『어린이』와 『신소년』을 애독하며 문학적 소양을 쌓았다. 등단작은 1924년 『신소년』에 발표한 「봄이 오면」이지만, 1926년 4월 만 열다섯 살에 『어린이』에 「고향의 봄」이 입선하면서 정식 등단하였다.

「고향의 봄」은 1925년에 돌아가신 부친에 대한 그리움과 창원 소답리에서 지낸 유년 시절에 대한 향수를 그린 노래다. 이원수는 1925년 마산에서 활동하던 소년단체인 신화소년회(新化少年會)에 가입하여 문학을 접하고 민족애에 눈뜨게 되었다.

이원수는 식민지 조국과 민족적 정체성 때문에 혼란스러운 사춘기를 보냈던 듯하다. 그는 1926년 마산공립보통학교 6학년 때 조선인을 학대하는 일본인의 만행을 비난하는 글을 학급신문에 실었다. 이를 경찰에서 문제 삼았으나 당시 담임교사가 책임을 지기로 하면서 처벌을 면한 것이다.

1928년 보통학교를 졸업하고 마산공립상업학교에 입학하였다. 그는 이응규·윤복진·신고송·서덕출·최순애 등과 함께 서울에 있던 윤석중이 만든 모임 '기쁨사'의 동인으로 참여하였다. 또 방정환이 창간한 순수아동잡지 『어린이』의 집필 동인으로, 동시 「비누 풍선」과 누나에 대한 그리운 감정을 그린 「섣달 그믐밤」 등을 같은 지면에 발표하였다.

1931년 상업학교 졸업 후 이원수는 함안금융조합에 취업하였고, 9월에 아동예술운

「낙하산」과 「지원병을 보내며」, 『반도의빛』
(1942년 8월호)

동단체인 '신흥아동예술연구소'가 창립될 때 발기인으로 참가하였다. 1935년 2월 그는 반일 성향의 문학그룹인 '함안독서회 사건'으로 경찰에 체포되어 치안유지법 위반 혐의로 4월부터 10개월간의 옥고를 치렀다. 1936년 6월에는 기쁨사 동인이자 「오빠 생각」의 작사가인 최순애(崔順愛, 1914~1998)와 결혼하였다.

이듬해인 1937년에 일제가 중일전쟁을 일으켰는데, 이때부터 이원수는 식민지 체제에 협력하기 시작하였다. 1942년 8월 『반도의 빛』에 발표한 동시 「낙하산 - 방공비행대회에서」와 「지원병(志願兵)을 보내며」에서 이원수는 '용감한 낙하산 병정'을 찬양하고 병역봉공(兵役奉公)의 의지를 노래하였다.

　　　　푸른 하늘 나는 비행기에서
　　　　뛰어나와 떨어지는 사람을 보고
　　　　'앗차' 하고 놀라면 꽃송이처럼
　　　　활짝 피어 훨-훨, 하얀 낙하산,
　　　　오오, 하늘 공중으로 사람이 가네
　　　　새들아 보아라
　　　　해도 보아라
　　　　우리나라 용감한 낙하산 병정,
　　　　푸른 하늘 날아서 살풋 내리는
　　　　낙하산 병정은 용감도 하다,
　　　　낙하산 병정은 참말 좋구나

　　　　　　　　　　－ 「낙하산－방공비행대회에서」, 『반도의 빛』(1942년 8월호)

지원병 형님들이 떠나는 날은
거리마다 국기가 펄럭거리고
소리 높이 군가가 울렸습니다

정거장, 밀리는 사람 틈에서
손 붙여 경례하며 차에 오르는
씩씩한 그 얼굴, 웃는 그 얼굴
움직이는 기차에 기를 흔들어
허리 굽은 할머니도 기를 흔들어
'반자이'(만세) 소리는 하늘에 찼네

나라를 위하야 목숨 내놓고
전장으로 가시려는 형님들이여
부디부디 큰 공을 세워 주시오

우리도 자라서, 어서 자라서
소원의 군인이 되겠습니다
굳센 일본 병정이 되겠습니다

－「지원병을 보내며」, 『반도의 빛』(1942년 8월호)

동시는 아이들을 독자로 쓰는 시다. 이원수는 황국신민을 만들기 위한 내선일체의 논리를 동시라는 그릇을 통해 식민지 조선의 어린이에게 주입하고자 하였다. 민족적 정체성이 여물지 못한 어린이들에게

'씩씩한 일본 병정', '지원병 형님' 이야기는 어떻게 다가갔을까.

최초의 비행사 안창남 때문에 일기 시작한 항공열에 들떠 지내다가 소년비행병이 되고 가미카제 특공대원으로 전사한 인재웅은, 황민화 교육의 결과를 웅변으로 보여 주는 예다. 이 식민지 소년은 유복한 가정에서 태어나 일본인 소학교를 다니며 전형적인 황민화교육을 받았기 때문이다.

아동과 아동문화에 대한 이원수의 생각은 1943년 1월 『반도의 빛』에 발표한 산문에서 잘 드러난다. 반도의 아동은 "훌륭한 황국신민"이 되기 위해 "강제받지 않고서 일본정신을 가슴에 새"겨야 하며, 이를 위해 "동화, 영화, 연극, 회화, 음악, 무용, 완구" 등과 같은 건전한 아동 독물(讀物)이 필요하다고 주장하였기 때문이다.

'총후봉공'과 '내선일체'에 화답한 '문필보국'

그의 문필보국은 비단 동시에 그치지 않았다. 『반도의 빛』 1943년 5월호에 발표한 권두시 「보리밭에서 - 젊은 농부의 노래」는 전시 체제 하의 농민이 총후봉공에 임하는 자세를 노래한 작품이다. 그는 이 시에서 풍작을 기원하는 농부의 소망은 곧 전쟁의 승리이며 젊은 농부들을 "승리를 위해 피 흘리는 일선의 장병"과 같은 "생산의 전사들"이라고 표현할 정도였다.

이원수는 일제가 추진한 민족 말살 정책의 일부인 내선일체사업에도 적극적으로 화답하였다. 일제는 고대 일본과 관련이 깊은 지역이며 백제 수도였던 부여에 신도(神都)를 세운다는 계획에 따라 신사를 짓는 공사를 벌였다. 부여 지역을 자신들의 날조된 고대사와 연결 지어 내선일체의 '성지(聖地)'로 만들고자 한 것이다. 일제는 조선의 영화인, 문인 등 지식인을 대거 동원하여 신사 조영 공사에 육체노동으로 봉사하게 하였다.

1940년에 착공한 이 부여신궁 봉사작업에 다녀온 이원수는 그 감회를 "부여신궁이 어조영(御造營)되는 것은 반도의 자랑이요, 이천오백만 민중의 기쁨"이라고 표현하였다. 또 그 참여 목적을 "일본정신을 심장에 새기어 유서 깊은 이 땅, 이 거룩한 신궁 조영공사에 성한(聖汗, 거룩한 땀)을 흘리는 대원으로 하여금 내선일체의 한 본이 되고 선두자가 되도록 하는 것"에 두었다.

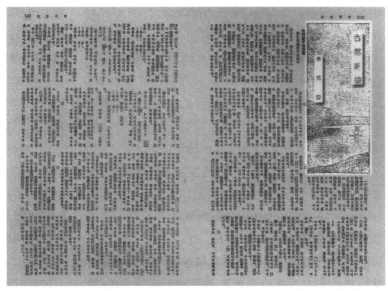

「고도 감회(古都感懷)―부여신궁 어조영 봉사작업에 다녀와서」, 『반도의빛』(1943년 11월호)

이원수는 신궁 조성에 참여하여 비로소 '황국신민이 된 우리'의 사명은 "태평양이라도 한숨에 건너가서 못된 무리들을 쳐부수고 참된 세계를 건설하는" 것이며 그것이야말로 "대동아전쟁하에 우리들의 가야 할 길"임을 주장하였다.

그러나 이원수가 주장한 바와 같은 '황국신민의 사명'은 이루어지지 않았다. 1945년 일본이 무조건 항복을 하면서 친일부역 인사들에게는 결코 오지 않을 것 같던 '해방'이 찾아온 것이다. 이원수의 '거룩한 신궁'은 태평양전쟁의 도발로 심각해진 물자와 인력 부족 때문에 늦어지다 결국 완공되지 못하였다.

해방 후, 이원수는 경남 함안 지역에서 일하며 한글강습소에서 한글을 가르치다가 경기공업고등학교 교사가 된다. 그는 조선프롤레타리아예술가동맹에 가입한 이후 좌익 계열의 『새동무』와 『아동문학』, 우익 계열의 『소학생』 등을 넘나들며 활동하였다.

그는 좌익에서 전향하여 1949년 12월 국민보도연맹과 우익 문학단체인 한국문학가협회에 가입한다. 1952년에는 아동 월간지 『소년세계』를 창간하였고 1953년에는 창작집 『오월의 노래』와 『숲속 나라』를 간행하였다. 1954년 한정동과 함께 한국아동문학회 창립에 참여하여 부회장이 되었다.

이후 그는 동료들과 수필집을 간행하고 출판사 편집장과 대학 강사를 지내기도 하였다. 1968년에는 창작집 『메아리 소년』을 펴냈다. 1971년에는 한국아동문학가협회의 창립에 참여하여 초대 회장으로 추대되었다.

1970년대 이후로 그는 국내에서 받을 수 있는 상은 죄다 받은 것 같다. 1970년 '고마우신 선생님상', 1973년 한국문학상, 1974년 대한민국문화예술상, 1978년 9월 예술원상(문학 부문), 1980년 10월 대한민국문학상(아동문학 부문 본상)을 받았다.

이원수는 1981년 1월에 사망하였다. 향년 70세. 그는 '외재율 중심의 재래적 동요에서 내재율 중심의 현실 참여적 동시를 개척'하고 산문문학으로서 장편 동화와 아동소설을 통해 아동문학에 적지 않은 족적을 남겼다는 평가를 받는다.

곳곳에 노래비와 문학비

일찍이 1968년에 이원수가 유소년 시절을 보낸 마산과 창원에 각각 「고향의 봄」 노래비(마산 산호공원)와 문학관(창원 평산로)이 건립되었다. 그의 고향인 양산 춘추공원에도 1986년에 「고향의 봄」 노래비가 세워졌고, 1984년에는 서울 어린이대공원에 문학비가 건립되었다. 친일부역의 전력에도 불구하고 그를 기리는 일은 끊임없이 이어진 것이다.

이원수문학관은 2003년 창원시의 '고향의봄도서관' 지하 1층에 문을 열었다. 문학관에는 '일제 말기 친일 작품'이라며 친일시 「지원병을 보내며」(1942)와 함께 친일 문제에 대한 해명이 담긴 「털어놓고 하는 말」(1980) 일부가 전시되고 있다. 아쉽긴 하지만 친일 행적을 밝히고 있는 점은 다행스러운 일이다.

아동문학가 이오덕(1925~2003)은 이원수가 분명 친일을 뉘우쳤으리라는 글을 썼다. 이원수가 "불의와 부정을 싫어하고, 어떤 권력 앞에서도 굽히거나 타협하지 않고 올바르게 살"았고 "4·19 때 독재자에 항거하는 사람들의 이야기"와 전태일을 동화와 동시로 쓴 유일한 사람이라는 점을 그 근거로 들었다. 그러나 그의 주장은 단지 심증일 뿐, 이원수는 살아서 친일을 고백하거나 참회한 적이 없다.

2011년 이원수 탄생 100주년을 맞아 벌이는 기념사업에 창원시에서 예산을 지원하자 시민단체 등에서 이를 저지하였다. 이원수의 차녀가 부친의 친일 행적에 대해 사과하였지만, 그게 면죄부가 될 수 없는 것 또한 분명하다.

2014년은 이원수의 아내인 동요 작가 최순애의 탄생 100주년이었다. 고향의봄기념사업회는 이 100돌을 맞아 『다시 부르는 노래, 오빠 생각』을 발간하였다. '동심(童心)과 동심(同心)'이라는 제목으로 최순애·이원수의 문학그림전도 열렸다.

이원수의 아호는 '동원(冬原)'이다. 이원수문학관 누리집에서는 이 아호에 대해 '비바람이 불고 추운 겨울에도 늘 겨울 들판에 서서 자리를 지키며 어린이들이 겪은 어려움을 먼저 맞겠다는 뜻으로 지었다'고 설명하고 있다.

「고향의 봄」만큼이나 널리 불리는 그의 노래 「겨울나무」의 가사도 예사롭지 않은 울림을 준다. 이 노래에도 자신의 아호를 지은 뜻이 숨겨져 있는지 어떤지는 알 수 없다. 그러나 「지원병을 보내며」에서 '우리도 자라서' '굳센 일본 병정이 되겠'다고 노래한 이원수가 「겨울나무」에 겹쳐지는 것은 불편하고 씁쓸할 수밖에 없다.

1968년 창원시 마산 합포구 산호공원에 세워진
'고향의 봄' 노래비

2002년 창원시 의창구에 개관한 고향의봄도서관.
지하 1층에 '이원수문학관'이 있다.

정비석,

낙원 일본을 칭송하던

『자유부인』의 작가

정비석(1911~1991)

정비석(鄭飛石, 1911~1991)은 40대 이하의 독자들에겐 좀 낯선 작가일 수도 있겠다. 그러나 그는 1930년대에 단편 소설 「졸곡제(卒哭祭)」와 「성황당(城隍堂)」으로 정식 등단한 소설가다. 그는 이른바 미문(美文)으로 널리 알려진, 1960, 70년대 고등학교 국어 교과서에 실린 금강산 기행수필 「산정무한(山情無限)」의 지은이이기도 하다.

정비석은 1911년 평안북도 의주에서 태어났다. 본관은 하동, 본명은 서죽(瑞竹)이다. 필명으로 비석생(飛石生)·남촌(南村) 등을 썼으며, 본명 대신 스승 김동인이 지어 주었다는 필명 '비석'으로 활동하였다.

1929년 6월 신의주중학교 4학년 때 '신의주고등보통학교 생도 사건'으로 검거되어, 1930년 12월 신의주지방법원 형사법정에서 치안유지법 위반과 제령 위반 불경죄로 징역 10월, 집행유예 5년을 선고받았다. 이때만 해도 자못 식민지 소년다운 패기가 넘쳤던 모양이다.

이후 일본 히로시마로 건너가 중학교를 졸업한 후, 도쿄의 니혼(日本)대학 예과에 들어갔다. 니혼대학 재학 중에《프롤레타리아신문》에 편지체 단편 소설「조선의 어린이로부터」를 응모하여 당선되었다. 1932년 니혼대학 문과를 중퇴한 뒤 귀국하였다.

그는 국내에서 1935년 1월《매일신보》에 콩트「여자」를 발표하면서 등단하였다. 같은 해 7월『조선문단』에 시「도회인에게」를 발표하였다. 1936년《동아일보》신춘문예에「졸곡제」가 가작으로 뽑혔고, 이듬해에는《조선일보》신춘문예에 단편「성황당」이 1등으로 당선되었다.

붓을 총으로 바꾸어 지원병제 미화와 군 입대 독려

그의 친일부역은 1940년에《매일신보》기자로 들어가면서부터 시작되었다. 같은 해 10월, 정비석은 조선문사부대 자격으로 조선문인협회가 주최하는 육군지원병훈련소 1일 입소 행사에 참여하였다. 이 행사를 마치고 발표한 소감문에서 그는 육군지원병제와 훈련소 입소를 미화하였다.

육군지원병훈련소를 견학하고 나는 성덕(聖德)의 무궁함을 깨달으면서 다음과 같이 감상을 느끼었다.

① 전 조선 청년들이 모두 한 번씩 훈련소 문을 거쳐 나오는 날이면 조선에는 새로운 광명이 비칠 것이다. 지원병제도야말로 성상(聖上)이 반도 민초에게 베푸신 일시동인의 결정임에 틀림없다.

② 스파르타식 교육이 없었던들 저 희랍문화가 그토록 찬란히 개화할 수 있었을까.

③ 고래로 문인은 약질인 것을 무슨 자랑거리처럼 삼아 오던 그릇된 인식을 우리는 하루바삐 시정해야 하겠다.

– 「반도민초(半島民草)에 일시동인(一視同仁)」, 『삼천리』(1940년 12월호)

일시동인(一視同仁)이란 "멀고 가까운 사람을 친함에 관계없이 똑같이 대한다는 뜻으로, 성인이 누구나 평등하게 똑같이 사랑함을 이르는 말"이지만 그의 글에서 '성인'은 곧 일왕이다. 그는 조선인에게 지워진 병역의 의무를 일왕이 베푼 은혜로 인식하면서 전사한 조선인 지원병과 그 유가족의 애국심을 찬양하였다.

병역의 의무를 갖지 못한 사람

전몰 유가족 방문기 「영예의 유가족을 찾아서」,
《매일신보》(1943년 1월 15일자)

들은 전몰 유가족이라는 명예를 차지할 자격이 없다. 한 나라의 국민 된 자로 그 나라의 은혜 밑에서 살아가면서 제 나라를 위하여 정의의 칼을 뽑을 자격을 못 가졌다는 것은 얼마나 큰 비극일까. 한번 주먹을 들어 내리갈기면 무쇠라도 부숴 버릴 만한 끓어오르는 정열과 억센 힘을 가진 청년으로서는 그것은 다시없을 수치일 것……. 스물세 살로 국가를 위하여 목숨을 바쳤다는 것은 얼마나 숭고한 일인가.

– 「영예의 유가족을 찾아서–겸허와 청순의 극치」, 《매일신보》(1943년 1월 15일자)

정비석은 1942년부터 이듬해까지 채만식·이무영 등과 함께 만주국 젠다오성 초청으로 조선문인협회가 파견한 재만 조선인 개척촌 시찰단에 참가하였다. 시찰 후에 그는 「간도성 시찰 작가단 보고」를 통해 일제의 '지원병제'를 선전하였다.

젊은이는 후방은 물론 자진해서 군인이 되고 싶어하고 있습니다. 그리하여 북쪽 변방의 수비는 자신들이 맡겠다는 기백에 불타고 있는 것입니다. 참으로 든든한 생각을 하게 됩니다.

– 「간도성 시찰 작가단 보고」, 『녹기』(1943년 2월호)

그는 일제의 침략전쟁과 전쟁 동원을 긍정하는 데 그치지 않고 "모든 문학과 문화가 오직 전쟁 승리를 위한 도구가 되어야 한다"고 역설하였다. 조선문인보국회 소속으로 제1회 조선군 보도연습에 참가한 뒤에는 조선인의 군 입대를 독려하였다. '보도연습'이란 조선군이 전 조선의 출판·문예 등 문화계 전반에 걸친 문사를 동원하여 이른바

'보도전사'로서의 자질을 닦도록 훈련시키는 과정이었다.

정비석은 여러 매체에 기고한 글로 '성전의 승리'를 기원하고, 조선인에게도 "군문에 들어갈 수 있는 광영"이 베풀어짐에 감읍하면서 "지상 최고한 명예를 외람되게 함이 없도록 해야" 한다고 역설했다.

우리들이 지금 국력을 기울인 성전(聖戰)의 와중에서 생활하고 있다는 사실에 생각이 미치면, 헛되이 휴머니티 따위를 외치고 있을 수 없게 된다. 일단 싸우기 시작했으면 무엇보다도 전쟁에 이겨야 한다. 전쟁의 의미는 승리에 있다. 오늘날 문화 정책이 허용된다고 한다면 그것은 승리를 위한 무기로서의 문화이지 않으면 안 된다……. 내가 살고 싶은 곳은…… 이 지구상의 단 한 곳, 낙원 일본이 아니면 안 된다.

— 「국경」, 『국민문학』(1943년 4월호)

지원병 출신 병사들의 이야기를 듣고 있는 동안에 나는 문득 '병영은 군대가 살고 있는 처소일 뿐만 아니라 진실로 인간 수업의 도량'이라는 것을 절실히 느끼었다. 지금까지 우리 반도인과 군대와는 너무나 인연이 멀었다. 그러나 명년부터는 우리 주위의 청년들에게도 군문에 들어갈 수 있는 광영이 베풀어졌다.

— 「군대생활」, 『신시대』(1943년 7월호)

붓을 총으로 나는 바꾸어 쥔 것이다. ……함부로 옛날 개념에 따라서 필연(筆硯)을 계속하고 있을 세태는 아닌 것이다. 거편(巨篇)의 시문(詩文)을 완성하는 것보다도 1발의 탄환을 적에게 맞추는 편이 보다 더 의의가 있다는 것이 아닐까.

- 「사격」, 『국민문학』(1943년 7월호)

시국에 눈뜬 지식인의 '문필보국'

그의 친일 행위는 당연히 작품 활동으로 이어진다. 그가 『국민문학』(1942년 2월호)에 발표한 단편 「한월(寒月)」은, 고장난 버스를 타게 된 승객의 운명을 '대동아전쟁'에서 홍콩에 잔류한 일본인의 운명과 비교하면서 '대동아공영권 확립'을 위한 자세를 역설한 작품이다.

주인공 '나'가 딸을 데리고 고향에 다니러 가던 도중에 목탄 자동차가 고장이 난다. 운전사가 새 차를 가지러 평택으로 돌아간 동안 '나'는 좁은 주막집에서 승객들에게 이야기한다. 저번 홍콩이 함락될 때 일본인 잔류민들이 좁은 방에 모여서 침착히 영미인의 박해와 싸워나간 사실을 실례로 들면서, 대동아공영권을 확립하려는 자신들에게는 이러한 경험이 절실히 필요하다고.

단편 「순정(純情)」(『반도의 빛』 1943년 11월호)에서는 '총후' 생산 현장에서 열심히 일하며 사랑을 나누는 모범 청춘남녀의 모습을 형상화하였다. 이 작품에는 일본 '내지'의 출정군인 가정으로 파견돼 그 군인을 대신해 농사일을 돌보는 임무를 맡은 '농촌청년보국대'가 나온다(끔찍하게도 이런 방식의 노동력 수탈도 있었다). 이들 조선 청년들은 '총후의 전사'로 칭송을 받았다.

그는 또 농촌 생산 현장의 '총후보국'을 독려하면서 지식인의 분발

192 부역자들, 친일문인의 민낯

도 촉구하였다. 「지식인」(『동양지광』 1942년 7월호)에서 과거에는 '숨쉬는 편리한 농기구' 정도에 지나지 않던 농민이 '열렬한 국가의식' 아래 새로 태어났다고 칭송하였다. 그는 '놋쇠제품 헌납운동'에 참여하고, 쌀 절약을 위해 모내기 때에도 도시락을 싸 오고, 생산 확충을 위해 밤잠도 안 자며 가마니를 짜는 등의 모습을 보여 주는 농민과 견주어 이제 간신히 시국에 눈을 뜬 지식인으로서 부끄럽다고 자책하기도 하였다.

단편 소설 「산의 휴식(山の憩ひ)」(『신시대』 1943년 4~5월호)에서 정비석은 침략전쟁 상대국인 미국과 영국의 사상을 비난하는 형식으로 스스로 '문필보국'을 실천하였다. 이 소설에서 그는 미영(美英) 사상의 하나인 기독교적 내세관을 버리고 신체제와 동양정신에 눈떠 가는 기독교인을 그렸다.

미션스쿨에서 일하는 기독교인인 소설의 주인공은 "결국 미션스쿨이란 것은 신체제가 아니잖아요. 예수교 같은 것은 양놈들의 위선의 껍데기예요"라는 상대의 공격적 발언과 설득을 받아들인다. 그리고 그는 "나는 갑자기 잠을 깬 느낌이었다. ……뒤돌아보건대 우리는 그런 것(내세에서 영원의 낙원을 구하는 일)을 위하여 얼마나 많은 생활을 희생하였고, 또 국민으로서의 의무를 얼마나 게을리해 왔던 것일까" 하는 깨달음을 얻는다는 이야기다.

태평양전쟁의 막바지, 정비석이 『방송지우(放送之友)』(1944년 2월호)에 발표한 「야마모토(山本) 원수」는 그가 한 친일부역 행위 중에서 정점을 찍는 작품이다. 그는 1943년 4월 미드웨이 해전에서 전사한 일본 해군제독 야마모토 이소로쿠(山本五十六) 원수를 따라 침략전쟁에 목숨을 바칠 것을 선동하였다.

진두 지휘는 우리 제국 해군의 전통적 무사정신이었거니와 태평양 상에서 호국의 꽃으로 떨어지게 된 것도, 야마모토 원수 자신으로서도 본망(本望)이었을 것이다. 그러나 우리는 야마모토 원수의 기상전사(機上戰死)를 헛되이 하여서는 아니 된다. 이제야말로 1억 군민은 야마모토 정신을 정신으로 하여 최후의 승리를 얻을 때까지 미국을 쳐 물려야 한다. 오직 그 길만이 야마모토 원수를 참마음으로 앙모(仰慕)하는 길인 것을 일시도 잊어서는 안 된다.

– 「야마모토(山本) 원수」, 『방송지우(放送之友)』(1944년 2월호)

「군신전(軍神傳)—야마모토 원수」, 『방송지우』(1944년 2월호)

야마모토를 따르자는 그의 사자후에도 불구하고, 일제는 패망하였고 조국은 해방이 되었다. 침략전쟁에 목숨 바치라고 동포 청년들을 선동한 식민지 지식인에게 해방은 어떤 의미로 다가왔을까.

해방 후 그는 신문 기자, 잡지사 주간 등을 맡으며 『소설작법』 등 몇 권의 책을 펴냈다. 한국전쟁 중에는 육군종군작가단으로 활동하였다. 그때, 일찍이 조선문인보국회 소속으로 '조선군 보도연습'에 참여한 '보도전사'의 기억은 그에게 부끄러움이었을까, 자랑이었을까.

해방 후에는 대중작가로

해방 후 그는 대중작가로 전신하여, 『청춘산맥』, 『장미의 계절』, 『세기의 종(鐘)』 등 숱한 통속소설을 펴냈다. 특히 《서울신문》에 연재(1954년 1~8월)된 뒤 정음사에서 펴낸 『자유부인』은 한 대학 교수 부인의 일탈을 통해 자유주의적이면서도 향락적인 서구 문화에 물든 당시 풍속을 파격적으로 묘사하여 사회적으로 큰 논쟁을 불러일으켰다.

그는 『낭만열차』, 『유혹의 강(江)』, 『여인백경(女人百景)』, 『명기열전(名妓列傳)』, 『소설 손자병법』과 『소설 초한지』 등 정력적으로 작품 활동을 하면서, 국제펜클럽 한국본부 부위원장, 방송윤리위원 등을 역임하였다.

정비석은 1991년 10월에 향년 80세로 사망하였다. 그는 2002년 공개된 친일문학인 42인 명단에 올라 민족문제연구소의 『친일인명사전』 문학 부문에 수록되었다. 그는 또 친일반민족행위진상규명위원회가 발표한 친일 반민족 행위 705인 명단에도 포함되었다.

일찌감치 대중작가로 전신해 버렸기 때문인지 그는 해방 후 문단의 주역이 되지 못하였다. 그래서였든 아니든 친일 행위에 대한 비판으로부터 얼마간 비켜 있었던 것은 그가 만년에 누린 행운이었을지도 모르겠다.

주요한(1900~1979)

조선총독부가 '조선민사령'을 개정한

것은 1939년이고, 이에 따라 조선에서도 일본식 씨명제(氏名制)를 따

르도록 명령한 것은 1940년이었다. 이른바 '창씨개명'은 거칠게 정리

하면 조선 사람에게 자신의 정체성을 부정하고 일본인이 되라는 요구

였다고 할 수 있다. 대부분 조선인이 이 정책에 반대하였지만 이에 적

극 호응한 친일파도 적지 않았다.

우리나라 최초의 자유시 「불놀이」의 시인 주요한(朱耀翰·松村紘一,

1900~1979)도 여기 당당히 이름을 올린다. 총독부의 내선일체 체제에

적극적으로 호응하여 일본어 시집 『손에 손을(手に手を)』(1943)까지

낼 정도의 극렬 친일파 주요한은 기꺼이 황국신민의 은혜에 감읍해 마지않는다.

'마쓰무라 고이치(松村紘一)'와 '팔굉일우(八紘一宇)'

친일파들은 갖가지 지혜를 짜내어 일제의 요구를 만족시킬 만한 창씨를 '실천'하였다. 일제의 황민화(皇民化) 요구에 부응한 창씨명은 소설가 이광수와 시인 주요한, 그리고 평론가 김문집의 그것이 타의 추종을 불허하는 것이었다.

일본의 진무천황이 즉위한 곳의 산 이름인 가구야마(香久山)를 씨로 삼아 '가야마(香山)'라 하고 '광수'의 '광(光)' 자에다 '수(洙)' 자는 일본식의 '랑(朗)'으로 고쳐 '가야마 미쓰로(香山光郎)'가 된 이광수가, 단연 그 선두다.

평론가 김문집은 '대구(大邱)에서 태어나 도쿄, 즉 에도(江戶)에서 성장하고 용산(龍山)역에서 전사해 돌아오는 황군 장병을 맞아 운 적'이 있다며 그 각각의 지명에서 한 자씩 따서 '오에 류노스케(大江龍之助)'라 하였으니, 그 둘째다.

마지막이 '마쓰무라 고이치(松村紘一)'로 이름을 바꾼 주요한이다. 바꾼 이름 고이치는 일제의 황도(皇道)정신인 '팔굉일우(八紘一宇)'*를 딴 것이니 그는 확실히 '덴노헤이카(天皇陛下)의 적자(嫡子)'가 되고도

● 일본 천황제 파시즘의 핵심 사상으로, 태평양전쟁 시기에 일본의 제국주의 침략전쟁을 합리화하기 위해 내세운 구호. '전 세계가 하나의 집'이라는 뜻.

남음이 있다.

주요한은 평양 출신으로, 연극인 주영섭과 단편 소설 「사랑 손님과 어머니」의 작가 주요섭의 형이다. 일본에서 고등학교를 졸업하던 1919년에 문예 동인지 『창조』 동인으로 참가하여 그 창간호에 산문시 「불놀이」를 발표하며 등단하였다. 「불놀이」는 우리나라 최초의 현대 자유시로 알려져 있다.

주요한이 본격적인 친일의 길로 들어선 것은 1937년 수양동우회 사건 이후다. 1919년에 그는 상하이로 가서 임시정부의 기관지 『독립』의 편집을 맡았고, 1924년부터 1936년까지 문예지 『조선문단』의 동인으로 활동하였다. 1924년에는 첫 시집 『아름다운 새벽』을 펴냈다.

1926년 흥사단의 국내 조직 수양동우회의 실질적 기관지인 『동광(東光)』의 편집인 겸 발행인을 맡았다. 1930년대엔 《조선일보》와 《동아일보》에서 기자로 근무하였으며, 1937년경에는 친일 실업인 박흥식이 설립한 주식회사 화신(和信)에서 중역으로 일하였다.

수양동우회는 안창호, 이광수, 주요한 등에 의해 결성된 교육, 계몽, 사회운동 단체다. 그러나 식민 통치가 길어지면서 1937년 중일전쟁 발발 시점에 일본 제국이 일으킨 '수양동우회 사건'으로 와해되었다. 이는 본격적인 전쟁 체제를 조성하기 위해 양심적 지식인과 부르주아 집단을 포섭할 필요가 있던 일제가 수양동우회를 표적 수사한 사건이었다.

서울, 평안도, 황해도 등의 지역에서 모두 181명의 수양동우회 회원이 치안유지법 위반 혐의로 체포되었다. 이 가운데 41명이 기소되었다가 1941년에야 무죄 석방되었는데, 검거된 회원들은 강제로 전향한 뒤 일제에 협력하게 되었다. 작곡가 홍난파가 그 대표적 인물이며, 중심인물이던 이광수와 주요한도 이후 적극적으로 친일 활동을 시작하였다.

1937년 종로경찰서에 검거된 주요한은 이듬해 11월 수양동우회 사건의 예심 보석 출소 기간 중에 전향을 선언하고 조선신궁을 참배하였다.

같은 해 12월 경성 부민관 강당에서 열린 전향자 중심의 좌담회인 '시국유지원탁회의'에 참석하여 "이 비상시에 있어서 우리는 일본이 승리를 얻어야 하겠다는 입장에서 황군의 필승을 위한 총후의 적성(赤誠)에 전력을 바쳐야 할 것"(『삼천리』 1939년 1월호)이라고 말하였다. 같은 달 주요한은 수양동우회를 대표해서 종로경찰서에 국방헌금 4천 원을 헌납하였다.

이후 주요한은 그야말로 '눈부시게' 친일 활동을 전개하였다. 조선문인협회, 황도학회, 임전대책협의회* 등 전시 체제기 전쟁 협력 단체에서 주도적으로 활동하면서 이른바 '총후봉공'에 매진하였다. 내선일체운동 단체인 국민훈련후원회가 벌인 일본어 보급운동에 참여하고, '채권가두유격대'에서 애국채권을 팔고, 조선임전보국단 발기인으로 참여하는 등의 의용봉공(義勇奉公) 끝에, 그는 1941년 11월 수양동우회 사건 최종심에서 무죄를 선고받았다.

● 1941년 중일전쟁 시국에 대한 협조를 위해 『삼천리』 사장인 김동환이 중심이 되어 조직한, 황국신민화 운동을 실천하는 상설 단체. 결성 두 달 만에 비슷한 성격의 단체인 흥아보국단과 합병하여 조선임전보국단을 결성하면서 해체되었다.

전쟁 찬양과 죽음 선동, 화려한 총후봉공

태평양전쟁이 일어난 것은 주요한이 무죄를 선고받은 지 한 달 뒤였다. 황은에 감읍하였던가. 주요한은 1941년 12월 14일 조선임전보국단이 주최한 전선(全鮮)국민대회의 미영 타도 대연설회에서 '루스벨트여 답하라'라는 제목으로 연설하였다. 루스벨트와 처칠을 방화범, 해적, 어릿광대 등에 빗대면서 "그대들의 악운은 이미 다 되었"고, "반도의 2400만은 혼연일체가 되어 대동아 해방 성전의 용사 되기를 맹서하고 있다"(『신시대』 1942년 1월호)며 불을 뿜었다.

1942년 5월에 일본이 1944년부터 '조선인 징병제도'를 시행하기로 하자, 그는 조선임전보국단의 징병제도 대연설회에서 '새로운 각오'라는 제목으로 연설하였다. '무적 황군의 일(一) 분자'가 됨을 욕되게 아니하려면 "① 국체(國體)에 철저하여라. ② 팔굉일우(八紘一宇)의 대이상을 깨달아라. ③ 충절을 다하라. ④ 사생(死生)을 초월하라. ⑤ 곤고(困苦)를 견디어라"(『대동아』 1942년 7월호)라고 주장하였다.

이후 대동아전 1주년 기념 국민시 낭독대회에서 시를 낭독하고, 《매일신보》의 '반도개병가(半島皆兵歌)' 현상모집에 심사위원으로 참여하였다. 또한 '미귀(米鬼)의 잔학성을 폭로한다'라는 주제의 라디오 좌담회에 참석하고, 해군지원병제 실시 기념으로 열린 미영 격멸 대강연회에서 강연하는 등 주요한은 다방면으로 일제에 협력하느라 바빴다.

1944년께 주식회사 화신이 안양에 비행기공장을 짓는 데 관여하여 해방될 때까지 이 공장의 운영을 책임졌다. 같은 해 2월 종로경찰서가 주도한 황민화운동 단체에 참여해 '총후보국'에 앞장섰다. 3월 기존의 조선문인보국회 기관지에서 보국회 시부회(詩部會) 기관지로 바뀐『국민시가』의 편집위원으로도 활동하였다.

이런 친일 활동과 함께 일제에 협력하는 글쓰기도 나날이 무르익었다. 1940년『조광』9월호에 시조「여객기」를 발표하면서 시작한 친일 글쓰기는, 일제의 침략전쟁이 확대되면서 '대동아공영권'을 위한 태평양전쟁 찬양으로 이어졌다.

> 12월 여드렛날 네 위에 피와 불이 비 오듯 나릴 때
> 동아 해방의 깃발은 날리고 정의의 칼은 번듯거림을 네 보았으리라
> 이날 적국의 군함, 침몰 된 자 기함(旗艦) '아리조나'를 위시해서
> '오클라호마'와 '웨스트버지니아'와 항공모함 '엔터프라이즈'
> 깨어져서 다시 못 쓰게 된 자도 네 척, 이름 좋은 진주만은 비참한
> 시체가 되고
> 횡포한 아메리카 나라의 아세아 함대는 앉은자리에서
> 반신불수의 병신이 됨을 네 보았으리라
> ─「하와이의 섬들아」,『삼천리』(1942년 1월호)

그는 시를 통해서 일제의 싱가포르 점령을 찬양하고, 일제 침략전쟁의 주요 상대국인 영국과 미국을 비난하였다. 또 전력(戰力) 생산을 위하여 '총후'의 국민으로서 가져야 할 자세를 강조하는 글도 적잖게 썼다.

'총후봉공'을 위해 바삐 뛰는 조선인들의 모습을 묘사하였다는 시

「정밀(靜謐)」은 부역 시인의 시적 감성이 얼마나 폭력적인가를 보여 준다. 식민지 백성들이 일제 전시 체제의 일부가 되어 버린 순응적 질서의 순간을 감각적으로 미화하고 있기 때문이다.

> 우리들은 보고, 듣고 또 전신으로 느꼈다.
>
> 소집되어 가는 각모(角帽)
>
> 몸뻬의 행진
>
> 젊은 여성의 땅을 울리는 보조를
>
> 흰 수병복(水兵服)의 소년단
>
> 애국반상회의 창기대(槍騎隊)
>
> 눈 내린 새벽의 요배식(遙拜式)을

— 「정밀(靜謐)」, 『신시대』(1944년 7월호)

「싱가폴 함락가」, 《매일신보》(1942년 2월 18일자)

문인들의 총후봉공 중 중요한 것은 학병, 지원병, 징병, 징용 등을 선전·선동하는 일이었다. 주요한은 이 일에도 적극적으로 나섰다. 그는 지원병 응모 선동에 그치지 않고 조선 청년들에게 지원병이 되어 목숨을 바칠 것을 선동하였는데, 시 「첫 피(最初の血)」가 그 백미다. 지원병 이인석의 입을 빌려서 그는 천황을 위해 죽자고 선동하였다.

나는 간다,
만세를 부르고
천황폐하 만세를
목껏 부르고
대륙의 풀밭에
피를 뿌리고
너보다 앞서서
나는 간다.

(……)
역사가 생긴 이래
처음으로
뿌려지는 피다.
반도의 무리가
님께 바친
처음의 피다.

(……)

형아 아우야, 나는 간다.

너보다 앞서

피를 뿌린다.

앞으로 너들의 피가

백으로 천으로

만으로 십만으로

뿌려질 줄을

나는 안다.

군복 차림의 이인석 상등병

「첫 피─지원병 이인석에게 줌」, 『신시대』(1941년 3월호)

대륙에서

대양에서

넘쳐흐르게 될 줄을

나는 안다.

─「첫 피─지원병 이인석(李仁錫)에게 줌」,『신시대』(1941년 3월호)

젊은 여성은 간호부로, 청년은 가미카제로

선동은 여성들에게도 이어졌다. 그는 시 「댕기(タンギ)」(『국민문학』 1941년 11월호)에서 "까만 댕기에 하이얀 간호복 입고 / 저도 나라를 위해 있는 힘 다 바치겠어요"라며, 젊은 여성들에게도 간호부로서 전쟁에 참여하라고 독려하였다.

주요한은 '가미카제(神風)'로 출전하는 조선 청년을 숭고하게 묘사함으로써 조선 청년들에게 천황을 위해 목숨을 바치길 요구하였다. 1944년 5월호 『방송지우』에 발표한 산문 「구단(九段)의 꽃」에서 조선의 지원병, 학병, 여자정신대 등을 '구단'에 만발한 '젊은 사쿠라꽃'에 비유한 것이다. '구단'이란 도쿄의 '야스쿠니(靖國)신사'가 있는 곳이니, '천황폐하'를 위해 죽어서 신사에 모셔지는 '신(神)'이 되라는 것이었다.

전쟁이 막바지에 접어들자 주요한은 마침내 폭뢰로 자살공격을 감행한 조선인 병사를 기리며 이를 따르자고 선동하기에 이른다. 1945년 1월 30일자《매일신보》에 발표한 시 「파갑폭뢰(破甲爆雷) ─ 박촌(朴

村) 상등병에게 드림」에서다.

전쟁 말기에 이들 친일부역 문인들의 정신 상태가 온전했다고 보기는 어렵지 않을까 싶은데, 글쎄다. 워낙 자기 정당화나 합리화에 능숙한 이들이 문인이고, 그걸 통해 자기 최면에 가까운 확신에 이르기도 하니, 이 또한 우리의 상상을 뛰어넘을지 모른다.

최후의 항전에도 불구하고 일본은 패전하였고 조선은 해방되었다. 그 화려한 배덕(背德)의 시대를 건넌 이들로서 마땅히 그에 상응하는 모습을 보이는 게 마땅

「전 국민이 육탄으로」,
《매일신보》(1945년 5월 25일자)

했다. 천황과 전쟁을 찬양하다가 그것이 좌절되었으니 흠모해 마지않는 일본식으로 할복하든가, 아니면 민족을 향해 석고대죄라도 해야 옳건만, 아무도 그러지 않았다. 아무 일도 없었던 것처럼 정부가 수립되었고, 친일파들은 다시 지도자로 소환되어 정국의 전면에 등장하였다.

해방, 그리고 아무 일도 없었다

주요한은 1949년 4월 28일 반민법 제4조 제10항, 제11항 위반 혐의로 반민특위 산하 특수경찰대에 체포되었다가 풀려나는 것으로 친일의 단죄에서 벗어났다. 그는 주로 기업에서 활동하다가 1948년《국민신문》편집국장을 지냈고, 한국전쟁 당시에는 조만식의 조선민주당에 참여하였다. 흥사단 기관지『새벽』을 창간하기도 하였다.

이후 주요한은 많은 친일문인들이 그랬던 것처럼 이 나라의 주류로 살아갔다. 1958년 민의원으로 당선하였고, 1960년 민주당 장면 내각에서 부흥부·상공부 장관을 지냈다. 1970년에는 공기업 대한해운공사 사장을 지내면서 동탑산업훈장을 받았다.

1970년대 들어서는 세종대왕, 도산 안창호, 안중근 등의 각종 기념사업회 일에 관여하였다. 도산과 안중근 의사 같은 분들의 기념사업이 이러한 극렬 친일 인사들에 의해서 추진될 수밖에 없었던 것은 해방 후 식민지 역사에 대한 청산이 이루어지지 못했기 때문임은 두말할 필요가 없다.

그는 만년에도 전경련 부회장 등 주요 경제단체의 간부를 역임하였다. 주요한은 1979년 11월 17일에 사망하여, 전국 실업인장으로 서울 새문안교회에서 장례가 치러졌다. 정부는 국민훈장 무궁화장을 추서하였다.

이 훈장의 훈격은 1등급이다. 일제의 감옥에서 순국한 시인 이육사에게 건국훈장 애국장이 추서된 것은 해방 45년 만인 1990년이었다. 육사에게 추서된 애국장의 훈격은 4등급이었다. 건국훈장과 국민훈장을 단순 비교하기는 어렵다. 그러나 이 엄청난 전도, 이율배반이 환기하는 것은 한국 현대사다. 청산하지 못한 식민지 역사가 빚어낸 슬픈 자화상이다.

1993년 세종문화회관 옆 세종로공원에 세워진 주요한 시비.
시 「빗소리」가 새겨져 있다. 뒤의 건물은 외교부 청사다.

채만식(1902~1950)

채만식(蔡萬植, 1902~1950)은 걸출한 풍자작가다. 흔히들 우리 판소리계 소설의 전통을 계승한 작가로 해학에 김유정, 풍자에 채만식을 꼽는 것은 그 때문이다. 그의 단편 「치숙(痴叔)」과 「논 이야기」, 「미스터 방」, 중편 「태평천하」 따위에 넘치는 풍자는 그것 자체로 일가를 이룬다.

채만식의 작품 세계는 당대 현실의 반영과 그 비판이 중심이다. 그는 식민지 상황에서 농민의 궁핍, 지식인의 고뇌, 도시 하층민의 몰락, 광복 후의 혼란상 등을 사실적으로 그리면서, 그 근저에 자리한 역사적·사회적 상황을 신랄하게 비판하였다. 그가 시도한 다양한 작품 기법 가운데 '풍자'는 그 자신의 고유한 문학적 자산이 되었다.

채만식 역시 만만찮은 친일 전력 때문에 『친일인명사전』 등재를 피하지 못하였다. 작가로서 이룬 성취가 그를 친일 협력의 길로 밀고 갔을까. 그러나 '침략전쟁에 문학이 어떻게 봉사해야 하는가'를 주장한 채만식의 '전쟁문학론'은 그의 친일 행위가 일제의 압박만으로 이루어지지 않았음을 말해 준다.

걸출한 풍자작가의 전쟁문학론

채만식은 1902년 전라북도 옥구에서 태어났다. 본관은 평강(平康), 호는 백릉(白菱)과 채옹(采翁)이다. 임피보통학교를 나와 경성의 중앙고등보통학교를 졸업하고, 일본 와세다대학 부속 제1고등학원 문과에 입학하였다가 1923년 9월 간토(關東)대지진이 일어나 귀국하면서 학교를 그만두었다.

1924년 12월 『조선문단』에 단편 소설 「세 길로」를 발표하며 등단하였다. 1924년부터 1933년까지 《동아일보》, 대중잡지 『별건곤(別乾坤)』과 『혜성(彗星)』(뒤에 『제일선(第一線)』으로 제호 변경)의 기자로 활동하였다. 1932년 조선문필가협회를 결성할 때 발기인으로 참여하였고, 《조선일보》 기자와 금광 중개인 등을 거쳐, 1939년 《매일신보》에 소설 「금(金)의 정열(情熱)」을 연재하였다.

1939년 4월경 개성 송도중학교에 재학 중이던 이두신 학생의 사상사건으로 약 두 달 동안 경찰서 유치장에 구금되었다. 같은 해 8월

『채만식 단편집』(학예사), 12월 『탁류(濁流)』(박문서관)를 발간하였다. 1940년 장편 소설 『태평천하』를 공동작품집인 『3인 장편집』(명성사)을 통해 발표하였다. 1941년 장편 소설 『금의 정열』(영창서관)을 발간하였다.

문필 활동을 통한 채만식의 친일은 1940년부터 시작된다. 그해 7월, 중일전쟁 개전 3주년에 즈음해 『인문평론』에 발표한 「나의 '꽃과 병정'」에서 일제의 중국 침략이 역사적 필연이며, '동아의 천지에 새로운 질서가 퍼질 전주곡'이요, '역사의 웅장한 분류(奔流)'라 강변하였다.

대화(大和) 민족의 역사적 오래고 오랜 숙망이요, 그 필연한 귀결로써 1억 총의의 세기적 경륜인 대륙 건설이 드디어, 그날 그 시각에 북지(北支)의 일각 노구교(盧溝橋)에서 일어난 한 방 총소리를 신호 삼아 마침내 실제 행동의 제일보를 내디딘 지도 어느덧 만 3년에, 네 번째의 제 돌을 맞이하게 되었다.

– 「나의 '꽃과 병정'」, 『인문평론』(1940년 7월호)

침략전쟁에 문학이 어떻게 봉사해야 하는가를 다룬 그의 전쟁문학론은 1941년 초에 집중적으로 발표되었다. 「시대를 배경하는 문학」(《매일신보》 1941년 1월 10일자)에서 그는 "조선은 정치적으로나 경제적으로나 문화적으로나 일본 제국의 한 개 지방에 불과한 자(者)"라며 "신체제하의 조선 문학의 진로는 오직 신체제에 순응하는 방향"이라고 주장하였다.

채만식은 실제 전쟁을 소재로 '무적 황군'의 활약상을 묘사함으로써 침략전쟁을 옹호하는 작품도 발표하였다. 소설 형태의 실화 각색물 「혈전(血戰)」(『신시대』 1941년 7월호)은 노몬한(Nomonhan) 전투*에 참가한 일본군 대위의 수기를 기초로 한 작품이다. 1944년 5월호 『반도의 빛』에 발표한 「군신(軍神)」은 일본군의 싱가포르 점령기를 다루고 있다.

일제가 1943년 8월부터 조선인 징병제를 시행하기로 한 것에 대해서 채만식도 여느 친일문인과 마찬가지로 이를 환영하고 감읍해 마지 않았다. 그는 징병제 시행으로 '내선일체'를 향한 길을 열어 준 '천황의 시혜'에 대한 감격을 《매일신보》에 발표하였다.

이로써 조선 땅 2400만의 백성도 누구나가 다 총을 잡고 전선에 나아가 나라를 지키는 방패가 될 자격이 생겨진 것이다. 조선 동포에 내리옵신 일시동인(一視同仁)의 성은(聖恩) 홍대무변(鴻大無邊)하옵심을 오직 황공하여 마지아니할 따름이다. 2400만 누구 감읍지 아니할 자 있으리요.

나라는 백성의 모체다. 나라 있고서의 백성이다. 세상엔 나라 없는 백성이 노상 없음은 아니나, 그런 백성은 죽은 백성이다. 국기(國旗)의 배경 없는 백성은 천하의 천민이다. 백성은 나라와 운명을 같이한다. 국태민안(國泰民安)이라 일러 오지 않았던가. 나라가 편안하여야 백성도 업(業)에 안(安)할 수 있으며 나라가 융성하여야 백성도 생에 안락

● 　1939년, 만주와 몽골 국경에서 소련·몽골군과 일본·만주군이 격돌한 전투.

할 수가 있는 법이다.

전쟁은 국난이다. 국난은 백성이 나서서 당하여야 하는 것이다. 따라서 백성 되어 최대의 의무요, 아울러 최고의 영광은 나라를 위하여 피를 흘리는, 즉 전쟁에 나아가 한목숨이 죽을 수 있는 군인 될 자격을 가지는 것이다. 반대로 만일 그 백성이 나라가 방금 국운을 내어 걸고 전쟁을 하는 날에 떳떳이 달려나가 전쟁에 피를 흘림으로써 나라의 방패가 되지 못하는 자라고 한다면 그는 나라에 대하여 한낱 불구자적인 기생충적인 부끄러운

「홍대(鴻大)하옵신 성은(聖恩)」,
《매일신보》(1943년 8월 3일자)

존재에 지나지 못하는 것이다. 충의의 극치는 거듭 말하거니와 나라를 위하여 목숨을 바치는 데 있다. 나라에 충(忠)하지 못하는 백성이야 무엇으로 백성 값에 갈 것인고.

……그러나 이 소화 18년 8월 1일 역사적인 날로부터는 조선 2400만의 백성도 어깨가 우쭐하여 "나도 오늘부터는 황국신민으로 할 노릇을 다하는 백성이다", "나도 오늘부터는 천하에 부끄럽지 아니한 황국신민이로라"고 큰소리를 쳐도 좋을 것이다.

– 「홍대(鴻大)하옵신 성은(聖恩)」, 《매일신보》(1943년 8월 3일자)

채만식은 조선인 최초의 전사자(1939년 노몬한전투에서 자폭)인 일본 육군 항공대위 지인태(池麟泰)의 유가족을 취재한 여러 편의 글을 발표하면서, 조선 청년들도 그를 본받아 '제국군인'이 되어 '천황폐하'를 위해 온몸을 바치라고 선동하였다. 지인태의 부친도 선전의 도구로 썼다.

진충보국(盡忠報國)에 살며, 그 정신으로 죽음이 군인의 본분입니다. 서(西)으로 우랄산맥을 넘고, 남(南)으로 태평양을 건너 마음껏 날아다니면서, 폐하의 어능위(御稜威)를 팔굉(八紘)에 넓히고, 우리 황도를 동서에 선양하도록, 그 기백으로 이 광고(曠古)의 성전(聖戰)에 용왕매진

「추모되는 지인태 대위의 자폭─유가족 위문을 마치고」, 『춘추』(1943년 1월호)

(勇往邁進)하는 것이 우리 비행장사(飛行將士)들의 본망(本望)인 것입니다.

……이 성전을 완수하자면 살아 있는 몸만으로는 잘할 수가 없습니다. 사후의 혼백까지도 이 성업이 달성되기 전에는 흩어지지 아니할 각오입니다. 생명이 혼으로 화할 때란 조만(早晩)이 없습니다. 그때가 오면, 시기도 장소도 공(功)도 다 돌아보지 아니합니다. 오직 용약전진(勇躍前進)이 있을 따름입니다.

－「추모되는 지인태 대위의 자폭－유가족 위문을 마치고」, 『춘추』(1943년 1월호)

지 대위를 제국군인으로 길러 내고, 제국군인으로서 부끄럽지 아니한 전사를 하여 국가를 위하여 힘겨운 주춧돌이 되었으며 그 이름이 야스쿠니(靖國)의 신역(神域)에서 천추에 빛나도록 한 데는 대위의 선친 지동선(池東善) 노인의 감화와 힘이 컸음을 잊을 수가 없다. ……지 노인은 집안사람들이나 친구들더러 늘 하는 말이 "우리 조선 사람도 머지않아 제국군인으로 나설 때가 올 테니 인제 두고 보라"고, 또 "우리 막내둥이 인태는 기어코 군인으로 내보내서 한바탕 나랏일을 하고 이름을 떨치게 할 테라"고 하여 왔었다.

－「영예의 유가족을 찾아서－위대한 아버지 감화(感化)」, 《매일신보》(1943년 1월 18일자)

"명실공히 '닛본징'이 되어야 한다"

채만식은 《매일신보》에 연재한 장편 소설 「아름다운 새벽」에서 전

후방 구별이 없는 일제 침략전쟁에서 '내지인'과 힘을 합쳐 전력을 다해 싸우는 조선인의 모습을 긍정적으로 묘사하였다. 그는 일본인들의 정신주의를 찬양하면서 조선인도 그를 본받자고 선동하였다.

> 새삼스럽게 내선일체를 운위할 것도 없이 조선 사람은 '닛본징(日本人)'이다. ……하루바삐 명실(名實)을 다 같이 추호도 다름이 없는 '닛본징'이 되어야 한다. 그리하여야만 조선 사람으로서의 '닛본징'인 도리를 다함이려니와 동시에 '닛본징'으로서의 조선 사람이 진정한 행복도 누리게 될 것이다.
>
> — 「아름다운 새벽」, 《매일신보》(1942년 2월 19일자)

「몸뻬 시시비비」(『반도의 빛』 1943년 7월호)에서 전쟁 시기 근로 여성의 바람직한 옷차림을 제시하며 '싸우는 총후 여성의 아름다움'에 대해 논평하였다. 소설 「이상적 신부」(『방송지우(放送之友)』 1944년 3월호)는 전쟁 시기의 '이상적 신부'상을 제시하고, 그에 어울리는 이상적 남편감으로 '소년 전차병'에 지원한 주인공을 소개하는 작품이다. 바야흐로 그의 문학적 재능은 이른바 '총후보국'에서 난만히 피어나고 있었다.

채만식은 1944년 10월부터 1945년 5월까지 《매일신보》에 장편 소설 「여인전기(女人戰記)」를 연재하였다. 이 소설에서는 '총후'의 조선 여인이 본받아야 할 '내지(일본)' 여인의 '올바른' 자세를 소개하면서 전쟁 동원을 위한 조선 여성의 반성과 인식 전환을 촉구하였다.

장편 연재소설 「아름다운 새벽」, 《매일신보》(1942년 2월 10일자)

내지의 어머니들은 2600여 년을 두고 한결같이 나라를 위하여 아들네를 전지에 내보내되, 동(動)치 아니하도록 도저한 도야(陶冶)와 훈련과 그리고 자각 가운데서 살아 내려왔다. ……여러 백년을 나라와 나라 위할 줄을 모르고 오직 자아 본위, 가정 본위, 오직 일가족 속 본위로만 살아온 조선 백성은, 따라서 어머니들의 군국에 대한 정신적 준비랄 것이 막상 충분치가 못하였다.

　　　　　－「여인전기(女人戰記)」, 《매일신보》(1944년 10월 5일~1945년 5월 15일자)

태평양전쟁이 계속되면서 그는 1945년 4월경 낙향한 후 농사를 지으며 소개(疏開) 생활을 하였다. 해방 후 상경해서 조선문학가동맹의 소설분과위원장을 맡았으나 곧 그만두었고, 이듬해 다시 전북 이리(지금의 익산)로 내려갔다.

그는 이후 『제향날』(박문출판사), 『잘난 사람들』(민중서관)·『태평천하』(동지사), 『탁류』(민중서관) 등을 펴냈다. 『아름다운 새벽』(박문출판사) 전편(前篇)도 펴냈으나, 이는 《매일신보》에 연재할 때 들어 있던 노골적 친일 내용이 삭제된 채였다.

소설 「민족의 죄인」을 통한 참회

채만식은 1948년 10월부터 이듬해 1월까지 『백민(白民)』에 자신의 친일 행위를 반성하는 내용의 중편 소설 「민족의 죄인」을 연재하였다. 그는 이 소설을 통해서 자신이 친일을 하게 된 것은 '비겁하거나 경제적인 이유'였다는 뉘앙스를 드러낸다.

나중 가서야 어찌되었든 우선 당장은 나아가지 않더라도 새끼로 목을 얽어 끌어내지는 아니할 것이며 누워서 배길 수가 없잖아 있는 소위 미영 격멸 국민총궐기대회의 강연을 피하려 않고서 내 발로 걸어나갔던 것은 그처럼 대일 협력의 이윤이 어떻다는 것을 안 것이 있었기 때문이었다.

많은 수효의 영리한 사람들이 저의 이익과 안전을 도모하기 위하여 진심으로 일본 사람을 따랐다. 역시 적지 아니한 수효의 사람이 핍박을 받을 용기가 없어 일본 사람에게 복종을 하였다. 복종이 싫고 용기가 있는 사람은 외국으로 달리어 민족해방의 투쟁을 하였다. 더 용맹한 사람들은 외국으로 망명도 않고 지하로 숨어 다니면서 꾸준히 투쟁을 하였다.

용맹하지도 못한 동시에 영리하지도 못한 나는 결국 본심도 아니면서 겉으로 복종이나 하는 용렬하고 나약한 지아비의 부류에 들고 만 것이었다.

– 「민족의 죄인」, 『백민』(1948년 10월호~1949년 1월호)

그러나 친일문학을 연구하는 국문학자 김재용은 이에 대해 회의적이다. 친일문학의 가장 중요한 요건은 '자발성'인데, 채만식의 친일 역시 자발적이었다는 것이다. 친일 행적에 대한 진솔한 참회의 글을 찾아보기 어려운 풍토에서 채만식의 반성은 일정한 평가를 받는다. 그러나 그것이 그의 적극적 친일 행적에 대한 면죄부가 될 수는 없다.

채만식은 1950년 6월 11일 이리에서 지병으로 사망하였다. 향년 48세. 1984년에 군산시 월명공원에 '백릉 채만식 선생 문학비'가 세워졌다. 1996년 『탁류』의 작품 무대인 군산 시내 세 곳에 채만식 소설비가 세워졌으며, 2001년에는 채만식문학관이 문을 열었다.

2002년 11월 군산 시내 다섯 곳에 소설비가 추가로 세워지면서 군산은 지역 전체가 그의 문학을 기리는 곳이 되었다. 2002년 채만식문학상이 제정되어 2003년부터 시상하였다. 이 상은 작가의 친일 행위를 문제 삼은 시민단체의 반대로 1년간(2005년) 중단되었다가, 2006년부터 재개되어 현재에 이르고 있다.

채만식문학관에는 '일제 근대 문학의 암흑기와 문학인들의 대일 협력(친일)'이라는 이름의 전시물이 있다. 부제는 '작가의 친일 행적과 해방 후 친일에 대한 뼈아픈 반성에 대한 고찰'로, 작가의 친일을 변호하면서 그의 반성과 참회에 대한 관용을 호소하고 있다. 맨 아래에는 친일 작품 목록이 붙어 있다.

이 정도가 채만식문학관이 그의 친일부역에 대해서 드러낼 수 있는 '최선'인 듯하다. 어쨌든 반민족 행위를 해명하지 않으면 안 되는 상황이 된 것 역시 아쉬운 대로 '역사의 진전'이다.

채만식은 내게 장편 소설 『탁류』의 작가로 각인되어 있다. 대학 시절에 과제로 읽은 이후 몇 해 전에야 나는 『탁류』를 제대로 읽어 낼수 있었다. 1930년대 식민지 시대의 어둡고 뒤틀린 현실을 고발, 풍자하고 있는 이 장편은 채만식의 문학적 저력을 드러내는 작품으로 모자람이 없다.

군산 시민들은 시내 곳곳에 세워진 소설비를 통해 『탁류』의 서사를 마치 이웃 이야기처럼 느끼면서 살아간다. 채만식이 친일의 오명으로부터 자유로운 작가였다면, 시민들은 그의 문학 유산을 훨씬 더 자랑스러워하지 않았을까.

그럼에도 채만식뿐 아니라, 친일문인으로 이름을 올린 시인, 작가들을 제외하고 현대 문학을 온전히 이야기할 수 없다. 그것은 우리 문학의 한계이면서 우리가 반드시 넘어야 하는 해묵은 과제이기도 하다.

군산의 채만식문학관은 2001년에 건립되었다.
금강 변에 세워진 문학관 건물은 정박한 배의 모습을 하고 있다.

채만식 소설 목록으로 만든 조형물
(군산 근대건축관 뒤)

최정희,
'군국'의 어머니와 '황군' 아들

최정희(1912~1990)

소설가 최정희(崔貞熙, 1912~1990)는 일
반에게 널리 알려진 작가는 아니다. 이는 이름을 대면 떠오르는, 잘
알려진 작품이 없는 탓이 크다. 지명도 높이는 데는 그만인 교과서에
실린 소설도 없으니 더 말할 게 없다. 문학을 가르치고 있지만 나 역
시 짧게라도 최정희를 설명할 재간이 없을 정도다.

최정희는 서사시 「국경의 밤」과 「웃은 죄」, 「북청 물장수」, 「산너머
남촌에는」 같은 서정시로 유명한 파인 김동환의 두 번째 부인이었다.
파인과의 사이에 뒷날 소설가가 된 지원(1943~2013)과 채원(1946~),
두 딸이 있다. 부창부수라던가, 그도 남편 못잖은 친일 행적을 남겼다.

남편 김동환과 함께 거론되는 친일 행적

최정희는 함경북도 성진 태생이다. 호는 담인(淡人). 숙명여자고등 보통학교와 서울 중앙보육학교를 졸업하고, 1930년부터 1931년까지 일본 도쿄에서 유치원 보모로 일하였다. 1931년 귀국하여 삼천리사 기자로 근무하면서 『삼천리』 10월호에 소설 「정당한 스파이」를 발표하며 등단하였다.

1934년 일제에 의해 조직 사건, 이른바 신건설사 사건(제2차 카프 검거 사건)이 발생하였다. 카프 계열 연극단체인 '극단 신건설'이 창립작품으로 레마르크의 소설 『서부전선 이상 없다』를 제작하여 지방을 순회하며 공연하던 중이었다.

카프의 주요 구성원이던 박영희, 이기영, 한설야 등이 포함된 이 사건에 최정희는 남편인 영화감독 김유영(본명 김영득)과 함께 연루된다. 그는 전주형무소에 투옥되었다가 8개월 후인 1935년에 석방되었다. 남편 김유영은 이 사건으로 복역하고 출소한 뒤 사망하였으며, 해방 후 건국훈장을 추서받았다.

최정희는 1936년부터 1937년까지 《조선일보》 출판부와 학예부 기자를 지냈다. 처음엔 동반자 계열의 작품을 썼으나, 출옥 후 여성들의 심리나 운명을 다룬 작품을 주로 발표하였다. 1937년 『조광』 4월호에 본인이 사실상의 등단작이라고 밝힌 「흉가」를 발표하며 본격적인 작품 활동을 시작하였다.

최정희가 1939년부터 2년 동안 연작 형식으로 발표한 「지맥」(『문장』 1939년 9월호), 「인맥」(『문장』 1940년 4월호), 「천맥」(『삼천리』 1941년 4월호)이 이 시기 대표작이다.

당시 월간 종합지인 『삼천리』 발행인이 김동환이었는데, 1939년 남편이 사망한 뒤 최정희는 김동환과 동거하면서 실질적 부부가 된다.

최정희는 1939년 조선문인협회가 주최한 문예의 밤과 1940년 평양의 문예대강연회에서 「자화상」을 낭독하면서 친일 행렬에 합류하였다. 1941년부터 1942년까지 노천명·모윤숙과 더불어 조선문인협회 간사를 지냈고, 1941년 9월 임전대책협의회의 채권가두유격대에 참가하였다. 이후 조선임전보국단 발기인과 평의원으로 활동하였다.

1941년 12월 조선문인협회 주최 결전문화 대강연회에서 노천명 등과 함께 시를 낭송하였고, 같은 달 열린 조선임전보국단 결전부인대회에서 강연하였다. 강연의 제목은 '군국(軍國)의 어머니'로, 그 내용은 『대동아』(1942년 5월호)에 실렸다.

"속일 수 없는 일본인이 되리라는 생각을 문학화해야"

최정희는 각종 좌담회에 참여하여 '신체제하 부인의 역할'이나 '조선 문학의 역할'에 대해 토론하였다. 조선문사부대 문인 38명과 함께 양주 지원병훈련소를 참관하고 와서 『삼천리』(1940년 12월호)에 '문사부대와 지원병'이라는 특집에 '진실로 이기라'라는 제목으로 소감문을 발표하였다.

1941년 11월에는 《매일신보》에 연재된 「국민문학의 공작정담회(工作鼎談會)」에 이선희·모윤숙과 함께 참가하여 국민문학에 임하는 자세를 밝혔다. 또 『반도의 빛』 1942년 7월호에 '우리도 군국의 어머니'라는 특집 중 하나로 게재된 「5월 9일」(일본 각의에서 조선인 징병제 실시를 결정한 날)에서 군국의 어머니 역할을 강조하였다.

> 우리들한테도 총을 잡는 그러한 마음의 준비가 없어선 안 될 것 같아. 그런 마음이 아니고는 국민문학도 국책문학도 안 써질 것 같으니까. ……일본인이 되려는 그 생각, 그 생활을 그리는 데 있지요. 속일 수 없는 일본인이 되리라는 생각을 문학화하여여겠지요.
>
> – 「국민문학의 공작정담회」, 《매일신보》(1941년 11월 12~15일자)

> 우리의 아들을 훌륭하게 만드는 힘도 우리 어머니한테 있고, 우리나라 일본을 세계에 빛나게 하는 것도, 우리 국민을 굳세게 자라나게 하는 힘도 우리에게 있습니다.
>
> – 「5월 9일」, '우리도 군국의 어머니' 특집, 「반도의 빛」(1942년 7월호)

최정희는 '군국의 어머니'라는 명제를 여러 차례 다루었다. 그는 조선금융조합연합회가 발간하는 친일 잡지인 『반도의 빛』을 통해 「군국의 어머님들」 또는 「군국 모성찬(母性讚)」이라는 글로 '군국의 어머니'를 실천하는 일본 여성들을 소개하였다. 열전 형식의 이 글들에서 묘사한 일본 여성은 어려운 환경에서 자식들을 잘 키워서 근대 교육까지 받게 하지만, 마침내 아들을 전장에 보냄으로써 일본의 전시 정책에 협력하는 이른바 '강인한' 어머니들이다.

최정희는 소설 창작을 통해서 일제의 침략 정책에 적극적으로 호응하였다. 그는 징용과 여성의 애국반 활동, 지원병, 신체제, 내선일체 등을 소재로 한 소설로써 이들 제도와 정책을 옹호하고 일제의 전쟁 수행과 총동원 체제에 적극적으로 협력하였다.

결혼한 지 8개월 만에 징용 영장을 받게 된 머슴 병태는 아내와의 이별을 못내 아쉬워하나, 징용 열차 안에서 국민동원총진회(國民動員 總進會)에서 파견된 사람들의 연설을 듣고 생각을 달리하게 된다. 이 소설의 제목은 「징용 열차」(『반도의 빛』 1945년 2월호)다.

'전쟁 수행에 앞장설 남자의 위대한 힘을 찬양'하는 연설에 응징사 (應徵士, 징용으로 강제 동원된 사람)들은 고무된다. 병태 역시 자신이 '영 미(英米)'를 구축(驅逐)하고 동양 민족을 구원할 중대한 사명을 가졌다

여성의 애국반 활동을 부각한 작품 「2월 15일의 밤」, 『신시대』(1942년 4월호)

는 것을 자각하게 된다는 이 소설을 통해 최정희는 동포들에게 징용에 나갈 것을 선동하였다.

여자의 일터는 가정이라고 생각하는 남편과 애국반 반장이 된 아내 사이의 소소한 갈등을 다루고 있는 「2월 15일의 밤(二月十五日の夜)」(『신시대』 1942년 4월호)은 여성의 애국반 활동을 부각한 작품이다. 아내가 남편을 설득하는 논리가 자못 흥미롭다.

아내는 "잠자리처럼 아름답게 날고 있는 비행기보다 불꽃처럼 적군의 비행기를 추적하여 싸우는 비행기가 훨씬 좋은 것처럼 하늘을 바라보며 저 하늘을 어떻게 지킬까 생각하는 여자가 훨씬 아름답게 보인다"고 말한다. 여성의 입장에서 우회적으로 태평양전쟁을 찬양하는 진술이다.

부부 간 갈등은 이날 밤(제목이기도 한 2월 15일 밤) 라디오에서 싱가포르 함락 소식이 전해지면서 해소된다. 후방에서 여성의 역할이 애국반 활동이나 근검, 절약과 같은 생활 개조에 한정되어 있더라도 그것이 결국 총동원 체제에 협조하는 길이라는 것이다. 이 작품을 조선어로 다시 쓰고 내용을 추가한 작품이 「장미의 집」(『대동아』 1942년 7월호)이다.

군국의 어머니와 황군 아들의 「야국초」

최정희가 쓴 친일소설 가운데 작품성이 우수한 것으로 평가받는 작품이 「야국초(野菊草)」(『국민문학』 1942년 11월호)다. 한때 사랑하였지만 자신의 임신을 알고 떠나간 옛 애인에게 보내는 편지 형식으로 된 이 소설에서, 여주인공 '나'는 아들을 데리고 지원병훈련소를 방문한다.

이때 훈련소 교관이 여주인공에게 부인 교화의 차원에서 건네는 이야기를 통해 '군국의 어머니상'이 강조된다.

"매년 지원병이 입소하면, 곧 그 가정 사정이라든지 부모 형제의 찬부 등을 조사합니다만, 언제나 모친 쪽의 반대가 많습니다. 수십만이라는 많은 사람들 중에서 어렵게 선발된 광영자(光榮者)들입니다만, 이런 식으로 모친 되시는 분이 반대하거나 흐릿한 자는 성적도 좋지 않고, 간혹 탈출까지 하는 일도 생기는 겁니다.

아무래도 무지한 모친이란 눈앞의 맹목적인 애정만 알지, 크고 빛나는 미래 같은 건 조금도 의식하지 못해서……. 반도의 청년이 훌륭한 군인이 되려면 우선 무엇보다도 어머니들의 힘이 큽니다."

'나'와 아들 승일은 지원병들의 절도 있는 생활과 건강함, 열정에 감화되어 제국의 군인이 될 결심을 더욱 다진다. 소설 마지막에서 여주인공이 옛 애인에게 건네는 말이 이 친일소설의 백미(?)다.

"승일이를 키우듯이 승일이를 위해 들국화를 아름다운 꽃, 강인한 꽃으로 가꾸기로 했습니다. 그게 제게 하셨던 당신의 행위에 대한 복수가 될 테니까요."

여주인공은 명예와 지위를 가진 지식인 남성이 지닌 부도덕성과 개

'군국의 어머니상'을 강조한 친일소설 「야국초(野菊草)」, 『국민문학』(1942년 11월호)

인주의를 폭로하면서, 자신은 아들을 일본 제국주의를 위해 목숨을 바치는 군인으로 키우리라 결심한다. 그녀가 이 상반된 행위를 자신을 버린 남자의 행위에 대한 '복수'라고 말하는 이유다. 소설 제목인 '들국화'는 강인함으로 무장된 어머니와 장래 황군으로 나설 아들을 비유한 것이다.

「여명(黎明)」(『야담』 1942년 5월호)은 기독교 계통의 여학교를 나온 세 여성이 서양 중심의 세계에서 벗어나 '신체제'에 접근하는 모습을 그린 소설이다. 미영을 비판하고 동양이 중심이 되어야 한다는 생각을 적극적으로 주장하는 친구와 소극적이지만 이에 동조하는 친구, 서양 중심주의에서 벗어나지 못하는 친구가 주인공이다.

그중 서양 중심주의자는 서양인 교장과 영어 교사에 대한 추억 때

「환영의 병사(幻の兵士)」, 『국민총력』(1941년 2월호)

문에 '영미귀축(英米鬼畜)' 논리에 동조하지 못한다. 그러나 군국주의 교육을 받은 아이들이 서양(인)을 악(惡)으로 여기는 것을 보고 '아이들을 위해서' '동양 사람 된 자격'을 갖기로 결심하게 된다는 내용이다. 무릇 모든 목적소설이 그러하듯 이미 정해 놓은 종착점을 향해 치닫는 서사의 경로가 들여다보이는 작품이다.

「환영의 병사(幻の兵士)」(『국민총력』 1941년 2월)는 조선인 여성 영순과 일본인 군인 야마모토 이사무(山本勇) 사이의 애정을 통해 '내선일체' 논리를 드러낸 작품이다. 야마모토는 조선에 주둔하다가 중국 전선으로 가는데, 거기서 영순이 써 준 한글 모양을 하고 있는 조선의 가옥 구조와 중국의 그것이 닮은 것을 발견한다.

그리고 거기서 "지나(支那)와 조선과 일본은 아주 오래전의 신대(神代)로부터 연결되어 있다"고 확신하고, 영순 역시 일본 군인을 통해 전쟁을 자기 것으로 깨닫게 된다. 내선일체 논리를 짜내기 위한 작가의 눈물겨운(?) 안간힘이 드러나는 작품이다.

최정희가 쓴 친일소설의 주인공은 「징용 열차」를 제외하고는 대부분 젊은 여성이다. 이들은 전시에 가정생활의 합리화와 개조, 군국의 어머니 역할 등을 적극적으로 수행함으로써 일제의 침략전쟁과 총동원 체제에 앞장서는 것이다. 최정희는 이들 작품 말고도 적지 않은 친일 작품을 썼다.

"그저 일본이 그렇게 빨리 망할 줄 몰랐을 뿐"

장차 황군이 될 '들국화'에도, 신체제의 '여명'에도, 한·중·일 3국이 이어져 있다는 '환영의 병사'에도 불구하고 해방이 되었다. 남편 김동환은 반민특위에 자수하여 수감되었다가 공민권 정지 5년을 선고받았지만, 최정희는 전조선문필가협회(1946), 한국문학가협회(1949)의 추천회원에 명단을 올렸다.

남편 김동환이 납북된 후 최정희는 공군종군작가단 창공구락부에서 활동하였으며, 1957년 월간 종합잡지 『주부생활』의 주간을 지냈다. 해방 후 작품집 『천맥』(수선사, 1948)과 『풍류 잡히는 마을』(어문각, 1949), 장편 소설 『녹색의 문』(정음사, 1954), 『끝없는 낭만』(동학사, 1958), 『인간사』(신사조사, 1964) 등을 펴냈다.

1959년 서울특별시문화상을 받았으며, 1964년 『인간사』로 제1회 한국여류문학상을 수상하였다. 1969년 한국여류문학인회장, 1970년 대한민국예술원 회원과 소설가협회 대표위원 등을 지냈다. 1970년 8월 국민훈장 모란장을 받았다.

이광수, 김동환(오른쪽)과 함께한 최정희(김동환 옆).
왼쪽은 모윤숙이다. ⓒ 위키백과

1972년 대한민국예술원상, 1983년 3·1문화상을 수상하였다. 일제의 강권 지배에 항거하여 들불처럼 일어난 거족적 항일투쟁의 이름을 딴 이 상은, 『친일인명사전』에 이름을 올린 적지 않은 문인들에게 주어졌다. 조연현(1972), 백철(1976), 모윤숙(1980) 등이 그들이다.

최정희가 공식적으로 자신의 친일에 대해 발언한 기록은 없다. 다만 어떤 술자리에서 후배 문인의 갑작스러운 질문에 대해서 "일본이 그렇게 빨리 망할 줄 알았냐"고 했다는 이야기만 전한다. 거기에서도 참회의 뜻은 보이지 않는다.

김동환의 일대기를 펴냈던 파인의 셋째아들은 '부친의 친일 죄과'를 민족 앞에 사죄하였다. 그러나 소설가가 된 최정희의 두 딸은 모친의 친일 행적에 관해서 아무 말도 하지 않았다. 최정희는 1990년에 78세를 일기로 사망하였다.

최남선,
죄과는 다섯 가지나
'나는 무죄다,

최남선(1890~1957)

우리는 신체시(新體詩) 「해에게서 소년
에게」(1908)의 작자로 육당(六堂) 최남선(崔南善, 1890~1957)을 만난다.
최초의 신체시로 평가되는 이 노래는 근대 자유시 형성에 영향을 주
었다는 점에서 문학사적 의의가 있을 뿐, 정제된 형식을 갖추거나 일
정한 장르적 특성을 지닌 시편으로는 볼 수 없다.

이 작품은 그가 창간한 잡지 『소년(少年)』 창간호(1908년 11월호)에
실렸는데, 이때 그는 열여덟 살이었다. 요즘 같으면 고등학교 졸업반
일 나이에 잡지를 창간하였다는 게 놀랄 만한 일이지만, 그것은 유복
한 집안에서 태어나 독학으로 한글을 깨쳐 열한 살 때부터《황성신

문》에 투고하던 육당의 비범성과 함께 근대로 이행하던 '시대'의 소산으로 이해될 수 있을 듯하다.

「해에게서 소년에게」와 『불함문화론』의 작가

육당 최남선은 1902년 경성학당에서 일본어를 배웠고, 1904년 대한제국 황실 유학생으로 선발되어 일본으로 유학하였다. 1906년, 대한유학생회에서 발간하는 『대한유학생회학보』 편찬원을 맡아 편집인으로 활동하였다. 그해 겨울에 귀국하여 1907년 인쇄시설을 갖춘 출판사 신문관(新文館)을 설립하였다.

1908년 11월 1일 춘원 이광수와 함께 최초의 근대 종합잡지인 『소년』을 창간하였는데, 지금 우리는 이날을 '잡지의 날'로 정해 기리고 있다. 1909년에는 안창호와 함께 '청년학우회'를 결성하였다. 이듬해 10월 민족문화를 보호하기 위해 조선광문회(朝鮮光文會)를 설립하여 조선 고서(古書)를 국문으로 번역·발간하였고, 10여 종의 육전소설(六錢小說)을 펴냈다. 이때 육당은 조선어사전 편찬 계획을 구상하였다고 하니, 어문과 역사에 대한 만만찮은 자질을 이미 드러낸 셈이었다.

한일병합 후에도 그는 『붉은 저고리』(1912), 『아이들 보이』(1913), 『새별』(1913) 등의 잡지를 창간하여 발행하였으나, 조선총독부의 '신문지법' 명령으로 모두 강제 폐간되었다. 1914년에도 종합계몽잡지 『청춘』을 발간하여 새로운 지식을 보급하고 민중을 계몽하고자 하였지만, 이 역시 1918년에 강제 폐간되었다.

육당 최남선은 1919년 3·1운동의 주역으로 「독립선언서」를 기초하고 체포되어 2년 8개월간 복역한 뒤 1921년 10월에 가출옥하였다. 일제가 밝힌 가출옥 사유는 '(최남선이) 청년들을 규합하는 데 대단히 좋은 영향이 있을 것'이라는 점이었다. 총독부에서 청년들에 대한 그의 영향력을 취하려 한 것이다.

총독부는 또 조선은행 총재 미노베 슌키치(美濃部俊吉)에게 잡지 『동명(東明)』의 발행 자금을 지원하도록 주선하였는데, 그 이유도 가출옥 사유와 맥을 잇는다. 총독부는 최남선의 출판물을 통해 "조선의 사상계의 악화를 구하고, 또 진학문·이광수 등의 생계비 출처로 삼게 하도록" 하기 위해서라고 밝혔다.

최남선은 1922년 동명사(東明社)를 세우고 9월에 주간지 『동명』을 창간하여 1923년 6월까지 발행하였다. 1923년 일간지 발간을 인가받고, 이듬해 3월 《시대일보》를 창간하여 사장 겸 주간으로 활동하였다. 1925년 조선의 문화와 역사를 연구하는 계명구락부 활동에 참여하였다.

1926년 지리산을 중심으로 한 국토순례기인 『심춘순례(尋春巡禮)』, 근대 최초의 창작시조집 『백팔번뇌』를 출간하였다. 1927년에는 백두산을 민족의 영산으로 보고 민족정신을 강조한 기행수필 『백두산 근참기』를 출간하고, 동북아시아 문화권 속에서 한국 문화를 고찰한 논문 『불함문화론(不咸文化論)』을 발표하였다. 『불함문화론』에서 그는 동방문화의 근원지를 단군신화의 무대인 백두산이라고 주장하였다.

조선사편수회 위원으로 식민사학에 참여

최남선은 1928년 10월 조선사편수회 촉탁을 거쳐 12월부터 조선사편수회 위원으로 활동하게 된다. 조선사편수회는 1925년 6월 조선총독부가 산하의 조선사편찬위원회를 "조선 사료의 수집, 편찬 및 조선사의 편수를 담당"하도록 확대 개편한 기관으로, 이후 '조선사' 편찬 등을 통해 식민사학을 집대성하였다. 조선사편수회 위원은 조선총독이 '조선 역사에 학식과 경험이 있는 내선(內鮮)의 인재'를 선정하고 일본 내각에서 임명하였는데, 이로써 이들에게 '조선사'의 내용에 책임을 지는 지위를 부여한 것이다.

총독부의 조선사편수회에 가담한 일을 주변에서 최남선이 일제의 식민 지배에 협력하는 변절의 단초로 판단했던 듯하다. 이 일로 그는 이광수와 절교해야 했고, 한용운과 홍명희 등도 그에게 결별을 선언하였다. 한용운은 육당의 나무 위패를 새기고 장례식을 거행하여 그를 조롱하기도 하였다.

뒷날 김창숙 선생이 대전형무소에서 복역하고 있을 때다. 교도소장이 최남선의 「일선융화론(日鮮融和論)」을 주면서 감상문을 쓰라고 하자, 선생은 첫 몇 장을 읽더니 교도소장에게 책을 던지며 의연히 외쳤다.

나는 반역자가 미친 소리로 요란하게 짖어대는 흉서(凶書)를 읽고 싶지 않다. 기미년 독립선언서가 (최)남선의 손에서 나오지 않았는가. 이런 사람이 도리어 일본에 붙어 역적이 되었으니 비록 만 번 죽여도 죄가 남는다.

1935년 무렵부터 최남선은 한국과 일본의 '문화동원론(文化同源論)'을 주장하면서 일본 신도(神道)의 보급에 관여하였다. 그가 시도한 개량적 문화주의운동인 문화동원론은, 일찍이 1920년대에 한국 문화의 우월성을 주장한 불함문화론에서 일본 문화 우월론으로 넘어가는 1940년대 시기에 과도기적 지위를 갖는다. 그것은 태생에서부터 식민지배를 합리화하는 논리였던 것이다.

1936년 6월 최남선은 조선총독의 자문기구인 중추원의 주임관 대우 참의를 맡아 1938년 3월까지 재임하면서 매년 1200원의 수당을 받았다. 1937년 《매일신보》에 연재한 「조선 문화의 당면 과제」(2월 9~11일)를 통해 조선 문화의 일본화야말로 당면한 문제 가운데 가장 중요한 것이라고 주장하였다. 1937년 7월 중일전쟁이 일어나자 매일신보사 주최의 '북지사변 비상시국좌담회'와 경성일보사 주최의 '시국과 조선' 좌담회에 참석하였다.

> 시국의 인식을 철저히 할 것은 물론이며 총후봉공에 극진 노력하여 출동 군인의 가족 부조 보호에 유감이 없도록 하여야 할 것이다. 그리고 국론을 절대 지지하여 대세에 순응하는 동시에 국제 스파이와 유언비어에 미혹하지 말고 비상시국에 철저하여 분진하는 것이 가장 간절한 일이다.
>
> – 경성방송국의 시국강연 중에서

1938년부터 1941년까지 《만몽일보(滿蒙日報)》와 《만선일보(滿鮮日報)》 편집고문을 맡았다. 1938년 4월 만주 건국대학 교수로 부임하여

1943년 2월까지 만몽 문화를 강의하였다. 만주국 국무원 직할의 건국대학은 '오족협화(五族協和)'를 실현하기 위한 인재 양성을 목적으로 수도 신징(新京)에 세워진 대학이었다.

'문화동원론'에서 '일선동조론'까지

「최남선의 보수」(『삼천리』1939년 1월호)에 의하면, 그는 "학교에서 교수로서 매월 800원, 그리고 서울 매일신보사에 집필원고료를 매일 8원씩 합계 240원을 받아 합하여 1040원"의 수입이 있었고, 이 밖에 "최근에 《만선일보》에 취임하였으므로 거기서도 보수를 받기로 되었다"고 전한다. 간단히 계산해도 연수입이 약 1만5천 원에 이르는데, 이는 당시 군수 연봉(1050~3400원)에 비기면 엄청난 고액이었다.

1940년부터 최남선은 일제의 침략전쟁을 지원하는 기관과 단체의 간부를 맡으면서 본격적으로 일제에 협력하기 시작하였다. 그해 10월, 항일무장투쟁에 대한 관동군의 토벌작전과 선무공작을 지원하기 위해 결성된 동남지구 특별공작후원회의 고문직을 맡았다.

1941년 8월에 황국정신의 앙양, 강력한 실천력의 발휘, 시국 인식의 철저와 그 대책 결의, 근로보국의 실행 등을 목적으로 하는 흥아보국단(興亞保國團)의 준비위원을 맡았고, 같은 해 9월 전시 최대의 민간 협력 단체인 조선임전보국단의 발기인으로 참여하였다.

태평양전쟁 말기인 1943년 11월에는 일본에 유학 중인 조선인 학생들의 학병 지원을 권유하는 학도병 일본 권설대(勸說隊)로 활동하

였다. 동포 청년들에게 전쟁
터로 나갈 것을 종용한 것이
다. 일본 메이지대학 강당에
서 열린 '반도 출신 출정학도
궐기대회'(11월 24일)에서 그
는 "미영(米英) 격멸의 용사
로서 황군이 된 참 성심을 발
휘하는 가운데 잘 싸워 주기
를 바라는 바이다"라며 학병
지원을 권유하는 연설을 하
였다.

이 강연에는 춘원 이광수
도 동행하였다. 당시 도쿄에

1943년 학병 권유 연설 후의 대담(왼쪽부터 육당,
춘원, 마해송). 『조선화보』(1944년 1월호)

서 발행된 잡지 『조선화보』(1944년 1월호)에는 아동문학가 마해송의
사회로 진행된 최남선과 이광수의 대담 내용이 실려 있다. 이 대담에
서 그들이 주고받는 이야기는 좀 낯뜨겁다.

춘원 : 일종의 극적 광경이라고나 할까. 황국을 위해 전장에 나가 죽
　　　자는 생각이 모두의 얼굴에 드러났더군요. ……그때의 압권은
　　　최(남선) 선생님의 강연이 아니었을까요.
육당 : 적어도 천오백 명은 모인 것으로 알고 있습니다. 일찍이 없었
　　　다고 해도 좋을 정도지요…….
육당 : 어떤 학자는 '(일본)무사도의 연원은 신라의 화랑이 그 토대였

다'라는 것을 생각할 정도지요.

춘원: 저 '화랑'의 사상이란 오늘날 막바로 부활시켜도 좋다고 생각합니다.

　최남선은 만주사변(1931) 이후 일제의 만주 침략과 만주국 건국을 지지하는 여러 편의 글을 언론에 기고하였다. 1937년 11월호 『재만 조선인 통신』에 「만주가 우리에게 있다」라는 글을 기고해 조선인이 일제의 만주 침략을 지지할 것을 주장하였으며, 만주국 관립 건국대학을 선전하면서 비슷한 주장을 되풀이하였다.

　또한 그는 만주국 건국 12주년을 맞아 『방송지우』 1944년 4월호에 기고한 「신세계 건설의 도화선」에서 만주국 건설에 대하여 "세계의 질서를 바꾸려 하는 일"이며 "동방의 맹주요, 신세계의 지도자인 일본 제국의 용기와 총명과 정의"로 이루어졌다고 찬양하였다. 그는 만주 침략은 "'도의(道義)'를 위한 것"이요, 만주국 건국은 "일제에 의한 '낙토 건설'"이라고도 극찬하였다.

　나라를 위하여 일신을 바칠 큰 뜻이 있고 나라를 위하여 어떠한 곤고(困苦), 결핍이나 어떠한 근로라도 사양하지 않을 결심이 있으며…… 오인(吾人)은 오국(吾國)을 구성하는 각 민족 중에 이러한 청년이 많기를 바라고 기도한다.

－「건국대학과 조선 청년」, 『삼천리』(1938년 10월호)

대동아공영권 지지, 전쟁 참여와 학병 지원 독려

최남선은 중일전쟁 시기에 일제의 중국 침략과 '대동아공영권'을 지지하고, 조선인의 전쟁 참여와 학병 지원을 독려하는 글을 썼다.

그는 《매일신보》에 기고한 「내일의 신광명(新光明) 약속」(1937년 8월 15일자)에서 "일본의 존재와 발흥은 아시아의 기운이요 동방의 빛"이라며 중일전쟁이 "일본을 맹주로 하여 일대 대동단결을 만들어서 백색 인종에 대하여 우리 동방의 역사와 생활과 영광을 확보할 좋은 기회"라고 주장하였다.

「학도여 성전(聖戰)에 나서라 – 보람 있게 죽자」(《매일신보》 1943년 11월 5일자)에서는 "오늘날 대동아인으로서 이 성전에 참가함은 대운(大運) 중에 대운임이 다시 의심 없다. 어떻게든지 참가하고야 마는 최고 명령을 받고 있다"라며 "원광법사의 임전무퇴의 사자(四字)까지를 진두(陣頭)의 청년학도에게 선물하고 싶다"고 썼다.

그는 《매일신보》에 발표한 「나가자 청년학도야」 (1943년 11월 20일자)에서 "(대동아전쟁의) 세기적 성

「내일의 신광명 약속」, 《매일신보》(1937년 8월 15일자)

업에 이바지하게 됨은 실로 남자
로서 태어난 보람이 있는 감격"
이라며, "청년학도들은 두 어깨에
짊어진 특별한 의무와 책임"을
질 수 있는 절호의 기회인 "대동
아의 전장에 그 특별지원병으로
서의 용맹한 출전"을 해서 "일본
국민으로서의 충성과 조선 남아
의 의기를 바로 하여 부여된 광
영의 이 기회에 분발 용약(勇躍)
하여 한 사람도 빠짐없이 출전"
할 것을 독려하였다.

그는 해방되던 해인 1945년에
도 「특공대의 정신으로 성은에
보답합시다」(『방송지우』 1945년 1

「나가자 청년학도야」,
《매일신보》(1943년 11월 20일자)

월호)를 통해 "대동아의 전쟁은 하늘을 대신하여 불의를 치는 싸움"이
라며 "조선 동포도 대동아 민중으로서 세기의 거룩한 사업에 참가하
여 일본 국민으로서 그 추진력의 일부를 만들고 있"다며 특공대 정신
을 거론하기까지 하였다.

육당 최남선이 조선 문화의 일본화야말로 '조선 문화의 당면 과제'
라고 사자후를 뿜어댔지만, 일본은 전쟁에서 패배하였고, 결코 오지
못할 것 같던 해방이 왔다. 그는 우이동에 은거하면서 외부 출입을 삼
가고 역사논문 집필에 전념하였다.

참회의 '자열서'에서조차 무죄 주장

최남선은 '민족개량주의로 흘러가 친일파로 변절하였다'는 것 때문에 친일 반민족 행위자로 비난을 받았다. 그가 반민족행위자특별조사위원회에 체포되어 서대문형무소 수감된 것은 1949년 2월이었다. 수감 중 그는 자신은 "민족을 위해서, 연구 성과를 지키기 위해서 협력하였다"고 항변하였으며, 특별재판부에 참회의 뜻을 담은 '자열서(自列書)'*를 제출하였다.

최남선은 자열서에서 자신의 죄과를 첫째, 조선총독부의 한국사 왜곡 기관인 조선사편수회 편수위원이 된 사실(1928년), 둘째, 조선총독부의 중추원 참의가 된 사실(1938년), 셋째, 만주괴뢰국의 건국대학 교수가 된 사실(1939년), 넷째, 일제 말기에 학병 권유 연사로 활동한 사실(1943년), 다섯째, 악명 높은 일선동조론(日鮮同祖論)을 부르짖은 사실 등으로 시인하였다. 그러나 그의 참회는 거기까지였다. 자신이 제시한 다섯 가지 죄과 조목에 대한 최남선의 다음 진술은 곧 무죄의 주장이기 때문이다.

나는 분명히 일평생 일조로(一條路)를 일심으로 매진한 것을 자신하는 자이다. ……다만 조선사 편수위원, 중추원 참의, 건국대학 교수, 이것저것 구중중한 옷을 연방 갈아입으면서도 나의 일한 실제는 언제고 시종일관하게 민족정신의 검토, 조국 역사의 건설, 그것밖에 벗어진

●   예전에 자기가 저지른 죄과를 스스로 인정하고 그 사실을 적어 임금에게 내던 것을 '자열소(自列疏)'라고 하였는데, 그러한 성격의 글이라는 뜻으로 쓴 듯함.

일 없었음은 천일(天日)이 저기 있는 아래 감연히 명언하기를 꺼리지 않겠다.

— 최남선, 「자열서」 중에서

석 달 후인 5월에 최남선은 병보석으로 출감하였다. 이승만이 친일파 청산을 방해하면서 지지부진하던 반민특위는 6월 6일에 친일 경찰들이 특위의 특별경찰대를 강제 해산하면서 그 기능을 상실하게 된다. 결국 재판에 회부된 친일파들은 사실상 아무도 처벌되지 않았다.

한국전쟁이 일어나자 최남선은 해군전사편찬위원회에서 일하였다. 휴전 후 서울시사편찬위원회 고문에 위촉되었고, 신문과 잡지에 한국의 역사·문화와 관련된 기고 활동을 계속하였다. 그는 『한국역사대사전』을 편찬하던 중 1957년 10월 10일 병사하였다.

결과적으로 그는 자신의 죄과를 고백하는 척하면서 자신의 무죄를 입증하고자 하였다. 2011년에 그의 장손이 조부의 친일론을 반박한 책 『나의 할아버지 육당 최남선』을 펴냈다. 조전손전(祖傳孫傳)인가, 그는 책에서 조부의 행적이 '조선의 세계화 작업'이었다고 강조한다. 조선사편수회 위원과 중추원 참의 등 친일로 인식되는 부분은 '근대 세계주의를 받아들이는 과정에서 불거진 오해'라는 것이다.

역사는 비록 굴절되거나 왜곡될 수는 있지만, 국권 피탈기에 육당 최남선이 민족을 등지고 식민 통치에 협조한 사실은 그 자체로 부정할 수 없다. 그게 일제의 겁박이든 자발적 부역이든, 숱한 상황 변수가 그들의 행위를 웅변으로 변호한다고 해도 말이다.

슬픈 것은 최남선의 친일부역이 아니라, 하고많은 부역자 가운데 자신의 과오를 진실로 인정하고 민족 앞에 엎드려 사죄한 사람이 단 한 명도 없다는 사실이다. 해방 70년이 훌쩍 지나도 여전히 그것이 논란거리를 넘지 못하는 것 또한 쓸쓸하고 슬프다.

이인직(李仁稙, 1862~1916)

이인직(李仁稙, 1862~1916)은 국문학사를 배우는 우리 중고생들이 반드시 만나야 하는 작가다. 그는 최초의 신소설인 『혈(血)의 누(淚)』(1906)를 비롯하여 『귀(鬼)의 성(聲)』, 『은세계(銀世界)』, 『모란봉』을 쓴 개화기 문학의 주역이기 때문이다.

학생들은 최초의 신체시인 '최남선의 「해에게서 소년에게」'와 짝지어 '이인직의 『혈의 누』'를 외운다. 『혈의 누』를 모르는 아이들은 없지만 정작 그걸 읽어 본 아이들은 없다. 아마 이 점은 그것을 가르치는 교사도 다르지 않을 것이다. 100년도 전에 쓰인 낯선 문체와 형식의 소설을 오늘 다시 읽는 게 쉽지 않은 까닭이다.

첫 신체시를 쓴 최남선, 최초의 자유시 「불놀이」의 주요한, 최초의 현대 소설 「무정(無情)」의 이광수와 마찬가지로, 이인직도 친일부역자로 『친일인명사전』에 올랐다. 이인직은 을사오적 이완용의 비서로 일본과 한국의 강제병합을 모의하는 등 일제 강점기의 서막을 연 인물인 것이다.

경술국적 조중응 따라 도일, 도쿄정치학교서 수학

국초(菊初) 이인직은 경기도 이천 사람이다. 조선 말기에 외무아문 참의, 법부 형사국장 등을 지낸 조중응(趙重應, 1860~1919)이 아관파천(1896) 뒤 국사범(國事犯)으로 몰려 일본으로 망명하자, 그를 따라 일본으로 건너갔다.

조중응은 정미7조약(한일신협약, 1907) 체결에 참여하여 '정미칠적', 강제합병조약 체결을 주도하여 '경술국적'으로 손가락질받는 인물이다. 정계에 입문하면서 이인직은 이른바 '멘토' 친구를 잘못 고른 셈인데, 그게 그의 성향 때문인지 우연인지는 알 수 없다.

이인직은 신문 기자·정치가·외교관을 양성하고자 1898년에 개교한 도쿄정치학교에 청강생으로 들어갔다가, 1900년 2월 관비 유학생으로 정식 입학해서 1903년 7월 졸업하였다. 재학 시절 그는 고마쓰 미도리(小松綠)에게서 배웠는데, 뒷날 조선통감부 외사국장이 된 고마쓰와 재회하게 된다.

학업을 마치고 돌아온 이인직은, 1904년 2월 일본 육군성 제1군사령부 소속 판임 대우 통역으로 임명되어 러일전쟁에 종군하였다. 전후 공훈심사에서 일본군을 위한 통역 업무에 진력한 공적을 인정받아 공로 '갑(甲)'으로 천황의 은사금 80원을 받았다.

이인직은 1906년 2월 일진회 기관지《국민신보》주필이 되었고, 6월에는 손병희·오세창 등이 일진회에 맞서기 위해 만든 천도교 기관지《만세보》의 주필로 일하며 사회성 짙은 소설을 발표하였다. 첫 신소설『혈의 누』를 발표한 때가 이 시기다. 이듬해 9월에『치악산』상편을, 11월에는 신극 대본『은세계』를 펴냈다. 1913년 2월부터 6월까지「모란봉」을《매일신보》에 연재하였다.

신소설은 고대 소설의 전통적 맥락을 이어받으면서도 새로운 형식으로 묘사·문체·구성·주제의식과 인간형을 제시하여 고대 소설을 일정하게 극복하고 있다. 이는 신소설이 고대 소설과 근대적 사실주의 소설의 중간적 형태라고 규정되는 근거다.

한국 문학사에서, 이인직은 구술체와 묘사체를 섞어 쓰는 문장, 객관 묘사와 심리 묘사에 뛰어난 기량을 보인 주목할 만한 신소설 작가로 평가된다. 그러나 서구식 문명개화론 사상을 기반으로 하여 제국주의적 오리엔탈리즘, 즉 서양인

일제 침략정책과 '한일병합'을 지지한
일진회 기관지《국민신보》

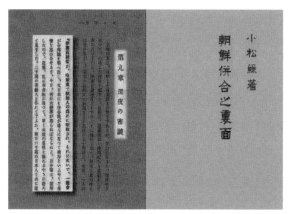

의 시각에서 동양을 바라보고 있다는 점 등에서 비판의 여지가 적지 않다.

이인직의 신소설은 대부분 한국의 후진성에 대비한 문명개화의 당위성과 이를 위한 '교육'의 필요성을 강조하였다는 점에서, 자신의 작품을 '문명개화' 사상 전파의 수단으로 여긴 다른 신소설 작가와 다르지 않다. 문제는 그가 누구의 관점으로 계몽을 바라본 것인가 하는 점이다.

구씨의 목적은 공부를 힘써 하여 귀국한 뒤에 우리나라를 독일국같이 연방도를 삼되, 일본과 만주를 한데 합하여 문명한 강국을 만들고자 하는 비사맥* 같은 마음이요.

– 『혈의 누』, 《만세보》(1906년 7~10월호)

●　　비스마르크(Otto von Bismarck). 독일 제국을 건설한 프로이센의 정치가.

만일 우리나라가 칠십 년 전에 개혁이 되어서 해삼위(海蔘威)*에 아라사 사람이 저러한 근거지를 잡기 전에 우리나라가 먼저 착수하였을 것이요, 만일 오십 년 전에 개혁이 되었다면 해삼위는 아라사 사람에게 양도하였으나 청국 만주는 우리나라 세력 범위 안에 들었을 것이오.

만일 사십 년 전에 개혁이 되었으면 우리나라 육해군의 확장이 아직 일본만 못하나, 또한 당당한 문명국이 되었을 것이오. 만일 삼십 년 전에 개혁이 되었으면 삼십 년 동안에 중등 강국은 되었을지라. 남으로 일본과 동맹국이 되고 북으로 아라사 세력이 뻗어 나오는 것을 틀어막고 서로 청국의 내버리는 유리(遺利)를 취하여 장차 대륙에 전진의 길을 열어서 불과 기년에 또한 일등 강국을 기약하였을 것이오.

— 『은세계』(동문사, 1908년)

이인직은 일관되게 일본의 관점에서 조선과 아시아를 바라본다. 그의 계몽사상은 일본의 관점에서 바라본, 즉 일본의 세계관에 입각한 것이었다. 그는, 아시아 일부이면서도 '탈아입구(脫亞入歐)'를 추구하여 자국을 구미(歐美)의 일부로 바라보고자 하는 일본인의 의식을 답습한 듯하다. 이는 그가 소설과 다른 저술을 통해 일관되게 일본의 입장을 옹호하게 되는 이유였다.

● 러시아의 극동 군사기지인 블라디보스토크.

이완용의 비서로 강제병합 공작 참여

1907년 7월 《만세보》가 재정적인 이유로 폐간되자, 이인직은 멘토 조중응의 후원으로 친일 이완용 내각의 기관지 대한신문사 사장이 되었다. 이후 그는 당대의 실세 이완용(1858~1926)의 후원을 받으며 그의 비서 노릇도 겸하게 된다.

1909년 11월, 전달 하순에 하얼빈에서 안중근에게 피살된 전(前) 조선통감 이토 히로부미(伊藤博文)의 추도회가 경성 한자신문사 주최로 열리자, 이인직은 대한신문사 사장 자격으로 참석하여 추도문을 낭독하였다.

12월에 총리대신 이완용의 밀명을 받아 일본으로 건너가서 이른바 '한국병합 문제'와 관련된 일본 정계와 여론 동향을 정탐하였다. 이때 이인직은 친일 정객 내부의 권력 쟁탈 과정에서 일진회가 주도하는 '합방'에 반대하기 위해 조중응과 함께 활동하였다.

1907년 이완용 내각이 들어서자, 송병준은 농상공부대신·내부대신을 지내면서 일진회의 '일한합방 상주문(上奏文)' 제출을 조종하는 등 대한제국 국민이 '합방'을 간절히 원하는 듯한 여론을 조작, 조성하는 데 앞장섰다.

이완용은 송병준 내각이 들어서면 보복당하거나 합방의 공적을 빼앗길 것을 두려워하였다. 그리하여 통감부 외사국장 고마쓰 미도리와 조선 병탄 문제의 교섭에 나섰는데, 일본어를 할 줄 몰랐던 그는 비서 이인직에게 교섭에 나서게 하였다.

이완용은 "현 내각이 붕괴하여도 그보다 더 친일적인 내각이 나올 수 없다"면서 자신의 내각이 '조선합방조약'을 맺을 수 있음을 자진해서 통감부에 알렸다. 1910년 8월, 이인직은 고마쓰 미도리를 만나 비밀리에 한일병합을 교섭하였다.

이 교섭을 토대로 당시 조선 통감 데라우치와 이완용은, 1910년 8월 22일 오후 통감 관저 2층의 데라우치 침실에서 한일병합조약에 서명하였다. 이로써 1392년 이성계가 세운 봉건 왕조는 518년 만에 그 명운을 다하고 역사 저편으로 사라졌다.

한일병합 후 이인직은 조선총독부 직속 기구인 경학원(經學院) 사성(司成)으로 선임되어 1916년 11월까지 재임하며 고등관 수준의 대우를 받았다. 경학원은 성균관의 기능을 정지시킨 총독부가 천황의 하사금으로 설립하여 총독부의 식민 정책을 홍보한 기구로, 사성은 경학원을 실질적으로 운영하는 가장 중요한 직책이었다.

경학원 사성으로 재임하면서 그는 도쿄정치학교에서 배운 신문 기자의 소양을 발휘하여 1913년 12월에 일제의 식민 통치를 홍보·지지하는 『경학원잡지(經學院雜誌)』를 창간하였다. 그는 죽을 때까지 통권 11호를 낸 이 잡지의 편찬인 겸 발행인이었다.

일제의 식민 통치 찬양한 세월도 고작 6년뿐

이인직은 『경학원잡지』를 편찬하는 한편, 지방순회강연을 다니며 일제의 식민 통치를 찬양·홍보하고 전국 유림의 동향을 살피는 등 식민 통치에 적극적으로 협력하였다. 1913년 11월 전라북도 금산군에

이인직 사망 기사. 《매일신보》(1916년 11월 28일자)

서 강연하였고, 1914년 4월 경학원 시찰단 일원으로 박람회에 참석하고자 일본으로 갔다. 8월에 함경북도, 1915년 11월에는 함경남도 등지를 돌며 강연하면서 '덕치(德治)'인 일제의 식민 통치를 통해 모든 분야가 발전하는 '은택'을 입었다고 미화하였다.

1915년 11월 10일에 경학원 간부와 강사 18명이 일본 다이쇼(大正) 천황의 즉위식에 '헌송문(獻頌文)'을 지어 총독부에 바치고, 『경학원잡지』 제9호에 이를 실었다. 이인직은 이 헌송문에서 일계(一系)의 황통(皇統)을 찬양하고 천황의 덕성을 칭송하면서 즉위를 진하(進賀)하는 충정을 밝혔다.

1915년 11월 함경남도 곳곳을 시찰할 때 이원군에서 '선인(鮮人) 절대적 복리(福利)가 동화(同化)에 있다'라는 제목으로 강연하였다. 이 강연에서 그는 자신이 수년 동안 조선인 앞길의 복리를 연구해 본즉 "선인의 절대적 복리가 동화에 재(在)한 줄을 맹성(猛醒)한지라"라고 하며, 조선인이 행복을 누리기 위해서는 조선인의 골수가 '대화혼(大和魂)'에 동화되어야 한다고 주장하였다.

1916년 11월 쇼와(昭和) 황태자 즉위식이 거행되자 경학원 간부와 강사 19명은 또 헌송문을 지어 조선총독부에 바쳤다. 이 글은 『경학원 잡지』 제12호에 실렸는데, 이인직은 천황의 통치를 태평성세에 비유하고 모두가 천황의 신민(臣民)이 되는 것을 기쁘게 여긴다고 송축하였다.

이인직은 1916년 11월 25일, 54세를 일기로 사망하여 아현화장장에서 한 줌의 재로 사라졌다. 매국노 이완용의 하수인 노릇으로 나라를 일제에 팔아먹었지만, 그가 누린 매국의 상급(賞給)은 고작 경학원 사성에 불과하였다. 그는 작위는 물론이고 은사금 한푼 받지 못하였다. 게다가 그가 감읍해 마지않은 '천황의 신민'으로 산 세월도 고작 6년에 미치지 못하였다.

그를 친일의 길로 인도한 조중응은 한일병합 뒤 일본으로부터 훈1등 자작 작위와 은사금 10만 엔(20억 원)을 받고 조선총독부 중추원 고문에 임명되었다. 조중응은 이인직이 사망하고 3년 뒤인 1919년에 죽었다. 천년만년 갈 것 같던 그의 영화는 짧았고 '정미7적'과 '경술국적'이라는 불명예만 역사에 남았다.

윤해영,
'선구자'는 일제에 포섭된
만주'개척자'

일송정 푸른 솔은 늙어 늙어 갔어도
한 줄기 해란강은 천년 두고 흐른다.
지난날 강가에서 말 달리던 선구자
지금은 어느 곳에 거친 꿈이 깊었나.

용두레 우물가에 밤새 소리 들릴 때
뜻깊은 용문교에 달빛 고이 비친다.
이역 하늘 바라보며 활을 쏘던 선구자

지금은 어느 곳에 거친 꿈이 깊었나.

용주사 저녁 종이 비암산에 울릴 때
사나이 굳은 마음 길이 새겨 두었네.
조국을 찾겠노라 맹세하던 선구자
지금은 어느 곳에 거친 꿈이 깊었나.

– 윤해영 작사·조두남 작곡 「선구자」

가곡 「선구자」는 한때 한국인들이 가장 좋아하는 가곡으로 뽑힌 노래다. 해방 전 만주 지역에서 활동한 윤해영(尹海榮, 1909~ ?)의 시에 조두남(趙斗南, 1912~1984)이 곡을 붙인 이 노래는 북간도 룽징(龍井)을 배경으로 망명지사들의 삶과 꿈을 장중한 곡조로 형상화하였다.

일송정(一松亭), 해란강(海蘭江)과 비암산(琵岩山), 용주사와 용문교, 용두레 우물……, 이는 모두 만주국 젠다오성 룽징의 자연과 지명들이다. 조국을 떠난 망명지사들의 고단한 삶이 짧은 시 속에 함축되어 있어 마디마다 식민지 시대의 풍경을 떠올리기에 모자람이 없다. 이 노래가 1960년대 이후 온 국민에게 사랑을 받아 온 이유다.

또한 1970~80년대 학생운동과 민주화운동 때 즐겨 불린 것은 이 노랫말에 깃들어 있는 식민지 시대 독립투사의 삶이 전해 주는 비장미 덕분이기도 하였다. 1963년 12월 30일 서울 시민회관에서 열린 송년음악회에서 불린 이래, 기독교 중앙방송(CBS)의 시그널 음악으로 7년간 방송된 것도, 1991년 룽징의 일송정에 시비가 건립된 것도 비슷한 이유였다.

협화회 출신 윤해영, 국민가요로 일제에 부역

이 노래의 노랫말을 지은 윤해영은 해방 후 북한으로 들어가 소식이 끊겼다. 이 노래가 대중의 사랑을 받기 시작하자 작곡가 조두남은 자신의 회고록과 수상집을 통해 이 노래에 극적 서사를 더하였다.

그의 회고에 따르면, 1932년 조두남이 북간도 룽징의 여관에 머물고 있을 때 눈빛이 형형한 동포 청년 하나가 찾아와서 시 한 편을 건네주었다고 한다. 조두남은 직감적으로 그가 독립운동을 하는 이임을 알았고 나중에 이 노래에 자신이 곡을 붙이게 되었다. 그 뒤, 그는 청년의 소식을 끝내 들을 수 없었다는 것이다.

1909년 함경북도 함흥에서 태어난 윤해영이 유랑극단에서 일하던 작곡가 조두남과 교류한 것은 사실이다. 윤해영은 만주국 룽징에서 살다 1940년대 초 헤이룽장성(黑龍江省) 닝안현(寧安縣)으로 옮겨 1946년 6월까지 거주하였다.

1940년 무렵 부인과 함께 닝안소학교에서 교사로 재직하면서 시도 썼다고 전해진다. 교사를 그만둔 뒤 윤해영은 닝안현 협화회(協和會) 홍보과에서 사무원으로 일하였다. 만주 제국 협화회는 1932년 7월, 일본 관동군의 지도와 구상 아래 '민족협화(民族協和)'의 이데올로기를 내걸고 설립된 조직이었다.

명분은 거창했지만, '만주국의 건국정신을 실천할 전 만주의 유일한 사상적, 교화적, 정치적 실천 단체'를 표방한 협화회는 전국적으로 민중을 통제하는 조직이었다. 협화회는 각지에 분회를 조직하여 만주국의 지배 체제 안으로 민중을 끌어들이면서 항일민중운동에 대한 파괴공작, 선전·선무공작, 전시 동원의 역할을 담당하였기 때문이다.

닝안현에 거주하던 시기에 윤해영은 조두남과 교류하면서 노랫말을 썼다. 일제 강점기에 그가 쓴 시와 가사는 20여 수라고 하나, 현재 전하는 것은 「만주 아리랑」(『재만 조선인 통신』 1936년 11월호), 「오랑캐 고개」(『만주시인집』, 1939년 4월), 「해란강」(『만주시인집』, 1939년 5월), 「아리랑 만주」(《만선일보》 1941년 1월 1일자), 「발해 고지(古址)」(『만주시인집』, 1942년), 「사계」(『만주시인집』, 1942년), 「척토기(拓土記)」·「낙토(樂土) 만주」(『반도사화(半島史話)와 낙토 만주』, 1943년), 「룡정의 노래」(1944년) 등 9편이다.

이 가운데 「만주 아리랑」, 「오랑캐 고개」, 「아리랑 만주」, 「낙토 만주」, 「척토기」 등이 친일시로 꼽힌다. 이들 노래는 만주국의 건국정신인 '오족협화(五族協和, 오족은 조선·중국·만주·몽골·일본)'를 바탕으로 조선인이 앞장서서 낙토 만주를 건설하자는 내용이었다.

『재만 조선인 통신』에 발표한 「만주 아리랑」은 만주를 풍요와 희망이 넘치는 신천지로 묘사하고 있는 작품이다. 만주를 '희망의 신천지'로 바라보는 시각은 이어서 발표한 「아리랑 만주」나 「낙토 만주」 등의 노래에서 되풀이된다.

젖줄이 흐르는 기름진 땅에
오족의 새살림 평화롭네.

비었던 곡간에 오곡이 차고
잎담배 주머니에 쇳소리 나네.

보아라 동방에 이 밤에 새면

격양가 부르며 만 사람 살리.

— 「만주 아리랑」, 『재만 조선인 통신』(1936년 11월호)

『재만 조선인 통신』은, 펑톈(奉天) 지역 조선인들의 사상을 통제하고자 펑톈 육군특무기관이 중심이 되어 조직한 친일 단체인 흥아협회(興亞協會)의 기관지였다. 친일 단체의 기관지에 발표한 시는 일제가 세운 괴뢰정부(만주국)의 본거지를 찬양하는 내용이었다.

1938년 4월 룽징에서 창작해 이듬해 『만주시인집』에 발표한 「오랑캐 고개」는 몽골의 건국신화에도 나오는, 과거 조선인들에게 '한숨의 관문'이었고 밀수꾼들에게 '공포의 관문'이었던 오랑캐 고개를 노래한 작품이다.

만주국 건국 이후에 그 오랑캐 고개에 오족협화를 상징하는 만주국 기인 오색기가 나부끼고 젊은 일꾼들의 노랫소리가 울린다. 또 두만강 나루터엔 다리가 놓이고 남쪽으로 넓은 길이 이어져서, "한숨도 공포도 다 흘러간 뒤 / 다만 희망의 기쁜 노래 부르며 부르며" 넘어가는 곳이 되었다는 내용이다.

만주는 '낙토', 조선인은 '개척자'로 선전

「아리랑 만주」는 《만선일보》 신춘문예에 민요 1등으로 당선된 작품으로, 만주 땅에 새로운 '낙토'를 개척하여 풍년을 이루리라는 희망을 노래하였다. 이 노래의 전제는 만주 땅이 새로운 유토피아, 낙토이고, 조선인들은 '개척자'라는 것이었다.

> 흥안령(興安嶺) 마루에 서운(瑞雲)이 핀다.
> 사천만 오족의 새로운 낙토
> 얼럴럴 상사야 우리는 척사(拓士).
> 아리랑 만주가 이 땅이라네.
>
> 송화강 천리에 얼음이 풀려
> 기름진 대지에 새봄이 온다.
> 얼럴럴 상사야 밭들야 갈자.
> 아리랑 만주가 이 땅이라네.
>
> 기곡제(祈穀祭) 북소리 가을도 깊어
> 기러기 환고향(還故鄕) 님 소식 가네.
> 얼럴럴 상사야 풍년이로다.
> 아리랑 만주가 이 땅이라네.
>
> – 「아리랑 만주」, 《만선일보》(1941년 1월 1일자)

만주국 건국 10주년을 기념하여 특별 출간한 『반도사화와 낙토 만주』에 실린 「낙토 만주」에서는 조선인을 만주국의 터를 닦는 '개척자'이자 '선구자'로 묘사하고 있다. 제국주의에 포섭되어 식민지 개척의 첨병 역할을 해야 했던 재만 조선인을 미화한 것이다.

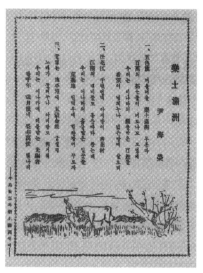

「낙토 만주」, 『반도사화와 낙토 만주』(1943)

오색기 너울너울 낙토 만주 부른다.

백만의 척사(拓士)들이 너도나도 모였네.

우리는 이 나라의 복을 받은 백성들

희망이 넘치누나 넓은 땅에 살으리.

(……)

끝없는 지평선에 오곡금파 금실렁

노래가 들리누나 아리랑도 흥겨워.

우리는 이 나라에 터를 닦는 선구자.

한 천년 세월 후에 천야만야 빛나리.

— 「낙토 만주」, 『반도사화와 낙토 만주』(1943년)

저들의 만주 개척을 찬양하고 있는 「낙토 만주」는 만주국 당국자에게 더할 수 없이 좋은 작품이었다. 만주국은 이 작품을 노래로 만들어 각지의 흥농합작사(興農合作社)를 통하여 가창대(歌唱隊)가 마을을 순회하면서 보급하게 하였다.

같은 책에 실린 「척토기」도 만주 개척을 다루고 있는 작품이다. 이 연시조 형식의 작품은 이상향 실현을 꿈꾸는 내용인데, 여기서도 조선인은 만주 개척의 주역으로 그려지고 있다.

> 사나이는 성을 쌓고 부녀들은 흙을 날라
> 창세기 신화처럼 새 부락은 이뤄졌다.
> 아들딸 대대손손이 이 땅 위에 사오리.
>
> — 「척토기」, 『반도사화와 낙토 만주』(1943년)

작곡자가 부끄러워 바꾼 「선구자」의 가사

1944년 1월 닝안현 닝안극장에서 열린 '윤해영 작사·조두남 작곡 신작 가요 발표회'에서 「목단강의 노래」, 「아리랑 만주」, 「룽정의 노래」가 연주되었다. 이 「룽정의 노래」가 뒷날 한국에서 제목과 가사가 고쳐져 「선구자」로 불린 노래다.

「선구자」 2절에서 '(이역 하늘 바라보며) 활을 쏘던 선구자'는 원래 '눈물 젖은 보따리'였고, 3절 '(조국을 찾겠노라) 맹세하던 선구자'도 원곡에선 '흘러온 신세'였다. 이국에서의 고달픈 삶을 다룬 「룽정의

노래」를 비장하게 '독립의 꿈'을 노래한 「선구자」로 바꾼 사람은 바로
『친일인명사전』에 오른 작곡가 조두남이었다.

1943년부터 징병제를 찬양하고 '낙토 만주'와 '오족협화'로 대동아
공영권을 건설하자는 내용의 군가풍 국민가요를 만들어 보급한 조두
남이 「선구자」의 작사, 작곡 경위를 왜곡한 것이었다. 이는 윤해영, 조
두남과 함께 활동한 재만(在滿) 음악인 김종화의 증언으로 진실이 밝
혀졌다.

「룡정의 노래」는 1944년 1월 윤해영이 작사한 가사에 조두남이 곡
을 붙여 발표한 것으로, 「선구자」와 가사 내용은 물론 창작 시기와 동
기도 조두남의 주장과 달랐다. 조두남은 이 노래가 만들어진 경위를
조작함으로써 자신들의 친일 행적을 교묘하게 감추려 하였는지도 모
른다.

1945년 닝안에서 해방을 맞은 윤해영은 만주국 시절과 마찬가지로
변화된 시대 상황에 즉각 적응하였다. 그는 닝안의 인민민주대동맹
선전문화부에서 발행하는 잡지 『효종(曉鐘)』을 주관하는 한편, 신안촌
의 조선인 문화공작단을 지도·감독하였다. 해방 이전에 일제의 오족
협화에 복무하던 윤해영은 어느덧 사회주의에 복무하는 인민 예술가
의 길을 걷고 있었다.

작품 활동도 활발하게 전개하여 목단강 민주동맹의 기관지인《인민
신보(人民新報)》와 잡지 『건설』, 『효종』 등에 「동북인민행진곡」(김종화
작곡), 「동북인민자위군 송가」(김종화 작곡), 「조선인 부대의 노래」(작곡
자 미상), 「해 저문 마을」(김종화 작곡)을 작사하여 발표하였으며, 시조
「해림음(海林吟)」과 산문 「아주까리 등불」, 「동북자치 순사자의 영령

을 추도함」 등 30여 편을 썼다.

「동북인민행진곡」은 1945년 11월 고려악극단의 첫 창작극 공연에서, 「동북인민자위군 송가」와 「조선인 부대의 노래」는 같은 해 12월 고려극단의 두 번째 공연에서 신곡으로 발표되었다. 윤해영은 중국 내 친일파 처단이 격렬해지자, 1946년 7월 닝안을 떠나 북한으로 이주하였다.

북한에서 토지 개혁 정책을 찬양하는 노래인 「분여(分與)받은 땅」을 비롯하여 북한을 찬양하는 몇몇 노래의 가사를 썼다는 소식을 끝으로 그는 종적이 끊기었다. 북한에서는 변신을 거듭하는 것이 불가능하였던가, 그는 1956년 또는 1957년 무렵 사망한 것으로 알려져 있다.

윤해영은 국내 문단에 널리 알려진 시인은 아니다. 그러나 그는 일제가 정책적으로 점령하여 지배하던 만주에서 그들의 '오족협화' 이데올로기를 선전하는 데 적극적으로 협력함으로써 『친일인명사전』에 이름을 올렸다.

「룽정의 노래」를 「선구자」로 바꾼 이는 조두남이었다. 그러나 기실 윤해영에게 '선구자'란 일제의 의도대로 '낙토 만주'를 건설하는 '개척자', 즉 일제의 침략 정책에 적극적으로 협력하는 친일부역자를 이르는 것이었다. 만주에서 장군 명군하며 일제에 협력하여 나란히 『친일인명사전』에 이름을 올린 두 사람도 자신들의 친일부역 사실을 최소한 부끄럽게 여기고 있었던 것은 분명하다.

룽징 비암산에 세워진 일송정 기념비.
그러나 가곡 「선구자」에 얽힌 진실은 좀 복잡하다.
© 독립기념관

장덕조(1914~2003)

50대 이하 세대라면 소설가 장덕조(張
德祚, 1914~2003)는 낯선 이름일 수도 있겠다. 그는 흥미 위주의 스토
리 전개와 활달한 문체로 단편 120여 편, 장편 90여 편을 발표해 한국
문단사에서 다작으로 유명한 작가다.

여성 작가 중 역사소설을 가장 많이 쓴 이로 꼽히는 그는 1960년대
에 동양방송(TBC)의 텔레비전 드라마 대본 「대원군」과 「여인열전」을
썼고, 이는 방송 후 책으로도 나왔다.

서른 전 젊은 시절의 '자발적 친일'

장덕조는 경상북도 경산시 자인면 북사리에서 지주의 외동딸로 태어났다. 부친은 외동딸에 대한 기대가 컸던 듯 한학을 가르치고 뒷날 서울로 유학까지 보냈다. 본관은 인동(仁同)이고, 춘금여사(春琴女史)·일파(一波)·노노자(怒怒子) 등의 필명을 썼다.

장덕조는 1927년 대구여자고등보통학교에 입학하여 일본인 배척 동맹휴학 사건에 참여하였고, 1929년 광주학생운동에 동참하자는 격문을 써서 퇴학을 당하는 바람에 1929년 3월 서울 배화여자고등보통학교로 편입하였다. 1931년 배화여고보를 졸업하고 이화여자전문학교 영문학과에 입학하였다가 중퇴하면서 기자로 개벽사에 입사하였다.

등단은 1932년 월간 종합잡지 『제일선』에 단편 「저회((低徊)」를 발표하면서다. 이후 단편 「어미와 딸」(『삼천리』 1934년 8월호), 「자장가」(『삼천리』 1936년 4월호), 「창백한 안개」(『조광』 1937년 4월호), 「한야월(寒夜月)」(『조선일보』 1938년 8월 12일~9월 1일자), 「근친(近親) 전후」(『여성』 1939년 12월호), 「인간 낙서(落書)」(『조광』 1940년 11월호) 등을 발표하였다.

장편 소설 「은하수」(1937년 7월 17일~12월 29일자)와 「여인도」(1939년 5월 21일~7월 6일자)는 《매일신보》에 연재하였다. 그는 소설 외에 희곡과 방송극도 발표하였다. 희곡은 「형제」(『조선문학』 1933년 11월호)와 「노처녀」(『조광』 1944년 2월호) 등을 썼다.

『여성』(1940년 1월호)에 실린 글 「조선 말 제2방송에 활약하는 여성

군상 - 경성편」에 "라디오 소설 작가로 장덕조, 이선희, 최정희, 모윤
숙 여사가 있다"라는 언급이 있는 것으로 보아 방송작가로도 활동한
듯하다.

장덕조는 대다수 남성 작가들과 달리, 조선임전보국단과 조선문인
보국회 같은 친일 단체나 문학 단체에 가입해서 활동한 기록은 확인
되지 않는다. 그러나 그는 1943년에서 1945년까지 집중적으로 친일
성향의 작품을 발표하였다.

1914년생이니 1943년에 장덕조는 고작 스물아홉이었다. 1915년생
인 서정주가 「마쓰이 오장 송가」(1944)를 발표하였을 때와 같은 나이
다. 등단한 지 10년을 갓 넘긴 점도 두 사람의 공통점이었다. 그것은
이들이 일제에 협력하라는 압력을 받을 만한 위치에 있지 않았다는
뜻으로, 이들의 친일이 자발적인 행위였다는 방증이다. 무엇이 이들
을 자발적 친일부역의 길로 이끌었을까.

'군국의 어머니' 찬양, '맹목적 모성' 교화

말기에 일제는 여성 문인들에게 애국반 활동이나 '군국의 어머니
역할' 등 총후의 여성에게 부과된 역할을 적극적으로 선전해 주기를
바랐다. 장덕조가 발표한 방송소설과 희곡들은 그런 일제의 요구에
부합하는 '후방문학'으로 분류될 수 있는 것이었다.

장덕조는 일본인 니시다(西田) 목사에게서 진주만 전투(1941년 12월
8일)에서 사망한 9명의 특공대 이야기를 듣고서 수필 「출발하는 날」

을 썼다. 이들은 미 함선 애리조나호를 침몰시킨 잠항정에 탑승하였다가 숨져 대본영(大本營)*에 의해 '9군신(九軍神)'이라는 전쟁영웅으로 미화된 병사들이었다.

「출발하는 날」(《매일신보》1943년 3월 7~10일자)에서 장덕조는 "사람들의 마음속에서 새로운 시대에 대한 결의와 결심"이 싹텄고, "작은 것에서부터 큰 것에―그러나 부분 부분을 뜯어고쳐도 완전해지지 않

연재수필 「출발하는 날」,
《매일신보》(1943년 3월 7~10일자)

을 때는 원형을 파괴해서라도 새로운 건설을 단행"해야 한다고 고백하였다.

이 수필은 전체적으로 소설에 가까운 구성을 보여 주는데, 화자인 '나'가 출정하는 니시다를 배웅하기 위해 나간 기차역에서 기차에 치일 뻔한 아이를 구하고 나서 "묵묵히 봉공(奉公)하는 자가 되겠다"고 다짐하는 것으로 끝난다. 그 '봉공'의 대상이 일제임은 말할 나위도 없다.

장덕조는 또 조선인보다 인격적, 문화적으로 훌륭한 '내지인'을 소

●   태평양전쟁 중 일본 제국 육군·해군의 최고 통수기관.

개하면서 이들의 용기와 애국심, 멸사봉공의 정신까지 배워 가는 일이 필요하다면서 '내선융화(內鮮融和)'를 선동하였다. 『반도의 빛』 1943년 5월호에서 '하루바삐 본받을 내지(內地)의 습속(習俗)'이라는 제목으로 실시한 설문조사에 대한 답변이 바로 그것이다.

장덕조는 자신의 동네가 "부인회, 기타를 통해서 내지 부인과 반도 부인들 사이에 심히 친밀한 교섭을" 하는 곳이라며, 내지 부인들의 초청으로 무용제에 가보니 "그 청결과 정서적인 분위기를 배울 만한 습속"이었다고 탄복해 마지않았다.

한편으로 일제의 전쟁 동원에 부응하는 전형적인 여성상은 이른바 '군국의 어머니'로 불러 미화된다. 일제가 식민지 여성에게 요구한 역할은 애국반 활동 등을 통해 총후봉공(銃後奉公)에 힘쓰는 것이었다. 이런 여성상은 『방송소설 명작선』(조선출판사, 1943)에 실린 장덕조의 소설 「우후청천(雨後晴天)」과 「연화촌(蓮花村)」에 잘 드러난다.

「우후청천」에서는 애국반의 유일한 '내지인(일본인) 세대'인 '미나미(南) 부인'이 군국의 어머니로 찬양된다. 그는 첫째 아들을 나라에 바치고 둘째 아들마저도 소년 항공병으로 보내는 어머니다. 미나미 부인의 용기가 작중 인물인 김씨에게 자신의 '맹목적 사랑'을 반성하게 한다. '맹목적 사랑'이란 자식을 가까이에서 돌봐 주고 싶어하는 것으로 작가는 이를 '군국의 어머니'가 될 수 없는 결격 사유로 규정하는 것이다.

때는 일본의 강제 동원령이 본격화하던 시기, 그러나 아들을 지원병으로 보내고 싶어하는 조선 부인들이 어디 있겠는가. 부역 언론들은 이러한 태도를 '맹목적 모성'으로 비판하고 교화하려 하고 있었다.

장덕조의 소설은 이 같은 상황에서 조선인들의 맹목적 모성을 에둘러 비판하면서 '내지 부인'을 '군국의 어머니'의 전범으로 제시한 것이다.

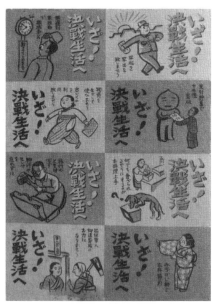

애국반 활동을 소개하는 화보

「연화촌」 역시 모범이 될 만한 '총후 부인'을 형상화한 작품으로, 남편이 사고로 다친 후 살기가 어려워지자 자살하려다 목숨을 건진 여인이 주인공이다. 그녀는 목숨을 건진 후 "새로 난 사람으로서의 새 생애"를 남을 위해 봉사하는 데 바쳤고, 애국반원 만장일치로 멸사봉공, 동리와 국가를 위하여 공헌한 사람으로 뽑혀 국민총력경기도연맹으로부터 상을 받게 된다. 이는 어려움을 겪던 여성이 국책을 충실히 따른 결과 새 삶을 살게 된다는 대중선전용 소설이었다.

'선동의 논리'를 교묘한 서사로 포장한 친일소설들

결심하는 데 갈등할 뿐이지, 마음만 먹으면 작가가 '선전과 선동'을 목적으로 소설을 '만들어 내는' 것은 어려운 일이 아니다. 거기엔 어떤 소설 미학적 고민도, 삶에 대한 성찰도 필요하지 않다. 다만 속이 훤히 들여다보이는 선동의 논리를 교묘한 서사로 포장하기만 하면 되기 때문이다.

친일부역에 참여한 문인들의 선전·선동문학에는 이러한 의도가 천편일률적으로 드러날 수밖에 없다. 인간의 의지는 일본이 요구하는 전시 총동원 체제에 적극 협력·수용하는 방식으로 수렴되고, 식민지 조선인이 감내해야 하는 징병과 징용 등 모든 착취와 희생도 '대동아공영'이라는 명분으로 미화되었다.

일제는 친일부역 문인과 지식인을 통해 '총후'의 민간인들도 침략 전쟁에 협력, 봉사할 것을 끊임없이 선전·선동하였다. 이른바 '총후봉공'이라는 구호가 만들어진 배경이다.

장덕조는 노천명, 최정희, 모윤숙 등의 여성 문인과 마찬가지로 총후봉공의 자세를 선전·선동하는 데 적극적으로 협조하였다. 그는 『반도의 빛』 1943년 10월호에 발표한 농촌에 보내는 서간문 「형(兄)이 거두신 것」을 통해서 이를 형상화하였다.

이 편지의 수신인 '형'은 "몇 날만 피아노 연습을 게을리하여도 손가락이 굳어질까 염려하던" 도시 여성이다. 그런데 그가 농촌으로 내려가 "농업전사로서의 증산보국에 피나는 노력"을 기울이는, 거룩할 정도의 '묵묵한 봉사자'로 변한 것이다. 장덕조는 이 편지 형식의 글을 통해 국책에 발맞추어 변신한 도시인의 총후봉공을 넌지시 드러내고자 하였다.

같은 편지 형식의 「결전하(決戰下)의 서울 소식」(『반도의 빛』 1944년 1월호)도 앞 편지의 수신인인 '김형'에게 보내는 글이다. 장덕조는 이 편지에서 신체제에 맞게 근검절약하고 생활 개선, 부인 근로봉사, 공출 등에 적극적으로 협력하는 등 여성으로서 갖추어야 할 총후봉공의 자세를 다음과 같이 강조하였다.

> 우리 부인회에서도 일제히 폭치마와 옷고름을 없이하고 통치마에 단추를 달기로 했습니다. 부인 근로의 봉사와 공동작업에 대한 새로운 인식은 우량한 1평(坪) 농원의 수확과 적지 않은 피마자를 거두어 공출할 수 있었고, 물자 회수 운동에서는 시국에 필요한 금속류의 공출에 적극적 열의를 보이고 있습니다.
>
> — 「결전하(決戰下)의 서울 소식」, 『반도의 빛』(1944년 1월호)

장덕조는 또 「결전하의 아동 지도」(『반도의 빛』 1944년 3월호)에서 '군국의 어머니'들이 '국책'에 부응하여 어떻게 아동들을 길러 낼 것인가에 대해 말하는가 하면, 일제의 징병에 호응하는 '내지인' 노부인의 예를 들어 이를 찬양하기도 하였다.

또한 '등장시켜 보고 싶은 소설의 주인공'이라는 시리즈의 여러 글 중 하나인 「병사의 어머니」(『반도의 빛』 1943년 8월호)는, 아들 셋을 나라에 바치고도 원망하고 불평하기보다 오히려 자랑스러워하는 어느 '내지인' 노부인의 이야기다. 이 글에서 그는 "놀라운 대전과(大戰果)의 그늘에는 이같이 평범한 많은 힘의 결합이 있는 것이 아닐까" 하며 감탄한다.

'가정소설'이라는 부제가 달린 「재생(再生)」(『방송지우』 1944년 2월호)은 일본어 소설 「행로(行路)」(『국민총력』 1943년 12월호)와 더불어 '총후

「행로(行路)」, 「국민총력」(1943년 12월호)

봉공'과 병력 동원의 문제를 통속적으로 다룬 작품이다. 「재생」은 자신의 성공을 위해 자식을 버렸던 여주인공이 허위의 삶을 반성하고 새로운 삶에 눈뜬다는 이야기고, 「행로」는 문인으로 성공한 뒤 방종하게 살아가다 끝내 비구니가 된 여주인공 '애라'의 삶을 통해 서구적 개인주의를 공격적으로 비판한 소설이다.

「행로」(1944년 5월 조선도서출판 발행 『반도작가단편집』에 재수록)는 평범한 주부로 살아가는 '나'가 '애라'를 우연히 경부선 기차 안에서 만나는 것으로 시작된다. 자기 활동에 방해가 된다고 아이조차 아비에게 맡겼던 애라는 열네 살 아들로부터 소년 항공병으로 출정한다는 편지를 받고 아들을 만나러 경부선을 탄 것이다.

> 짧은 생애에 아름다운 모성의 이름을 남길 것인지, 그것을 영원히
> 잃을 것인지는 각자의 품성과 각오에도 의하겠지만, 대부분은 일시적
> 으로 틀린 생각과 잠시 잘못 밟은 사상이 돌이킬 수 없는 결과를 초래
> 한다.
>
> — 「행로(行路)」, 『국민총력』(1943년 12월호)

소설 속 이 진술을 통해 작가는 전시 체제하에서 애라와 같은 신여성의 개인주의를 비판한다. 일체의 서양적인 것들이 배척되던 당대 상황에서 애라의 '개인주의와 자유주의'가 설 자리는 없었다. 마침내 아들을 낳아 잘 길러 지원병으로 보내는 '군국의 어머니' 역할을 깨달은 '총후 부인'으로 거듭나는 애라의 진술은 일제의 논리와 정확히 겹친다.

> 인간이란 마음속 문제만 해결하면 몸은 어떤 경우에도 자신의 신념
> 대로 나아가는 것이 가능하다고 생각해. 요즘 많이들 말하는 총후봉공
> 도 제일선(第一線)의 동(動)에 지지 않는다는 말, 이런 의미가 아닐까.
>
> — 「행로(行路)」, 『국민총력』(1943년 12월호)

소설과 서간문에 이어 장덕조는 희곡으로도 신체제와 지원병 문제를 선전·선동하였다. 희곡 「노처녀」(『조광』 1944년 2월호)는 소극(笑劇)의 형식으로, 지원병을 다녀온 청년에게 시집가고 싶은 노처녀 이야기를 다룬다.

'죽 한 사발, 김치 한 보시기, 냉수 한 그릇'으로 검소한 '신체제 밥

상'을 차려 내올 줄 아는 '신체제' 며느리 점순은 청년의 부친에게 며느릿감으로 인정받아 혼인 승낙을 받아 낸다. 소설은 지원병 출신의 남편감을 '이파나 헤이따이상(立派な兵隊さん: 훌륭한 병정님)'으로 묘사하는 등, 근검절약과 정신 무장, 지원병에 대한 선동 등 신체제 담론을 오롯이 담아내고 있다.

「총후의 꽃」은 1945년 1월, 『방송지우』에 '징병소설'이라는 부제로 발표한 작품이다. 여주인공은 징병검사를 마친 남동생이 입대하게 되자 쓸쓸해하는 홀어머니를 위로하고 설득한다. 여주인공은 어머니에게 '우리 둘은 총후의 꽃'이라고 말하는 것이다.

태평양전쟁 말기에 일본군으로 징병되어 전선으로 간다는 것은 살아 돌아오지 못할 수 있다는 의미였다. 그런데도 친일부역 문인들은 전시 동원 체제에 부응하여 학병제와 징병제를 찬양하고, 동포 젊은 이들에게 일왕의 총알받이로 지원할 것을 부추기며, 후방의 여성들에게는 총후봉공에 힘쓰라고 선동하였다.

그러나 정작 이들 가운데 자기 자식을 일본 군대에 보낸 이는 보이지 않는다. 다행히 모두가 징집 연령에 미치지 못했거나 훨씬 넘겼던 것일까.

친일 과거는 잊히고 역사소설가로 제2 전성기

해방 후에 장덕조는 몇몇 문인단체의 회원이었으나 공식적 활동 기록은 없다. 몇 편의 소설을 썼고, 1950년 한국전쟁 때 대구로 피난 가서 《영남일보》 문화부장 겸 종군작가로 활동하였다. 그는 최초로 종군한 여성 작가였다. 그 외에도 최정희, 손소희, 전숙희 등이 종군한 작가였다.

장덕조는 『전선문학』과 같은 잡지에 반공소설과 반공수필을 발표하고 강연회에서 소설을 낭독하며 문인극을 공연하는 등, 전시 기간에 적극적으로 활동하였다. 적이 '영미귀축'에서 공산 침략자로 간단히 바뀌었고, '황군의 총후봉공' 대신 그는 직접 군복을 입고 국군을 따랐다.

장덕조는 뒤에 《대구매일신문》(1951~1952) 문화부장과 논설위원, 《평화신문》 문화부장을 지냈다. 여기자로는 유일하게 휴전협정을 취재하였으며, 그 공로로 뒷날 문화훈장 보관장을 받았다. 1976년에는 통일주체국민회의 대의원을 지내기도 하였다.

장덕조는 민족문제연구소의 『친일인명사전』 문학 부문에 수록되었으며, 친일반민족행위진상규명위원회가 발표한 친일 반민족 행위 705인 명단에도 올랐다.

전후에 장덕조는 대중적 취향의 신문연재소설, 대하역사소설 집필에 주력하였다. 해방 후부터 1970년대까지 유수의 중앙 일간지와 지방지에서 그의 연재소설을 받기 위해 치열하게 경쟁을 벌일 만큼 그는 전성기를 누렸다.

《동아일보》에 연재한 「광풍」(1953~1954), 「낙화암」(1956~1957), 《한국일보》에 연재한 「벽오동 심은 뜻은」(1963~1964), 「이조의 여인들」(1968~1972) 등의 역사소설과 함께, 「다정도 병이런가」(『신태양』 1954년 2~9월호), 「원색지대」(《서울신문》), 「지하여자대학」(《중앙일보》) 등의 대중소설도 연재하였다.

텔레비전 드라마 시나리오 「대원군」과 「여인열전」은 방송 후 책으로 출간되었고, 그의 작품 중 『다정도 병이런가』(1957), 『광풍』(1962), 『벽오동 심은 뜻은』(1964), 『지하여자대학』(1970) 등이 영화로도 만들어졌다.

1989년 대하소설 『고려왕조 500년』 14권을 펴냈을 때, 그는 75세였다. 곧 기왕에 펴낸 『조선왕조 500년』 10권에 더하여 『해동 삼국지』 20권 집필에 들어갔지만, 2003년 2월 사망하면서 『한민족 5천년사』 50권을 채우려던 계획은 이루지 못하였다.

장덕조는 살아생전에는 물론이고, 사후에도 적지 않은 기림을 받았다. 그는 한 인터넷 언론의 기획기사 '경북 여성 로드를 만들다' 제3편(「우리나라 최초의 종군기자로 명성」)의 주인공이 되기도 하였다. 독립운동가 남자현(1872~1933, 1962년 대통령장), 이희경(1894~1947, 2002년 건국포장) 선생에 이어진 기사였다.

그러나 어디에도 그가 쓴 친일작품에 관한 내용은 없다. 이 기사는 장덕조의 삶에 대하여 "평생을 쉼 없이 살았던 장덕조는 언제나 자기 완성을 향해 구도자처럼 꾸준히 걸어갔다"라고 기리고 있다.

또 장덕조는 《영남일보》 주말 매거진 '위클리 포 유'에서 2017년 세계 여성의 날을 맞아 표지 이야기로 다룬 「대구·경북 여성사를 빛낸 인물들」 16명에 남자현, 이희경, 정경주(1866~1945) 등의 독립운동가와 함께 포함되었다.

한국문화예술진흥원에서 펴내는 월간지 『문화예술』 2002년 7월호는 '예술인 탐구' 기사로 「작품으로 행동하고 참여하는 작가 장덕조」

라는 글을 실었다. 그의 일생을 구체적으로 소개하고 있는 이 글에도 일제 말기 그의 행적은 비어 있다. 다만 글 뒤에 실린 그의 육성이 흥미롭다. "인생 오십을 살거나 육십을 살거나 영겁으로 흘러가는 시간 앞에서는 다 같이 일순이요, 일 찰나에 불과하지 않겠는가."

유치진(1905~1974)

유치진,
연극사 거목의 지난날은 비루했다

국문학을 전공하였지만 정작 대학 시
절에 희곡 공부는 전혀 하지 못하였다. 유치진(柳致眞, 1905~1974)을
처음으로 공부하게 된 것은 고등학교 교사로 임용되어 국정 국어 교
과서를 가르치면서다. 1980년대 제4차 교육과정 『고교 국어 1』의 두
번째 소단원에 그의 희곡 「조국」(1막 2장)이 실려 있었기 때문이다.

「조국」은 3·1운동을 배경으로 시위에 참여하려는 아들과 이를 말
리는 홀어머니의 갈등을 통해 독립투쟁의 당위를 다룬 작품이다. 주
인공이 3·1만세시위에 참여하려다가 홀어머니의 완강한 반대에 부딪
혀 뜻을 접자 동료로부터 '반역자'라며 매도된다. 그러나 시위가 고조

되어 만세의 물결이 다가오고, 그도 어머니의 허락을 받아 시위에 참
여하게 된다는 내용이다.

그런데 그 갈등과 해소의 방식이 가르치는 교사나 배우는 아이들이
좀 멋쩍어할 정도로 직설적이었다. 연극이 본질에서 다소 신파적인
요소가 있을 수 있다지만, 감정에 따라 급격히 변화하는 인물의 성격
이 쉬 이해되지 않았던 것이다.

해방 뒤 은둔생활을 하던 유치진은 1947년 이 작품을 발표하면서
재기하였다. 그러나 교사용 지도서는 물론이고 어떤 참고서도 그런
속사정을 알려 주지 않았다. 그게 우리의 문학 교육 방식이었다. 아이
들은 문학 시간에 유치진이 농촌과 식민지 현실을 탁월하게 묘파한
정통 사실주의(리얼리즘) 극작가라고만 배울 뿐이다.

극예술연구회 창립한 '정통 사실주의 극작가'로 남다

우리나라 근대극운동의 선구자이며 사실주의 희곡의 기초를 닦은
동랑(東朗) 유치진의 이름이 낯설게 느껴지는 것은, 우리 교육이나 삶
에서 연극이 그만큼 가깝지 못하다는 방증이 될지 모른다. 학교 교육
에서 유치진을 배우는데도 그를 기억하는 건 쉽지 않다. 교과서가 아
닌 문화생활에서 연극과 극작가 유치진을 만나는 게 쉽지 않았던 까
닭이다.

'낯선' 유치진을 설명하는 데는 청마(靑馬) 유치환(1908~1967)의 형
이라고 소개하는 게 빠르다. 그도 저도 안 되면 잘 나가는 코미디언,

가수, 작가를 배출한 서울예술대학의 설립자라고 하면 알아듣기가 한결 쉬울지도 모른다.

유치진은 1905년 경남 통영에서 태어났다. 보통학교를 나와 체신원으로 근무하다 일본으로 유학 가서, 1931년 도쿄 릿쿄(立敎)대학 영문과를 졸업하였다. 그가 연극계에 몸담게 된 것은 1931년 극예술연구회 창립 동인으로 참가하면서다.

극예술연구회(약칭 극연)는 유치진이 서항석(1900~1985), 함대훈(1907~1949), 김진섭(1908~?) 등 외국 문학을 전공한 도쿄 유학생들(이들 일부를 '해외문학파'라 부르기도 한다)과 함께 결성한 신극운동 단체다. 처음에는 계몽에 힘쓰다가, 뒤에는 실험 무대를 통해 번역극 공연 등으로 신파극을 극복하고 신극 정착에 이바지하였다.

유치진은 극연 동인으로 고골리의 〈검찰관〉에 출연한 것을 시작으로, 희곡 창작과 연기·연출·평론 등 여러 분야에서 활약하였다. 창작 희곡으로 제2회 공연작 〈토막(土幕)〉(『문예월간』 1931년 12월호~1932년 1월호), 제5회 공연작 〈버드나무 선 동리의 풍경〉(《조선중앙일보》 1933년 11월호)이 있는데, 이들은 모두 농촌의 비참한 현실을 사실적으로 그린 작품으로 호평을 받았다.

이 밖에 〈빈민가〉(1935), 〈소〉(1935) 등 1930년대 초중반에 발표한 작품들은 식민지의 농촌 현실을 날카롭게 묘사하여 카프와 같은 경향파적 특성을 보였는데, 이 때문에 카프 문인들로부터 '동반자 작가'로 불리기도 하였다.

〈빈민가〉는 1934년 극작과 연출 공부를 위해 일본으로 건너가 조선인들로 이루어진 삼일극장에 제공하여 공연한 작품이며, 〈소〉는 주영섭(1912~?)과 이해랑(1916~1989) 등이 주도한 '동경 학생예술좌'의 창립을 후원하여 초연하게 한 작품이다.

극예술연구회 제8회 공연 예정작이던 〈소〉는 여러 차례 검열을 거친 끝에 〈풍년기〉로 제목을 바꿔 1937년 2월에 공연되었다. 이 시기에 일제의 작품 검열은 가혹하였다. 이미 제6회 공연(1935) 때 존 골즈워디(John Galsworthy) 작 〈은연상(銀煙箱)〉이 검열에 저촉되어 공연이 좌절된 데 이어 〈소〉도 검열을 통과하지 못한 것이다.

〈소〉 대신 선정된 심재순 작 〈줄행랑에 사는 사람들〉, 한태천 작 〈토성낭〉, 오케이시(Sean O'Casey) 작 〈주노와 공작(孔雀)〉 등도 모두 검열을 통과하지 못했다. 검열뿐 아니라 연극인에 대한 일경의 소환도 잦았고 더불어 심문, 투옥도 심심찮아 극단은 일종의 사상단체로 지목받고 있었다.

1935년을 전후하면서 극연의 위상과 창작 경향도 크게 바뀌었다.

한국 최초의 연극 전용극장으로 1940년대 대중극의 중심지였던 동양극장. ⓒ 위키백과

극연에서 활동하던 연출가 홍해성이 동양극장 전속으로 옮겨가면서 유치진이 극연을 주도적으로 이끌게 되었고, 〈소〉 사건 이후 작품 경향도 현실을 사실적으로 다루는 리얼리즘에서 현실을 우회하는 낭만주의와 역사주의로 전환하게 된 것이다.

제12회 극연 공연작으로 유치진이 각색·연출한 〈춘향전〉(《조선일보》1936년 2~4월)이 대성공을 거두어 이후 이 작품은 극연의 대표적인 레퍼토리가 되었다. 이 무렵 극연은 생활 보장을 명분으로 내세운 실천부원 11명이 탈퇴하면서 내분을 겪는데, 이 일로 극단은 더욱 대중적인 작품을 무대에 올리게 되었으며 그의 지도력도 상당한 타격을 입었다.

유치진이 1937년《동아일보》에 연재한 「마의태자」는 1941년 '마의태자와 낙랑공주'로 제목이 바뀌어 극단 고협(高協, 1939년 3월 고려영화협회가 설립한 신극 단체)에서 공연되었다.

1938년 3월 극예술연구회는 일제의 명령에 따라 극단 이름을 '극연좌(劇研座)'로 바꾸어야 했다. 이른바 '해외문학파' 동인들이 탈퇴하고 유치진과 서항석 중심으로 운영진이 꾸려졌다. 같은 해 12월 극단 운영에 불만을 품은 이서향(1914~1969) 등 몇 명의 젊은 연극인이 지도부에 반기를 들었다.

이들의 탈퇴와 제명 이후 유치진과 서항석만 남은 극연좌는 와해 직전 상태에 놓였다. 이후 1939년 제23회에 앤더슨 작 〈목격자〉(제19회 공연작)를, 제24회와 제25회에는 〈춘향전〉을 재공연하며 명맥을 잇던 극연좌는 결국 해산할 수밖에 없었다.

1941년, 조선연극협회 이사가 되어 친일로

극연좌 해산 뒤 유치진은 2년여 세월 동안 새로운 길을 모색하면서 극단 고협에 협력하였다. 고협에서 그는 1940년 3월과 4월에 성공작 〈춘향전〉과 《동아일보》에 발표한 〈마의태자와 낙랑공주〉를 나웅 연출로 각각 무대에 올렸다.

한편, 유치진은 1931년 《동아일보》에 평론 「연극·영화전을 개최하면서」(6월 19~21일자)를 발표한 이래 1939년 말까지 70여 편에 달하는 연극 비평과 희곡 비평 시론(時論), 1년간의 연극계 결산, 희곡 창작법과 영화에 대한 제언 등을 발표하였다.

일제는 1937년 중일전쟁 발발 직후 국가총동원 법안을 만들어 '국민정신총동원'의 표어를 내걸고서 이른바 '신체제운동'을 전개하였다. 연극의 경우 '국민연극'이라는 국책극(國策劇)을 강요하고, 그 추진 주체로 1940년 12월 22일에 조선연극협회를 만들었다. 국책 연극을 시행하려면 우선 연극인들을 하나로 묶는 조직을 만들어야 했기 때문이다.

유치진이 친일의 길로 나선 것은 어용 조직인 조선연극협회의 이사에 취임하면서부터다. 유치진은 평론 「국민연극 수립에 대한 제안」(《매일신보》 1941년 1월 3일자)에서 조선연극협회 조직의 당위성을 뒷받침하였다.

이어서 그는 1941년 3월 조선연극협회의 외곽 지원 단체인 극작가동호회의 대표로 취임하였다. 당대의 대표적인 극작가 12명이 소속된 극작가동호회는 연극의 신체제에 부응하는 신체제 작품을 원활하게 공급하기로 서약하였다. 그 대가로 조선연극협회 소속 극단이 이들의 작품만을 공연해야 하는 특전을 누렸으니, 이 단체는 명실공히 일제의 비호를 받는 어용 조직일 수밖에 없었다.

유치진의 친일 활동은 자신이 창단한 어용 극단 '현대극장'을 통해 활발하게 이루어졌다. 현대극장은 1941년 3월 부민관 소강당에서 총독부와 국민총력조선연맹(총력연맹), 매일신보사 등 유력 기관의 문화·예술 관계자들과 연극인들이 대거 참석한 가운데 창단되었다. 국민총력조선연맹은 1940년 조선총독부 차원에서 조직한 친일 단체이다.

현대극장에서 창립 공연으로 선을 보인 작품은 '선만일여(鮮滿一如)'를 주제로 창작한 〈흑룡강(黑龍江)〉이었다. 선만일여는 '조선과 만주는 하나'라는 뜻으로, 1936년 일제가 민족 말살과 황국신민화 정책의 일환으로 내세운 구호였다. 이는 일본과 조선이 한몸이라는 '내선일체'의 만주판인 셈이었다.

유치진 작, 주영섭 연출로 이루어진 〈흑룡강〉은 1941년 6월 6일부터 사흘간 부민관에서 민관 지도층의 지대한 관심 속에 막을 올렸다. 이 작품의 주제는 만주사변(1931)에서 만주국 건국(1932)에 이르기까지 온갖 고난 속에서도 건국을 향한 이상을 실현한다는 것으로, 민족 상극(相克)보다 민족 협화(協和)로 발전하는 대동아 건설의 일단을 구상화한 것이었다.

〈흑룡강〉 공연에는 전문학교와 중학교 학생들, 철도국, 전매국, 은행과 회사 등의 단체 관람이 이루어지면서 1만여 명의 관객이 동원되었다. 이는 매일신보사의 후원과 총력연맹의 지원 덕분이었다. 이는

「국민연극의 구상화 문제―'흑룡강' 상연에 제하야」,
《매일신보》(1941년 6월 5일자)

또 현대극장의 신체제 연극이 당시 정관계의 주목거리였음을 방증하
는 것이었다.

　현대극장은 1941년 8월 인천에서 〈흑룡강〉을 재공연하였고, 1941
년 10월에도 만주 건국 10주년 기념 공연이라는 명분을 앞세워 〈흑룡
강〉 등을 재공연하였다. 이후 현대극장에서는 세 차례에 걸쳐 북부와
서부, 남부지방 일대로 장기 순회공연을 떠났는데, 주요 공연작은 유
치진이 창작하거나 연출한 작품이었다.

　한편, 유치진은 《매일신보》에 평론 「국민연극의 구상화 문제 ― '흑
룡강' 상연에 제하야」(1941년 6월 5일자)와 《경성일보》에 일문(日文) 수
필 「극단 전환의 시기(劇壇轉換の時)」(1941년 8월 24일자)를 각각 발표
하였다. 이는 일제의 전시 체제에 부응하면서 자신의 친일 작품이 '국
민연극'이라는 점을 역설하는 내용이었다.

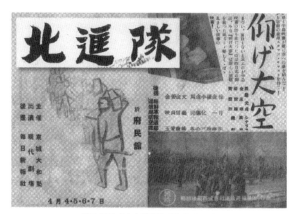

친일 연극 〈북진대(北進隊)〉의 팸플릿

1942년 현대극장은 유치진 작, 주영섭 연출의 〈북진대(北進隊)〉를 초연하였다. 4월 4일부터 4일간 부민관에서 상연된 〈북진대〉는 경성 대화숙(京城大和塾)에서 주최하고 매일신보사가 후원에 나섰다. 공연 을 주최한 경성대화숙은 1941년 1월 사상범의 보호·관찰 및 집단적 수용, 조선인의 황민화를 실현하기 위해 만든 파시즘 단체였다.

〈북진대〉는 러일전쟁을 배경으로 이용구(1868~1912)의 일진회가 일 본을 도와 전쟁 승리에 크게 이바지하였다는 내용을 담고 있는 작품 이다. 〈북진대〉는 일진회의 친일 행각을 적극적으로 옹호하며, 이용구 를 비롯한 친일 인사들의 매국 행위를 긍정적으로 부각하였다.

작품에는, 과거 일진회가 일본에 협력하여 러시아를 물리쳤듯이, 태 평양전쟁에서도 조선인이 일본에 적극적으로 협력하여 '미영(米英)' 을 격멸하자는 의도가 숨겨져 있었다. 〈북진대〉는 1942년 4월 남부 지방으로 순회공연에 들어갔으며, 같은 해 10월 신부좌(新富座, 해방 후 동화극장)에서 재공연되었다.

일제 지원 속 '국민연극' 공연과 이동연극보국대 파견

〈북진대〉의 다음 작품은 조선 농민들의 만주 이주를 통한 분촌운동을 그린 〈대추나무〉로, 서항석이 연출하여 1942년 10월 부민관에서 공연되었다. 〈대추나무〉는 조선연극협회를 이은 조선연극문화협회가 조선총독부와 매일신보사 등의 후원을 받아 개최한 제1회 연극경연대회 출품작이었다.

우람한 대추나무를 사이에 둔 두 집안의 소유권 갈등과 두 남녀의 엇갈린 애정을 배경으로 한 이 작품은, 일제가 시행하는 만주 이주 정책에 대한 지지를 담고 있다. 〈대추나무〉는 나무 분쟁을 겪은 뒤 '비좁고 낙후된' 조선을 떠나겠다는 주인공의 이주 결정을 통해 만주 이주의 당위성을 설파하고 있는 목적극이자 국책극으로서, 이른바 '국민연극'이다.

노골적으로 일제의 정책을 선전·선동한 이 작품으로 유치진은 연극경연대회 개인상으로는 최고의 영예인 작품상(총독부 정보과장상)을 받았다. 이후 〈대추나무〉는 1943년 12월 제일극장, 1944년 5월 부민관, 그리고 1945년 4월 약초(若草)국민극장에서도 재공연되었고, 현대극장의 주요 상연 목록으로서 매년 한 차례씩 반드시 공연되었다.

광복 뒤 1957년 유치진은 대학생 연극경연대회 공식 공연 작품으로 「왜 싸워?」를 써서 『자유문학』에 발표하였는데, 이 작품은 친일 국책극 〈대추나무〉를 개제·개작한 작품이었다. 이에 전국문화단체총연합회의 김광섭·모윤숙·이무영 등이 이를 문제 삼고 나섰다. 유치진은 이에 대해 『동랑 자서전』에서 이렇게 강변하였다.

「대추나무」는 이렇게 일제의 강압 하에서 쓴 작품이지만, 그 무렵에 쓴 「흑룡강」, 「북진대」와는 달리 일제에 아첨하는 구석이 없다. 물론 그중에는 간도로 떠나는 대목이 있어 당시 일제가 권장하는 북진(北進)과 부합한 점이 있지마는. 내가 그들의 북진 정책에 영합하려고 간도행을 넣은 것은 아니었다. ……일제의 작품상까지 받은 작품이었다 해도 「대추나무」만은 이 민족의 한 사람인 나더러 양심에 가책을 느끼게 하는 작품이 아니었던 것이다.

– 「동랑 자서전」(동랑 유치진 전집 9, 서울예대출판부, 1993년)

유치진의 친일부역은 연극으로만 이루어진 것이 아니었다. 그는 현대극장 대표로서 각종 지면에 발표한 글을 통해서도 일제에 적극적으로 협력하였다. 그는 감상문 「축 싱가폴 함락(祝新嘉坡陷落)」(《매일신보》1942년 2월 19일자), 일문 평론 「반도의 징병제와 문화인(半島の徵兵制と文化人) – 우선 상무정신(先ず尚武の精神)」(《경성일보》석간 1940년 5월 30일자), 수필 「북진대 여화(餘話)」(『국민문학』 1942년 6월호)를 각각 발표하였다.

그는 또 일제의 만주 개척에 큰 관심을 보여 일문 보고서 「개척지 견학(開拓地見學だより) – 통화에서(通化にて)」를 《경성일보》석간(1942년 6월 18일자)에, 평론 「개척과 희망 – 만주 개척지를 보고서」를 《매일신보》(1942년 7월 30일자)에, 그리고 대담 「만주 개척민 시찰 보고」를 잡지 『녹기』(1942년 8월호)에 연달아 기고하였다. 그가 만든 〈북진대〉나 〈대추나무〉 같은 국책극이 흉내만 낸 것이 아니었던 셈이다.

유치진은 1943년 8월 도쿄에서 열린 제2회 대동아결전문학자대회

에 조선 대표로 참가하였다. 또 좌담회 '농촌문화를 위해서(農村文化の
ために) - 이동극단 이동영사대의 활동을 중심으로(移動劇團移動上映隊
の活動を中心に)'(『국민문학』 1943년 5월호)에 참석하고 평론 「결전문학
의 확립(決戰文學の確立) - 싸우는 국민의 자세(戰ふ國民の姿)」를 발표
하였다.

> 다행히 일선의 황군이 굳게 전선을 지키고 있는 덕택으로 우리는 적
> 의 위협을 직접 받지 않고, 일상생활에 다소의 부자유를 느끼면서도
> 너무나 안이한 생활을 하고 있다. 그래서인지 우리의 마음은 때때로
> 해이해져, 우리나라가 지금 정전의 와중에 있다는 것조차 잊어버리기
> 도 한다. 세계의 지도는 지금 색깔이 바뀌고 있는 중이다.
>
> ─ 「결전문학의 확립─싸우는 국민의 자세」, 『국민문학』(1943년 6월호)

1944년 1월 1일 부민관에서 조천석 작 〈무장선 셔먼호〉를 현대극장
과 약초극장(해방 후 수도극장) 산하 약초가극단의 합동 공연으로 상연
하였다. 유치진 연출의 이 작품은 평양에 쳐들어온 미 해군을 물리친
역사적 사실(신미양요)을 극화한 것으로, 일제가 강요한 '배미영(排米
英)' 정책에 근거한 작품이었다.

또 현대극장은 자체 인력으로 이동연극보국대를 조직하여 산간벽
지에 파견하였다. 1944년 4월 경성에서 선보인 작품을 가지고 평남
신창탄광에 있는 조선무연탄주식회사 내 각 탄광을 순회공연하였으
니, 그야말로 옹근 '보국(報國)'을 한 셈이었다.

같은 해 유치진은 조선문인보국회 '소설·희곡부' 회장으로 선임되

었다. 조선문인보국회는 조선문인협회를 비롯한 여러 문학 관련 단체를 통합한 거대 조직으로서, 조선총독부의 지휘 아래 문인들을 전쟁에 동원하는 외곽 단체였다. 막 불혹으로 접어들던 유치진으로선 이 통합 조직에서 소설·희곡부의 수장이 된 것만으로도 만족스러웠을 것이었다.

우익 연극계 선봉으로 재기, 초대 국립극장장 등 꽃길만 걸어

그러나 무적 황군의 승리는 진작에 끝나 있었다. 유치진은 1945년 8월 13일부터 시작한 현대극장의 「산비둘기」 공연 중에 해방을 맞이하였다. 자신의 친일부역 행위가 걸렸던 것일까. 유치진은 1947년 2월경까지 은둔 생활에 들어갔다.

은둔하던 유치진을 불러낸 것은, 당시 좌익 연극인이 연극계를 주도하는 상황이었다. 그는 현실 상황에 대응하면서 재기를 꾀하기 시작하였다. 1947년 2월 그는 3·1운동을 소재로 한 단막극 〈조국〉을 발표하면서 활동을 개시하였다.

미군정이 좌익 연극을 탄압하는 상황 속에 그는 우익 연극계의 선봉이 되었고, 같은 해 5월 극예술협회 창립 공연작으로 외세 의존성을 떨쳐야 한다는 주제의식을 담은 작품 〈자명고〉(5막)를 발표하였다. 정세의 변화에 그는 기민하게 적응하고 있었다.

그는 계속해서 〈은하수〉(3막), 〈흔들리는 지축〉(1막) 등의 작품을 발표하면서 『소』, 『역사극집』, 『흔들리는 지축』 등의 희곡집을 펴냈다.

우익 연극인들이 미군정의 지원 아래 한국무대예술원을 결성할 때 초대 원장으로 취임하면서 그는 연극계 전면에 다시 나섰다.

이후 그는 대학에서 연극을 가르치고 〈용사의 집〉과 〈애국자〉(이상 1949년)와 같은 우익 연극을 연출하였으며, 전국문화단체총연합회 부위원장에 선출되었다.

1948년에는 〈별〉(5막)을 발표한 것 외에는 주로 논문 집필과 비평 활동에 주력하면서 남한 연극계의 주도권을 잡아 나가기 시작하였다. 이 무렵 「새 문화 정책에 대한 요망」, 「문화인의 건국에의 관심」 등을 통해 남한 정부 내의 문화·예술 전반에 대한 영향력을 넓혀 갔다. 그런 가운데 한국연극학회 회장과 서울시 문화위원으로 피선되었다.

1950년 초대 국립극장장에 피선되었고, 한국전쟁 뒤에는 〈처용의 노래〉(4막), 〈나도 인간이 되련다〉(4막) 등 반공과 애국심을 고취하는 역사물을 주로 발표하였다. 1955년에는 〈청춘은 조국과 더불어〉(1막), 〈자매〉(5막), 〈사육신〉(4막)을 발표하였으며, 서울특별시문화상과 예술원상을 수상하였다.

1958년에는 국제극예술협회 한국본부 위원장에, 다음해 헬싱키에서 열린 국제극예술협회에서는 부의장에 선출되었다. 1961년에는 전국극장단체협의회장과 문교부 대학 교수 자격심사위원에 위촉되었다. 도쿄에서 열린 아세아영화제에서는 국제심사위원으로 활동하였다.

1958년에 한국연극연구소를 설립했으며, 1962년에 부설 드라마센터를 건립하고 한국연극아카데미 등의 부설 기관을 만들었다. 드라마센터 개관 기념공연으로 〈햄릿〉과 〈포기와 베스〉를 각각 연출하였다.

같은 해에 전국예술문화단체총연합회 초대 회장과 예술원 부회장에 피선되었다. 이때 그는 57세였다.

1963년 5월 문교부가 주는 문예상을 수상하였고, 1964년 극단 드라마센터를 창설한 이후 드라마센터와 서울연극학교 운영에 전력하였고, 3·1연극상(1967년) 등을 받았다. 서울연극학교는 한국연극아카데미를 폐지하고 설립한 초급 대학 과정으로, 이후 1973년에 이를 다시 폐교하고 서울예술전문학교로 인가받았다. 이 학교가 서울예술전문대학을 거쳐 오늘의 서울예술대학교로 발전하였다.

유치진은 1974년 2월 10일 지병인 고혈압으로 사망하였다. 향년 69세.

1991년 문화부가 유치진을 '4월의 문화인물'로 선정하였지만, 경남 충무시(현재 통영시)의 문화·예술인들이 유치진의 친일 행적을 문제 삼는 바람에 김정호로 교체되는 일이 있었다. 대부분의 친일부역 문인들과 마찬가지로 세상을 떠난 뒤에야 부역 행위가 조명되기 시작한 것이다.

유치진은 민족문제연구소가 발간한 『친일인명사전』 '연극' 부문에 수록되었고, 모두 12편의 친일 저작물이 밝혀져 2002년 발표된 친일 문학인 42인 명단, 2009년 친일반민족행위진상규명위원회가 발표한 친일 반민족 행위자 705인 명단에도 포함되었다.

일제 총독부의 관리들에게 연극인들이 '적당히 부려 먹을 수 있는 광대'쯤으로 보였는지는 알 수 없다. 그러나 그들의 연극을 통해서 식민지 지배 논리, 내선일체와 황민화를 선동하고 총동원 정책을 전파하는 일의 효율성을 파악하고 있었던 것은 틀림없다.

일제 강점기 말기에 적지 않은 연극인들이 일제에 부역함으로써
『친일인명사전』에 이름을 올렸다. 유치진과 함께 활동한 연극인 가운
데 극예술연구회 동인이었던 서항석과 함대훈을 비롯하여 극작가 이
서향, 함세덕(「동승(童僧)」의 작가), 유치진의 작품을 주로 연출한 주영
섭 등이 그들이다. 주영섭은 그의 형 주요한과 나란히 『친일인명사
전』에 수록되었다.

2018년 서울예대 학생과 교수들이 유치진의 아들인 유덕형 총장이
입학 전형료와 특성화 사업비 등을 유용하였다는 의혹을 제기하면서
사퇴를 촉구하고 나선 일이 있었다. 유치진 일가가 법인 이사와 교수
로 재직하고 있는 세습 구조도 비판받았다.

학교 측이 개교기념일 무렵이면 교직원들에게 설립자 유치진의 묘
소를 참배하라고 요구했다는 사실도 알려졌다. 이에 학생들은 '세습
철폐', '교내 유치진 동상 철거' 등의 구호를 외치며 교내를 행진하기
도 하였다. 죽어서야 비로소 살아생전의 영예로 감추어졌던 삶과 문
학이 새롭게 드러나고 있는 셈인데, 이것이 이 나라가 역사를 성찰하
는 방식이라는 점은 씁쓸하기만 하다.

1962년 유치진이 건립한 남산의 드라마센터.
그는 한국연극연구소와 한국연극아카데미 등의 기관을 만들었다.

최재서, '천황에게 봉사하는 문학, 완성

최재서(1908~1964)

『친일인명사전』에 오른 친일문인 가운데 상당수는 낯설다. 까닭이야 사람에 따라 조금씩 다르지만, 크게 보면 이들이 대중에게 알려진 문학 작품이 거의 없는 문인이거나 비평 중심의 문학 활동을 한 평론가(비평가)들이기 때문이다.

일제 강점기 평론가 최재서(崔載瑞·石田耕造, 1908~1964)는, 백철(1908~1985)과 곽종원(1915~2001), 조연현(1920~1981) 등과 마찬가지로 비평 활동에 주력한 까닭에 일반 독자에게 거의 알려지지 않은 문인이다. 덕분에 화려한 친일 행적에도 불구하고 이들은 일반 독자들의 관심에서 비켜 있었다.

그러나 1970년대를 전후하여 중고등학교에 다닌 이라면 국어 시간에 이 평론가들이 쓴 글을 적어도 한 편씩은 배웠을 터이다. 나 역시 정확하게 어떤 글이라고 기억하지 못하지만, 중고등학교 시절에 이들이 쓴 한국 문학사를 통해서 우리 근현대 문학의 얼개를 들여다보았던 것으로 기억한다.

월간 『인문평론』 창간하여 친일적 글쓰기 시작

최재서는 황해도 해주 출신이다. 아호는 석경우(石耕牛), 필명은 학수리(鶴首里)·상수시(尙壽施)·석경(石耕)·석경생(石耕生) 등을 썼다. 경성제국대학 법문학부에서 영문학을 전공하고, 영국에 유학하여 런던대학교에서 수학하였다. 그는 조선인 최초로 경성제대 강사로 임용되고 보성전문학교 교수를 지낸 식민지 조선의 엘리트였다.

최재서가 1930년대 데이비드 흄, T. S. 엘리엇 등 영국 평론가들의 이론을 주지주의 문학론으로 소개하며 모더니즘 계열의 평론 활동을 시작한 것은, 1931년 첫 논문 「미숙한 문학」을 『신흥(新興)』 제5호에 발표하면서부터다.

그는 「리얼리즘의 확대와 심화」(《조선일보》 1936년 11월 2~7일자)에서 박태원의 「천변 풍경」(1936)은 리얼리즘의 확대를, 이상의 「날개」(1936)는 리얼리즘의 심화를 보여 준다고 평가하였다. 이는 우리 문학을 리얼리즘의 측면에서 분석한 글로서 문단의 주목을 받았다. 그는 '현실성과 현대성의 조화, 즉 리얼리즘과 모더니즘의 조화를 추구한 비평가'(허윤회)로 평가받기도 한다.

최재서는 1937년 12월 합자회사 인문사를 설립해서 대표로 취임하고, 1938년 6월 첫 평론집『문학과 지성』(인문사)을 발간하였다.『문학과 지성』은 그가 도입한 외국의 주지주의 문학론을 바탕으로 카프 문학이 표방하는 이념주의를 극복하고 비평의 현대화를 지향하고자 한 저서였다.

그는 인문사에서『인문평론』을 창간하고, 1939년 10월부터 1941년 4월까지 편집인 겸 발행인을 지냈다. 창간호 권두언에서 그는 문학자들도 건설 사업에 협력해야 한다고 주장하여 일본의 침략전쟁을 긍정하고 합리화하였다. '국민문학의 선도적 역할'을 하다가 월간『국민문학』(1941년 11월 창간)에 그 사명을 넘겨 준『인문평론』은 전기 문학을 암흑기의 친일문학으로 연결하는 가교 구실을 하였다.

창간호에 밝힌 것처럼 최재서는『인문평론』을 통하여 본격적으로 친일적 글쓰기를 시작하였다. 중일전쟁(1937)을 옹호하기 위해 쓴「전쟁문학」(『인문평론』 1940년 6월호)은 그 전환을 알리는 신호였다. 그는 이 글에서 전쟁의 당위성을 역설하면서, 인간성을 '최고 경지에까지 고양'시키는 '엄숙한 (전쟁) 체험'을 있는 그대로 받아들이는 '겸허한 태도'를 가져야 한다고 강변하였다.

　　최후로 전선의 병사들이 총후의 우리를, 그중에서도 더욱이 다음 세대에 대하여 얼마나 많이 기대를 걸고 있는가. 그들의 전장의 신념이란 결국 조국의 다음 세대가 그들의 희생으로 말미암아 행복스러워지라 하는 신뢰심에서 생겨난다는 것을 우리는 깊이 명심하지 않아서는 아니 되리라고 생각한다.

- 「전쟁문학」, 『인문평론』(1940년 6월호)

그는 또 '일지사변(중일전쟁) 3주년 기념' 기획 특집에 발표한 수필을 통해서 침략전쟁을 긍정하고 전쟁 동원 선전에 적극적으로 협력하였다. 바야흐로 식민지 조선의 엘리트 비평가 최재서는 황민화 정책의 선봉으로 나아가고 있었다.

> 이튿날 눈을 뜨자마자 일장기의 범람이었다. 특별열차가 물론 정차도 할 리 없는 촌락 소역에도 일장기는 나부끼고 숲속의 농가에도 일장기가 벽에 붙어 있었다. 더욱이 논도랑에서 어린애를 안은 젊은 여인이 질주하는 열차를 향하여 기를 내휘두르며 만세를 부르는 정경은 참으로 눈물겨웠다. 이리하여 나는 전쟁 속의 한 사람이 되었다.
>
> - 「사변(事變) 당초(當初)와 나」, 『인문평론』(1940년 6월호)

최재서는 1939년부터 국책 협력을 목적으로 발족한 친일 단체에 참여하여, 주요 임원으로서 일제의 전시 총동원 체제 구축에 부역하였다. 1939년 2월 임화·이태준 등과 함께 황군위문작가단을 발의하였고, 3월 14일 문단사절의 위문사 후보 선거일에 실행 위원으로 활동하였다.

4월에는 황군위문작가단 장행회(壯行會)*에서 경과 보고를 하였고,

●   '장행'은 '뜻을 품고 먼길을 떠남'의 뜻으로, 장행회는 출발에 앞서 벌이는 일종의 보고회.

10월 조선문인협회가 만들어질 때는 발기인과 기초 위원을 맡았다. 1940년 9월 만주국 민생부가 주최한 만주 문화 건설공작 강연회에서 순회강연을 하였고, 11월 30일부터 12월 10일까지 조선문인협회가 주최한 총후사상운동을 위한 문예순회강연에 연사로 참여하였다.

1941년 8월 최재서는 조선문인협회 간사로 선임되었고(1942년 9월에는 상임 간사), 9월에는 중일전쟁이 태평양전쟁으로 확대되던 시점에서 전쟁에 협력할 목적으로 만들어진 조선임전보국단 발기인으로 참여하였다.

『국민문학』을 통해 국책문학 지향하고 대동아전쟁 찬양

1941년 11월, 일제는 총력전을 명분으로 모든 잡지를 통폐합하여 친일 어용 잡지인 『국민문학』을 간행하였는데, 최재서는 이후 1945년 5월까지 『국민문학』의 편집인 겸 발행인을 맡았다. 『국민문학』은 조선 문단을 강제 통합, 어용화하여 '황도정신에 입각한 국책문학'을 수행할 기관지였다.

최재서는 『국민문학』 창간호에서 국민문학을 "단적으로 말하면 일본정신에 의해 통일된 동아문화(東亞文化)의 종합을 지반으로 새롭게 비약하려는 일본 국민의 이상을 담은 대표적 문학으로서, 금후의 동양을 이끌어 나갈 사명을 띠고 있는 것"이라고 규정하고 이후 이 국책문학을 위해 눈부신 활동을 벌였다.

실제로 『국민문학』은 친일작가들의 어용 문학지에 불과하였다. 민족의 얼과 문화, 그리고 우리 말글을 말살하려던 일제의 책동에 영합하는 반민족적 문학 행위를 대변한 이 잡지를 통해, 최재서는 친일문학계를 대표하는 이론가로 부역하고 있었다.

최재서는 1943년 4월 조선문인보국회 상임이사, 6월 평론·수필부 회장을 맡았다. 조선문인보국회는 조선문인협회와 국민시가연맹 등 4개 단체가 통합하여 '조선에 최고의 황도문학(皇道文學)을 수립한다' 라는 구호 아래 1천어 명의 문학자들이 모여 결성한 친일 어용 조직이었다.

1943년 5월 일본 작가 가토 다케오 등을 중심으로 한 조선문인보국회 주최 내선 작가 교환회에 참석하고, 8월에는 도쿄에서 열린 제2차 대동아문학자대회에 조선 대표로 참가하였다. 이 대회에 참가한 소감을 밝힌 「대동아 의식의 자각 - 제2회 대동아문학자대회에서 돌아와서」라는 참관기를 『국민문학』 1943년 10월호에 발표하였다. 이 글에서 그는 "대동아전쟁을 하나의 큰 건설전"이라고 규정하면서 "동아 10억의 참다운 결속"을 주장하였다.

대동아전쟁을 '건설전'이라고 규정한 최재서는 일제가 조선에 징병제를 시행하기로 하면서 본격적인 친일 문필 활동에 들어갔다. 1942년 5월 일본 각의에서 한국인 청년들을 강제 동원하기 위하여 지원병제가 아닌 징병제를 시행하기로 결정하자(실제 징병제는 이듬해 개정 병역법 이후에 시행되었다), 최재서는 이를 열렬히 반겼다.

그는 「징병제 실시의 문화적 의의」(『국민문학』 1942년 5·6월 합병호)에서 "조선에서 징병제가 포고된 근본적인 의의는 황공하옵게도 천황 폐하께서 반도 2천4백만을 고굉(股肱, 다리와 팔, 온몸)이라고 믿고 하셨다"는 점이라며, 천황의 시혜라는 점을 강조하였다.

최재서는 징병에 대하여 식민 지배 국가 일본과 일왕을 위해 동포 젊은이들이 희생하는 것이 아니라고 밝히고, '천황의 시혜'로 이루어지는 징병의 '영광과 감격'에 참여하기를 촉구하였다. 그는 징병제 시행으로 "반도인은 확실하게 그리고 영구히 조국 관념을 파악할" 수 있게 되고, "반도인의 자질이 급격히 향상되어지리라고 생각"하였다. 또 "반도인의 지위가 비약적으로 향상되리라는 것이 명백하다"고 확신하면서, 내선일체의 견고한 확립을 위해 "조선인이 진실로 황국신민이 됨으로써 대동아공영권에 있어서의 지도적 민족"이 되어 줄 것을 당부하였다.

> 반도인이 일본에 대하여 조국 관념을 가질 유일한 길은 제국 군인이 되어 직접 국토 방위의 임무를 맡는 것 이외에는 없다. 만일의 경우에 자기의 피를 흘려, 아니 가장 사랑하는 자식의 목숨까지도 바치는 데서, 비로소 진정한 조국 관념이 생긴다.
> – 「징병제 실시와 지식계급」, 「전환기의 조선 문학」(1943년)

최재서는 「징병 감사와 우리의 각오」(《매일신보》 1943년 8월 4일자)에서 "황군의 일원이 되어 세계의 사악을 걷어치워 버리고 도의적 세계 질서를 건설하는 성전에 직접 참여하게 되었다는 것은 우리 반도 청년으로서 다할 수 없는 영광"이라며 조선에 시행된 징병제를 다음과 같이 환영하고 선동하였다.

이때를 당하여 황군의 일원으로서 중심적인 지도 세력이 된다는 것은 거듭 말하거니와 반도가 일찍이 갖지 못했던 영광이다. 그중에서도 직접 군인이 되어 역사의 활(活)무대에 등장하는 청년은 참으로 세기의 선사(選士)라 할 수 있다. 이 감격과 이 영광을 가슴 깊이 새겨 넣고 감히 그 지닌바 사명을 유감없이 발휘하기를 조선의 부형(父兄)은 커다란 사랑과 동시에 깊은 정성으로써 기원한다.

「징병 감사와 우리의 각오」,
『매일신보』(1943년 8월 4일자)

1943년 8월 1일부터 조선에서 징병제가 실시되자 최재서는 수필 「징병서원행(徵兵誓願行) - 감격의 8월 1일을 맞이하여(感激の八月一日を迎へて)」(『국민문학』 1943년 8월호)에서 감읍해 마지않았다.

그는 "하늘처럼 어버이처럼 받들어 모시고 있는 천황폐하 스스로가 '부탁한다'고 말씀하신" 징병제이니 "감격이라 할까, 감분(感奮)이라 할까, 아무튼 우리는 신명을 바쳐 이 대어심(大御心, 임금의 마음)에 보답해야 한다고 마음속 깊이 맹세하는 것"이 '우리의 서원'이어야 한다고 흥분했던 것이다.

그는 이 글에서 오늘날 어능위(御稜威)* 가 세계에 떨치는 것은 "황군 분투의 결과"요, "황군의 사명은 단순히 이민족의 정복이나 의미 없는 파괴가 아니"며, 징병 반도는 "신명(身命)을 바침으로써 이 폐하의 뜻에 보답해 받들지 않으면 안 된다"고 주장하였다.

친일문인 가운데 시인이나 작가는 시나 소설 또는 수필 따위를 통해서 친일부역하였지만, 평론가들은 친일의 당위성에 대한 이론적 토대를 제공하는 방식으로 이 부역에 동참하였다. 비평가 최재서는 「문화이론의 재편성」(《매일신보》 1941년 1월 14일자)을 통해 국가 본위의 문화이론 건설을 주창하였다.

그는 또 "일본적인 사고방식을 실천하고. 일본의 이상을 추구함으로써 일본정신을 현양하여 가는 것"을 새로운 비평이라고 규정하였다 (「새로운 비평을 위하여」, 『국민문학』 1942년 7월호). 그는 "국민 전체에 통일을 주고 국민적 단결을 더욱 공고케 만드는 문화"를 '국민문화'라고 천명하면서 일본정신을 바탕으로 하는 국민문화 건설이 시급한 과제임을 강조하였다(「전형기(轉形期)의 문화이론」, 『인문평론』 1941년 2월호).

'국민문학론' 선도하여 총독상 수상

최재서는 일찍이 「문학정신의 전환」(『인문평론』 1941년 3월호)에서 일본정신에 바탕을 둔 국민문화를 건설하기 위하여 친일문학론인 '국민문학론'으로 전환할 것을 촉구한 바 있었다. 그의 친일문학론은 『국민

●   '능위(稜威)'는 '존엄한 위세'를 이르는 말. '어(御)'는 일본어에서 상대를 높이거나 음식, 사물을 미화하는 역할을 하는 접두어로 쓰인다.

문학』의 주간을 맡으면서 노골화되었다. 그는 친일문학의 산실이었던 『국민문학』 창간호에 실은 「국민문학의 요건」에서 국민문학론이 일본정신을 담은 이론적 틀임을 강조한 바 있었다.

『국민문학』은 1942년 5·6월 합병호부터 '반도 황국신민화 최후의 결정'을 위하여 한글을 완전히 폐지하였다. 「편집 후기」에서 그는 『국민문학』이 일본어 잡지로 전환된 것에 대한 심경을 토로하고 있다. 곧 한글 사용이 문화적 창조력에 장애가 된다는 인식을 드러내면서 문인으로서 민족어, 모국어를 포기할 수 있다는 생각을 내비쳤다. 또한 조선어에 대하여 "조선의 문화인들에게는 문화의 유산이라기보다는 차라리 고민의 종자"였다며 "이 고민의 껍질을 깨뜨리지 못하는 한, 우리들의 문화적 창조력은 정신의 수인(囚人)이 될 뿐"이라고 말하였다.

일제가 조선인들의 민족의식을 말살하기 위해 획책한 조선어 사용 금지가 조선 문학의 주체인 자신에 의해 수행된 셈이었는데, 이는 문인 최재서의 심각한 자기 부정이면서 동시에 친일부역 행위의 정점이기도 하였다.

같은 해 『국민문학』 1942년 8월호에 게재한 「조선 문학의 현 단계」에서 최재서는 조선 작가가 더는 한글로 글을 써서는 안 되며, 향후 글쓰기는 국민문학이므로 당연히 "국어(일본어)로 쓰이는 것이 원칙"이라고 주장하였다. 따라서 "집필자는 내선인 공동"이 될 것이며, "독자는 반도 2천만이 아니라 1억의 전 국민이며 10억의 대동아 제 민족으로 되는 것이 그 이상"이라고 강변하였다.

그는 모국어를 버린다 해도 "조선 문학은 멸망하기는커녕, 새로운 조건의 출현으로 오히려 크게 그 규모가 확대될 것"이라고 주장하였다. 또 조선 문학이 멸망한다는 '절망론'은 "보수적인 조선 문학관"에서 나온 그릇된 생각이니, "창조적 능력을 살려서 신일본 문화 건설에 기여"하려 노력하자고 당부하였다.

『국민문학』1942년 10월호에 발표한 「문학자와 세계관의 문제(文學者と世界觀の問題)」에서 최재서는 "일본적 세계관을 수립함이 절대적인 임무"라고 하면서 "천황을 세계의 천황으로서 봉대(奉戴)하고 일본 국민의 도의성에 의해서 이 지상에 영구적인 질서를 건설한다는 굳은 신념"을 가져야 한다고 역설하였다.

1943년 4월에 최재서는 『전환기의 조선 문학(轉換期の朝鮮文學)』을 발간하였다. 그는 자서(自序)에서 "먼저 가 버린 아들 강의 영전에 이 책을 바친다"면서 "네가 죽었을 때 나는 막 태어난 『국민문학』을 너의 추억과 함께 키워 가기로 결심했다"고 고백한다. 그 자신이 "일본 국가의 모습을 발견하기에 이르기까지의 혼의 기록"이라고 하였으니, 이 책은 황국신민 최재서의 '국가 정체성 발견 기록'이라 할 만하다.

1944년 1월 최재서는 돌연 창씨개명을 단행하여, 이시다 고조(石田耕造)가 된다. 최재서라는 이름으로 황민화에 앞장서던 그가 "나는 작년 말경 생각 끝에 나아갈 길을 깊이 결의해 1944년 1월 1일에 그 첫 순서로 창씨를 했다. 그 다음날 그것을 조선 신궁에 가서 고했다"고 밝혔으나, 그 자세한 까닭은 알 수 없다.

1944년 2월, 이시다 고조는 평론집 『전환기의 조선 문학』으로 제2회 '국어총독문예상'을 수상하였다. 총독부에서 '반도 문예의 건전한 발전과 반도 문단의 국어화 촉진 목적'의 상장과 부상 1천 원으로 신설한 국어총독문예상은 최재서에게 친일부역의 상급(賞給)이었을 것이다.

최재서의 친일문학론은 『국민문학』 1944년 4월호에 발표한 "받들어 모시는 문학은 천황에게 봉사하는 문학"이라는 말로 시작되는 「받들어 모시는 문학(まつろふ文學)」에서 완성 단계에 이르렀다.

그러나 이미 대세는 기울고 있었다. 천하무적이라는 황군은 패전을 거듭하고 있었고, 허울 좋은 대동아공영권 건설의 이상이 그 근저에서부터 허물어지고 있었다.

1944년 9월부터 이듬해 2월께까지 최재서는 국민동원총진회(國民動員總進會)의 발기인과 상무이사를 지내면서 연사로 활발한 활동을 펼쳤다. 1944년 9월 민간에 근로정신을 계몽하여 태평양전쟁에 협력한다는 목적으로 부유층 유지들이 결성한 이 단체는, 태평양전쟁을

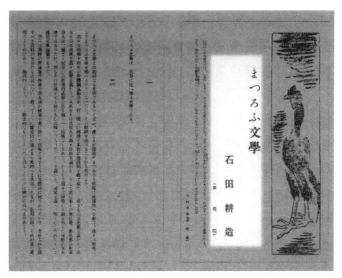

「받들어 모시는 문학」, 『국민문학』(1944년 4월호)

찬양하고 징용과 징병, 군사기지 건설을 위한 노무 동원에 앞장섰다.

최재서는 1944년 10월, 노무 동원 협력과 민중의 전의 앙양을 위해 평양에 파견되었으며, 같은 달에 '성전 찬양 및 학병 참가'를 독려하기 위해 개최된 국민 동원 대강연회에 참가하였다.

12월에는 응징사 가족 위안 대회에 참가하고, 만주예문협회(滿洲藝文協會) 주최 전국 결전 예문회의에 조선문인보국회 대표로 참가하였다. 각종 시국행사에 '결전(決戰)'이라는 표현이 빈번히 쓰인 것은 이 시기 전쟁 상황을 반영된 것이었다. 1945년 1월, 최재서는 친일 단체 대화동맹(大和同盟)*의 처우 감사 총궐기 전선대회에서 '철(徹)하라 내선일체(內鮮一體)'라는 연제로 연설하였다.

1945년 이시다 고조는 『국민문학』 1~2월호에 단편 소설 「민족의 결혼(民族の結婚)」을 발표하였다. 김유신의 누이가 김춘추와 연을 맺게 되는 잘 알려진 역사적 사실을 소재로 한 이 소설에서 최재서는 "무열왕이 가락 민족의 딸**을 받아들인 것은 이토록 자극적이었고 혁명적이기조차 하였다"고 서술하였다.

최재서는 무열왕의 결혼이 삼국 통일의 숨은 원동력이 되었다고 주장하였다. 1940년대 전반기의 시대적 명제였던 대동아공영권 수립과 내선일체, 조선의 황국화 문제 등을 염두에 두면 최재서의 집필 의도를 짐작하는 것은 어렵지 않다.

● 　1945년 2월, 서울에서 필승 체제 확립과 내선일체 촉진을 목표로 조직된 친일 사회단체.
●● 　김유신이 신라에 귀순한 가야 왕족의 후손임을 가리킨다.

최재서의 친일 문필 활동이 시작된
월간지 『인문평론』 창간호

최재서의 인문사에서 발행한
친일문학의 산실 『국민문학』 창간호

최재서에게 국어총독문예상을 안겨 준
평론집 『전환기의 조선 문학(轉換期の朝鮮文學)』

해방 뒤 반민법으로 구속되었으나 기소유예

급박하게 전개되던 태평양전쟁 말기에 각종 시국행사와 함께 시국에 대응하는 단체의 결성도 이어졌다. 최재서는 6월 8일, 연합군의 본토 상륙작전을 예상하여 한일 언론·출판 관계자로 조직된 친일 단체인 조선언론보국회 발회식에 발기인으로 참여하며 선언문을 낭독하고 상무이사로 선임되었다.

7월 7일 조선언론보국회가 주최한 본토결전부민(府民)대회에서 선언결의문을 낭독하였고, 같은 날 국민총력조선연맹을 대체하여 결성된 전국 조직인 조선 국민의용대 총사령부에 참가하였다. 같은 달 18일 대일본흥아회 조선지부 연구조사위원을 맡았으며, 19일 조선언론보국회 주최 '본토 결전과 국민의용대 대강연회' 연사로 평안남도에 파견되었다. 8월 3일에는 조선문인보국회의 평의원에 선임되었다.

그리고 12일 후, 친일부역자들에게는 믿고 싶지 않은 악몽이었겠지만 해방이 되었다. 그는 평론 일선에서 물러나 연세대학교와 한양대학교 교수로 재직하면서 셰익스피어 작품 번역 등 영문학 연구에 전념하였다.

1948년 12월 27일과 28일 양일간 시공관에서 열린 민족정신 앙양 전국문화인 총궐기대회에 최재서는 발기인으로 참여하였다. 1949년 8월, 그는 반민족행위처벌법에 따라 구속되었으나, 공소시효 만료로 기소유예되었다.

1961년 동국대학교에서 『셰익스피어 예술론』으로 문학박사 학위를 취득하였고, 『문학원론』(춘조사, 1957), 『최재서 평론집』(청운출판사,

1957), 『영시개론』(한일문화사, 1963)과 『셰익스피어 예술론』(을유문화사, 1963) 등의 저서를 남겼다. 1964년 11월 16일, 56세를 일기로 사망하였다.

최재서는 민족문제연구소의 『친일인명사전』에 수록된 친일문학인 42인과 친일반민족행위진상규명위원회가 발표한 친일 반민족 행위 705인 명단에 포함되었다. 당대의 지성이었지만, 그는 일제와 일제 침략전쟁의 본질도, '대동아공영권' 구호에 숨겨진 허구도 꿰뚫어 보지 못하였다.

일제의 '욱일승천'을 오판하고 일본의 신체제에 투항해 버린 그가 역사에 민족을 등진 부역자로 남은 이유다. 그나마 팔봉 김기진과 달리 그의 이름을 딴 문학상 하나 제정되지 못한 것은, 그의 불운이지만 뒷사람의 행운일지도 모른다.

백철,
친일부역하고도
한국 문화비평의 대들보

나는 이번 사변에 의하여 북경, 상해,
남경, 서주, 한구 등이 연차 함락되는 보도와 접하고 또는 실사 등을 통
하여 지나의 모든 봉건적 성문이 함락되는 광경을 눈앞에 볼 때에 우
리들의 시야가 훤하게 뚫려지는 이상한 흥분이 내 일신을 전율케 하는
순간이 있다……. 기왕 허물어질 성문이면 하루라도 속히 허물어져 버
리는 것이 역사적으론 진보하는 의미다.

　　－「시대적 우연의 수리－사실에 대한 정신의 태도」, 《조선일보》(1938년 12월 2~7일자)

이 글은 문학평론가 백철(白鐵·白矢世哲, 1908~1985)이 1938년에 《조

중일전쟁 때 일본군의 난징 입성(1937년 12월 13일). 백철은 이 무렵에 친일로 들어섰다. ⓒ 위키백과

선일보》에 연재한 그의 친일 성향이 드러나는 첫 평론이다. 글에서 말
하는 '사변'은 중일전쟁, 노구교(盧溝橋) 사건으로, 두 나라 간에 전면전
이 시작된 이래 당시 일본군은 파죽지세로 베이징, 톈진, 상하이를 함
락한 뒤 난징을 공략하고 있었다.

　일본군이 중국의 주요 도시를 함락하면서 중국을 무너뜨리고 있는
광경에 그는 충격을 받았던 모양이다. 그는 자신이 받은 충격을 '흥
분'과 '전율'이라 표현하고, 일본의 승리를 '역사적 진보'라고 강변하
였다.

카프 맹원이었던 백철, 출감 후 전향

결국 중일전쟁의 전개가 백철을 친일부역의 길로 들어서게 한 셈인데, 이는 일제 말기에 조선 지식인들이 대일 협력으로 전환하는 한 유형이었다. 조선의 지식인들이 대일 협력에 대거 나서게 되는 것은 만주사변(1931) 직후, 중일전쟁(1937) 직후, 태평양전쟁(1941) 개전 이후 등 세 단계로 이루어졌다는 게 정설이다.

나름대로 국제 정세를 치밀하게 분석하고 있던 조선 지식인들은 일제의 침략전쟁이 본격적인 궤도에 오르는 세 사건 직후에 결정적으로 무너졌다. 이들은 일제가 선전한 '대동아공영권' 또는 '아시아·태평양 체제'의 구축이 불가항력이라고 '오판'하고 만 것이었다.

백철은 평안북도 의주 출신이다. 본명은 백세철(白世哲), 백철은 필명이었다. 1926년 신의주고등보통학교를 수석으로 졸업하고, 1927년 3월 일본 도쿄고등사범학교 영문과에 입학하였다. 이 무렵 그는 전원파적인 시 동인지『지상낙원(地上樂園)』의 동인으로 활동하였다.

백철은 1930년 나프(NAPF: 전일본무산자예술동맹)에 맹원(盟員)으로 가입하여 나프의 시 전문지인『전위시인』의 동인으로 활동하였다. 1931년에 도쿄고등사범학교를 졸업하고 귀국하여 개벽사에서 발행하는 잡지『혜성(彗星)』의 기자와 카프 맹원으로 활동을 시작하였다.

백철이 본격적으로 평론을 시작한 것은《조선일보》에「농민문학 문제」를 연재(1931년 10월 1~20일자)하면서부터다. 1932년에는 문인 친목 단체인 조선문필가협회의 발기인, 전형위원, 집행위원 등으로 참가하였다.

백철은 1933년《조선일보》(12월 22~27일자)에 「문예 시평 – 인간 묘사 시대」를 발표하였다. 이 글에서 그는 인민성, 당파성, 전형의 창조, 현실반영론 등 프로문학의 기계주의적인 창작론에 회의를 느끼면서 살아 있는 인간의 모습을 그려야 한다고 주장하였다. 이에 임화 등 카프의 주요 맹원으로부터 정면 공격을 당하면서 그는 카프와 얼마간 거리를 두게 되었다.

　그러나 그는 1934년 8월 카프 제2차 검거 사건(전주 사건·신건설사 사건) 때에 체포되어 전주형무소에 수감되었다. 그가 집행유예형을 선고받고 석방된 것은 1935년 12월로, 약 1년 반 동안 복역한 뒤였다. 이후 카프는 김남천(金南天, 1911~1953)이 경기 도경(道警)에 해산계를 제출함으로써 종식되었다.

　백철이 1935년 12월 22일부터 27일까지《동아일보》에 발표한 「비애의 성사(城舍)」는 일종의 전향서였다. 그는 이 글에서 "문학인이 과거의 같은 의미에서 정치주의를 버리고 맑스주의자의 태도를 포기하는 것은 비난할 것이 아니라 문학을 위하여 도리어 크게 찬하(贊賀)해야 할 현상"이라고 주장한다.

　1937년 백철을 대일 협력, 즉 부역의 길로 들어서게 한 중일전쟁이 발발하였다. 베이징과 톈진, 상하이를 함락하고 난징을 공략하던 12월 초에 그는 평론 「시대적 우연의 수리 – 사실에 대한 정신의 태도」(《조선일보》 1938년 12월 2~7일자)를 통해 일본의 침략전쟁을 긍정하고 일본의 승전을 역사의 진보로 포장하였다.

　그러나 그가 쓴 평론의 잉크가 채 마르기 전인 1937년 12월 13일, 마침내 난징을 함락한 일본군은 이듬해 2월까지 6주간에 걸쳐 30여

만에 이르는 시민들을 학살하였다. 그는 본격적 침략에 나선 일본의 서슬에 놀라 마침내 일제에 투항한 것이었다. 일문(日文)으로 발표한 평론 「시국과 문화 문제의 행방」(『동양지광』 1939년 4월호)에서도 같은 주장을 폈다.

1940년 1월, 『인문평론』에 발표한 중편소설 「전망」도 "새로운 진리에 접근하려면 우선 지금까지의 태도를 대담하게 버리고 새로운 입장에 앉아 보아야 한다"

일문 평론 「시국과 문화 문제의 행방」,
『동양지광』(1939년 4월호)

라는 주제의식 아래 일본의 침략전쟁을 '비약을 위한 희생'으로 긍정한 것이었다.

> 낡은 것이 지나가고 새로운 건설이 오는 그 광경을 어디 감격 없이 바라볼 수가 있느냐! 전쟁! 물론 그 자체는 결코 명랑한 광경이 아니다. ……그러나 역사가 비약하는 데는 언제나 커다란 희생이 따른다고 하지 않는가? 이 희생 위에 동양 역사가 크게 비약하는 풍경을 나는 바라보고자 한다.
>
> — 「전망」, 『인문평론』(1940년 1월호)

소설 형식을 빌려 친일의 논리를 개진한 그는 이어서 1940년에 두 편의 글로 일제의 정책에 동조하고 그에 따른 문화 논리의 계발을 촉구하였다. 『인문평론』 7월호에 발표한 논문 「금후엔 문화적 사명이 중대」와 『인문평론』 11월호에 발표한 「신체제와 저널리즘」이 그것이다.

「금후엔 문화적 사명이 중대」에서 그는 "지나(支那) 국민이 우리 제국의 진의를 이해해서 제국의 협력에 응하는 문제 같은 것이 건설기의 중심 문제인데, 이 중심 문제의 실천을 위한 수단이란 역시 정치가 아니고 문화의 힘"이라고 주장하였다.

「신체제와 저널리즘」에서는 "신체제에 순응하여 저널리즘의 기관이 분담할 임무는 선전적인 임무다. 그리고 그 선전은 과거의 것과 같이 다만 센세이션한 것이면 그것을 특별 기사로서 대서(大書) 특서(特書)하는 자유로운 선전이 아니고, 그것은 어디까지든지 국가라는 전체적 입장에서 생각하여 국가에 봉사하는 가치관념에 기사의 경중을 결정하여 선전하게 될 것"이라 하여, 저널리즘의 의무가 국가에 봉사하는 데 있다는 전체주의적 시각을 보였다.

1939년 3월 백철은 조선총독부 기관지인 《매일신보》의 기자로 입사하였다. 같은 달, 조선총독부가 주도하는 '북지황군 위문 문단사절' 후보로 뽑혔으나 최종 선정되지는 못하였다. 그해 10월 그는 조선문인협회의 발기인으로 참여하였다.

조선문인협회(회장 이광수)는 결성식에서 발표한 성명서에서 밝힌 대로 "흥아(興亞)의 대업을 완성시킬 황군적(皇軍的) 신문화 창조를 위하여 용왕매진(勇往邁進)코저 맹세"한 총독부 어용 문인단체였다. 이 단체는 1943년 국민시가연맹 등의 단체와 더불어 조선문인보국회로 강화, 재편되었다.

일본 해군 찬양하고 부여신궁 조영에 참여

1940년 10월에는《매일신보》학예부장을 맡았다. 같은 달 조선총독부 사회교육과에서 추천하는 조선 특파 문인으로, 일본 요코하마 근해에서 천황의 참관 아래 열린 '미카마루(三笠丸)' 대전함의 진수식에 참가하였다. 이어 『삼천리』 12월호에 「천황폐하 어친열(御親閲) 특별 관함식(觀艦式)* 배관근기(拜觀謹記)」를 기고하여 신의 이미지를 덧입히는 방식으로 천황을 찬양하였다.

> 마치 백주(白晝)에 직사하는 태양을 정면으로 바라보려는 어리석은 어린애와 같이 바라보려고 노력하면 노력할수록 더욱 그 열광(熱光) 앞에서 시력을 잃고 나중에는 눈앞이 캄캄해져서 아무것도 안 뵈는 것과 같이, 나와 같은 미천지신(微賤之身)이 일단(一旦)에 신상(身上)에 남아 넘치는 광영을 힘입어 황공하옵게도 폐하를 이처럼 머지않은 거리에 모시게 될 때에 내 감격은 너무 높고 컸으며, 그 높으신 어능위(御稜威) 앞에 오직 형용할 수 없는 성엄(聖嚴)의 순간을 가질 뿐이요, 그 감격을 분석하는 소이성(小理性)은 이 순간에는 광채를 잃고 무색해지는 것이라고 생각이 된다.
>
> — 「천황폐하 어친열 특별 관함식 배관근기」, 『삼천리』(1940년 12월호)

백철은 또 이 기행문에서 온갖 형용으로 일본 해군의 위용을 칭찬

●   국가의 원수 등이 해군 함대를 검열하는 의식.

하였다. 그는 해군의 용맹한 모습에서 '신동아 질서'의 건설을 보았고, '강력한 국가 질서 아래' '안주'하게 된 '국민의 행복'을 찬양하였다.

> 우리 제국은 실로 성전 4년이라는 짧지 않은 시간 동안에 전선의 용맹무쌍한 공육해(空陸海)의 병사들의 혁혁한 공훈에 의하여 현재 신동아의 질서가 건설 실현되는 도상에 있는 동시에, 우리 총후의 일반 국민은 정연하고 강력적인 국가 질서하에 금일의 안주를 얻은 것을 몇 번이나 행복되게 생각해야 하는 것이었다. 하물며 이 전시하에 있어 오히려 이와 같은 군비의 여력을 기울여 해군 일본의 위용을 준비하는 것을 어디 타국에 그 예를 허할 사실이랴.
>
> ─ 「천황폐하 어친열 특별 관함식 배관근기」, 『삼천리』(1940년 12월호)

해군의 위용에 대한 찬양과 탄복은 이듬해 5월에 《매일신보》(1941년 5월 27일자)에 발표한 산문 「제국 해군의 위용 ─ 기념일과 문화인의 각오」에서도 되풀이되었다. 그는 "아(我) 제국이 사변 처리 중에 지나 연안의 제해권을 완전히 확보한 나머지 오히려 이만한 거세(巨勢)를 국내 해상에 거느리고 있다는 데 다시금 제작의 국민 된 긍지와 행복을 일신에 느끼는 것"이라며 감탄하고, 이를 바탕으로 '전 국민의 비범한 결의'와 '문화인의 새로운 각오'를 촉구하였다.

1940년 11월 백철은 조선문인협회 간사를 맡았다. 그는 조선문인협회가 주최한 순회시국강연회 연사로 11월 30일부터 '총력운동과 선전의 임무'라는 연제로 약 열흘간 평안도 방면에서 강연하였다. '총력운동'은 중일전쟁 이후 전쟁 시국에 대한 협력과 조선 민중에 대한 강력한 통제를 목적으로 시행한 관제운동이었다.

1941년 1월, 백철은 국민총력조선연맹 문화부 문화위원을 맡았다. 그는《매일신보》학예부장 자격으로 총력연맹 문화부의 시중을 든다고 말함으로써《매일신보》학예부의 위상과 자신의 역할을 규정하였다. 그는 독립된 언론인이라기보다 친일 어용 조직인 총력연맹의 실무자임을 기꺼이 받아들였던 것이다.

2월 8일 경성부 내 6개 문화단체 연합으로 조직한 '부여신궁(扶餘神宮) 어조영(御造營) 근로봉사 문화인부대'에 참가하여 부여에서 근로봉사를 하였다. 백철은 이 봉사 참관기인 「내선유연(內鮮由緣)이 깊은 부소산성」을 『문장』 1941년 3월호에 발표하였다.

일제는, 조선 병합 30년이 되는 해이며 관변 역사학자들이 일본이 건국되어 만세일계(萬世一系) 국체를 이어나간 지 2600년이 된다고 선전하던 해인 1940년에 맞추어서 부여에 대규모 신궁을 짓고, 여기에 여러 '천황'들의 위패를 모시고자 기획하였다. 내선일체 이념을 선전하기 위하여 고대 일본과 관련이 깊은 지역이며 백제의 수도였던 부여에 신사(神社)를 짓고자 한 것이다.

부여신궁은 사격(社格)이 높은 관폐대사(官幣大社)˚로 1943년에 완공될 예정이었으나, 공사가 늦어지다가 일제의 항복으로 완공되지 못하였다. 총독부는 1940년부터 봉사대라는 이름으로 조선영화인협회 소속의 영화인들이나 조선문인협회 소속의 문인들, 개신교 목사들 등 지식인을 대거 동원하여 신사 조영 작업에 참여하게 하였다.

●　　신사 가운데 사격(社格)이 가장 높은 곳으로 국가 의례가 거행되는 곳.

서울 남산의 조선신궁. ⓒ 위키백과

　백철이 참여한 근로봉사 문화인부대의 이름은 이른바 '성초(聖鍬) 부대', 곧 '거룩한 농기구 부대'라는 뜻이다. 봉사대의 지식인들을 가래나 삽 같은 농기구에 비유한 것이다. 그는 참관기에서 "그 당시 전후(前後) 300년을 통하여 역대의 일본 황조(皇朝)에서 대륙과 신라의 병세(兵勢)를 거(拒)하여 백제를 돕고 협력하는 데 있어 대군과 군량을 보내어 왔다"는 사실을 언급하였다. 이는 고대 백제와 일본의 교류를 내선일체의 근거로 제시한 것이라고 할 수 있다.

'국민문학'의 선봉으로 전시 총동원 체제 선전

1941년 말부터 일제는 조선의 문화인들에게 정책적으로 '국민문학'
을 강요하기 시작하여 11월에 『국민문학』을 창간하였다. 백철은 1941
년 조선문인협회 상무간사를 맡아 '국민문학' 건설에 대한 방향과 구
체적인 방법에 대한 논의에 참여하였다.

『국민문학』 창간호에 실린 「조선 문단의 재출발을 말하는 좌담회」
에는 일제가 구축하려는 '국민문학'의 상이 드러나 있다. 그것은 일제
가 요구하는 '직역봉공(職域奉公)'을 문화계에서 원만히 수행하게 하
는 방편 같은 것이었다.

백철은 이 좌담회에서 "새로운 국민문학의 목표는 개인주의적인
입장을 부정하여 전체적인 입장에서 국책에 맞는 문학을 수립"하는
것이요, 그 과제는 결과적으로 "국책을 민중에게 선전하여 그것을 계
몽"하는 것이며, "대동아공영권의 세계관"에 대한 명확한 인식이 "국
민문학의 출발에서 기초적 입장"이라 밝혔다.

또 그는 1942년 1월 『국민문학』에 기고한 평론 「낡음과 새로움(舊さ
と新しさ)」에서 견해를 분명히 밝혔다. 논의 진행 과정에서 자신의 주
도권을 관철하기 위한 처세로 해석되는 이 글에서 그는 "새로운 정신
의 구체적인 화제"로서 "새로운 세계관의 파악, 새로운 감정의 준비,
새로운 문학관의 수립"을 꼽았다. 그리고 그 방향으로 "새로운 일본정
신, 일본주의, 적어도 일본적인 것을 체내에 받아들여 충분히 씹고 소
화하여 문학 속의 살아 있는 생명의 흐름으로까지 발전시켜 나가는
것"을 촉구하고 나섰다.

그것은 일제 총독부가 원하고 기대한 바의 모범답안이었다. 새로운 세계관의 방향으로 일본정신과 일본주의를 말하였다면 더는 바랄 게 없는 완벽한 전시 동원 체제를 기대함 직했다. '국책'과 '민중'과 '계몽'을 거쳐 완성되는 '대동아공영권 세계관'이라면 그보다 더 좋을 수 없었다.

이후에도 백철의 친일부역은 쉼 없이 이어졌다. 그는 1942년 『동양지광』 6·7월호에 평론 「문학의 이상성(文學の理想性)」을 발표하였다. 이 글에서 그는 서구를 구세력으로, 일본을 신흥 세력으로 구분한 뒤 일본 민족을 "2602년이란 장구한 시간 동안 대화혼(大和魂)이라는 독특한 정신을 혈관 속에 이어온 우수한 정신력을 가진 민족"으로 평가하였다.

그리고 "금일의 승리를 이끄는 것"은 "일본정신에 근거한 일본 민족의 전통적인 정신이요, 일본 국민의 국민성"이며, 문학은 이러한 승리에 기여할 수 있어야 한다고 강조하였다. 따라서 백철은 "지금 건설기 신흥 민족의 문학으로서 야심에 충만한, 개척적인, 건설적인, 구성적인 문학으로 그 문학이 자기중심적인 성격을 이상성에서 발견함은 지극히 정당하며 필연적"이라는 논리로 '문학의 이상성'을 주장하였다.

그에 따르면 문학이란, 문학의 이상이란 일본정신에 근거한 일본 민족이 수행하는 전쟁의 승리에 이바지하는 것이며, 문학을 그리 규정하는 것은 지극히 정당하고 필연적인 것이었다. 친일부역에 눈먼 비평가의 논리는 늘상 그런 궤변으로 귀결되기 마련이었다.

1942년 11월 『국민문학』에 발표한 평론 「결의의 시대(決意の時代) - 평론의 1년(評論の一年)」에서 그는 평론가들의 태만을 꾸짖었다. 국민

문학이 제창된 지 1년이 지났으나 평론가들이 지도적 임무를 제대로 수행하지 않고 있다고 비판한 뒤, "새로운 황국신민으로서의 자각"을 일깨우면서 "새로운 현실 그 자체에 대한 이해와 용기"를 가지고 적극적으로 나서라는 요구를 앞세운 것이다.

1943년 4월, 백철은 《매일신보》 베이징 지사장으로 부임하였다. 6월 조선문인보국회 평론·수필부회 평의원, 9월 국민총력조선연맹 참사를 맡았으나 주로 베이징에 머물렀기에 본격적으로 활동하지는 못하였다. 이 무렵이 그나마 그가 친일부역에서 얼마간 비켜나 있었던 시간인 셈이다.

《매일신보》 베이징 지사장 백철은 1945년 6월 중순, 일본군 보도실에 들렀다가 베를린이 소련군에게 함락되는 기록영화를 보고 충격을 받았다. 전쟁이 끝나가고 있다는 걸 깨달은 그가 가족들을 데리고 서울로 돌아온 것은 8월 2일이었다. 14일 오후 본사에 들러 "내일 정오 중대 발표가 있다"는 소식을 들었고, 이튿날 '덴노헤이카'는 '옥음(玉音)'으로 종전을 선언하였다.

해방 뒤, 참회 없이 대학교수로 문화계 주류로 복귀

해방 직후 백철은 임화의 권고로 문화건설중앙협의회 기관지인 『문화전선』의 책임편집을 제2호까지 맡았다. 1945년 10월에는 서울여자사범대학 교수로 부임하였다. 1948년 『조선신문학사조사』(수선사)를 발간하였으며, 이해에 서울대학교 사범대학 교수가 되었다.

이후 그는 『문학개론』(동방문화사, 1949), 『국문학전사』(이병기 공저, 신구문화사, 1957), 『한국문학의 이론』(정음사, 1964) 등 국문학 관련 저서를 꾸준히 펴내면서 동국대학교를 거쳐 중앙대학교에서 정년까지 재직하였다.

그가 자신의 친일부역 행위에 대한 단죄나 양심의 가책을 두려워했는지 어쨌는지는 알 수 없다. 그러나 해방 조국은 그에게 친일부역의 죄를 따로 묻지 않았다. 그는 해방 조국에서도 유명 평론가로서 주류 사회에 편입되었다.

1960년 7~8월 브라질에서 개최된 제31차 국제펜클럽대회에 동향 후배인 소설가 정비석과 함께 참가하였고, 1961년 문화사절단으로 동남아 각국을 순방하였다. 1963년 국제펜클럽 한국본부 위원장으로 활동하는 한편, 서울특별시문화상을 수상하였다.

1966년에는 대한민국예술원 회원으로 선출되었고, 1968년에는 『백철 문학 전집』(전 4권, 신구문화사)을 펴냈다. 1969년 국제펜클럽대회에 한국 대표로 참가하였다.

1971년 1월 제37차 국제펜클럽 서울대회 대회장과 문화예술진흥위원을 지냈으며, 대한민국예술원상을 받았다. 1972년 문화예술진흥위원회 작가기금 운영위원장을 지냈고, 국민훈장 모란장을 받았다. 1975년 『문학 자서전 – 진리와 현실』(박영사)을 펴내고, 1976년 3·1문화상 예술상을 수상하였다.

물론 그도 여느 친일문인들과 마찬가지로 자신의 부역 행위에 대해서 어떤 참회도 하지 않았다. 임종국은 그의 역저 『친일문학론』에서, 1965년 발행된 『한국의 인간상』 제5권 433면에 실린 '백철이 말하는 이광수'를 다음과 인용한다.

그는 일제의 주구(走狗) 단체인 조선문인협회의 회장이 됐고, '가야마 미쓰로(香山光郞)'로 개명하였으며, 태평양전쟁이 일어난 뒤에는 김기진과 더불어 남경으로 '대동아문학자협회'에 참석하는가 하면, 학병을 권유하기 위하여 각지를 순회하며 친일 연설을 하는 등, 실로 무섭고 실로 가증한 짓을 감행하였다.

'똥 묻은 개가 겨 묻은 개 나무란'는 격인데, 어처구니가 없어선지 임종국은 이 글의 몇몇 단어를 바꾸어 백철에게 돌려준다. '회장'을 '간사'로, '가야마 미쓰로'를 '시라야 세이테쓰(白矢世哲)'로, '대동아문학자협회'를 '매일신보 학예부장'으로, 또 '친일 연설'을 '친일 좌담회'로 바꾸면, 이광수에게 겨눈 화살이 고스란히 그에게 돌아가는 것이다.

이 한편의 소극은, 우리 문학사에 명멸한 숱한 친일부역 문인들이 저지른 반민족 행위에 대한 단죄가 사라진 한국 근현대사가 얼마나 왜곡되었는가를 방증한다. 그나마 조선문인협회가 '주구 단체'이고, 문인들의 부역 행위가 '실로 무섭고 실로 가증한 짓'이라는 걸 알고 있긴 했으니 다행인가.

백철은 77세를 일기로 1985년 10월 13일 사망하여 충남 예산군 덕산면 낙상리 선영에 묻혔다.

이석훈,

일본인 이상의 일본인을

꿈꾼 작가

이석훈(1907~ ?)

소설가 이석훈(李石薰·牧洋·石井薰, 1907~?)은 국문학을 공부한 사람에게도 낯선 이름이다. 소설과 희곡, 수필을 썼고 방송 쪽에서 일하는 등 여러 방면에서 활동한 인물이지만, 그는 문학사에서조차 거의 거론되지 않는 잊힌 인물이다. 이는 단지 징병과 지원병을 선전하고 선동하였으며, 내선일체와 황민화운동에 앞장섰고, 일제의 침략전쟁에 협력한 화려한 친일부역의 전력 때문일까. 친일부역으로 이름을 떨친 문인들조차 문학상 제정 등으로 기림을 받는 상황임을 알면 그는 좀 억울하다고 항변할지도 모를 일이다.

1940년부터 훼절, 「고요한 폭풍」으로 친일 정당화

이석훈은 평안북도 정주에서 태어났다. 본명은 이석훈(李錫壎), 호는 금남(琴南)이다. 필명으로 이석훈(李石薰)·석훈생(石薰生)·이훈(李薰)·석훈(錫壎) 등을 썼다. 창씨개명한 이름은 마키 히로시(牧洋) 또는 이시이 군(石井薰).

1925년 평양고등보통학교를 졸업하고 일본 도쿄 와세다대학 고등학원 문과에 입학해 러시아문학을 전공하였다. 와세다대학 고등학원을 졸업하고 와세다대학 문과에서 수학하였는데, 1928년 부친이 운영하던 쌀새우(白蝦) 가공공장이 화재로 파산하자 학업을 중단하고 귀국하였다.

같은 해 결혼한 뒤 강원도 김화에서 잠시 신문사 지국을 운영하다가, 1929년 강원도 춘천에서 3년간《경성일보》와《오사카 마이니치신문(大阪每日新聞)》특파원 생활을 하였다.

이석훈은 1929년《조선일보》에 단편 소설 「아버지를 찾아서」를 연재(10월 31일~11월 7일자)하며 등단하였다. 이듬해에는《동아일보》신춘문예에 희곡 「궐녀는 왜 자살했는가」로 당선하였다(1930년 3월 4일자).

이후 그는 개벽사에서 발간하는 잡지 『제일선(第一線)』에서 근무하였고, 1933년 극예술연구회에 가입하였다. 같은 해 초여름 경성중앙방송국 제2방송과(조선어방송) 아나운서로 방송 생활을 시작하였고 1936년에 경성방송국 방송주임을 맡았다.

소설집 『황혼의 노래』(한성도서)를 발간한 것은 1936년. 당시 성행하던 브나로드 운동을 다룬 사회 계몽적이고 인도주의적 중편인 표제작과 1930년대 지식인의 좌절과 정신적 고뇌를 형상화한 단편 「광인기(狂人記)」 등이 실렸다.

1938년 함흥방송국 방송과장을 맡아 근무하였고, 1939년에 조선일보사 출판부로 전직하여 1940년까지 조선일보사에서 발행하는 잡지인 『조광』과 『여성』 등에서 기자로 근무하였다.

이석훈이 훼절의 길로 들어선 것은 1940년 12월 조선총독부 외곽단체인 조선문인협회가 주관하고 국민총력조선연맹 후원으로 조직된 시국강연부대에 참가하면서부터다. 그는 함경도 원산·함흥·성진·청진·진남, 강원도 춘천 등지에서 강연을 통해 일반 민중에게 '반도의 신체제인 국민총력운동'에 발맞출 것을 선전하였다.

이 강연부대의 활동을 소재로 한 작품이 단편 「고요한 폭풍」(『국민문학』 1941년 11월호)이다. 주인공은 문인협회 강연대원으로 지명된 소설가 박태민. 그는 시대의 변화 속에서 작가적 자세 확립에 대한 고민, "소승적(小乘的)인 민족적 입장"과 "대승적(大乘的) 지성과 예지"의 갈등을 지양하고자 함경선 방면을 지원한다.

일제에 대한 협력을 '민족'과 '지성', '소승'과 '대승'의 대립으로 능친다. 대단한 수사다. 문인들 특유의, 상황에 자기 논리를 끼워 맞추는 합리화 능력을 유감없이 선보인 것이다. 소설은 주인공이 주위의 오해와 경멸에도 일제와 시국에 적극적으로 협력하는 길을 택한 끝에 결국 주위 사람들도 설득되는 과정을 묘사하였다.

결국 「고요한 폭풍」은 시국에 각성하는 문인과 세칭 친일파들의 노선이 옳았고 그들을 백안시하던 이들이 자기 입장을 철회한다는 것을 넌지시, 그러나 노골적으로 주장하는 작품이었다. 어쨌든 주인공 박은 지식인이기를 포기하고 일제에 협력하는 인물의 전형, 작가 자신의 초상인지도 모른다.

「고요한 폭풍」은 1943년 6월 매일신보사가 발행한 일문(日文) 단편집 『고요한 폭풍』에 표제작으로 실렸다. 여기 실린 작품 가운데 「동으로의 여행(東への旅)」(『녹기』 1942년 5월호)도 문인들의 시국행사에서 취재한 작품으로, 내선일체를 노골적으로 주장하였다.

'성지순배(聖地巡拜)'를 위해 일본에 온 주인공 박철은 "한 점의 어둠이 없는 밝은 처녀의 피부와 같이 깨끗하고 아름다운 국토는, 유구 3천 년이라고 하는, 한 번도 외침을 받지 않는 숭고한 역사의 상징"이라면서 일본의 아름다운 풍물을 찬양한다. 그리고 기꺼이 일본인이 되겠다고 다음과 같이 외치는 것이다.

> "누가 뭐래도 일본인이 되는 거야!"
> "아! 나는 일본을 좋아한다. 나는 일본인이 되자. 이 아름다운 국토, 아름다운 사람, 풍요로운 생활, 누가 뭐라고 해도 일본인이 되는 것이야!"

낯간지러운 황민화와 내선일체에 대한 노골적 선전 덕분이었던가. 『고요한 폭풍』은 김용제(金龍濟·金村龍濟, 가네무라 류사이)의 『아세아 시집』과 함께 국어총독문예상 후보작으로 추천되었다가 실격하고 대신 국민총력연맹 문예상을 받았다.

일본은 '신국', 조선인도 '황국신민' 돼야

이석훈은 1941년 2월 '부여신궁 어조영 근로봉사'에 참가한 뒤 『신시대』1941년 3월호에 근로봉사 소감문 「부여 기행」을 발표하였다. 이 글에서 그는 역사를 끌어들여 "백제는 망하였으되 말하자면 양 민족 일체의 아름다운 정신만은 부여의 산하에 영원히 얽히어 있었던 것이니, 금일에 와 부여신궁을 이곳에 창설케 된 것도 우연한 일이 아님을 알 것"이라면서 내선일체를 합리화하였다.

『문장』(1941년 4월호)에 발표한 1막짜리 희곡 「사비루의 달밤」에서도 그는 주인공인 시인의 발언을 통해 내선일체를 1천수백 년의 역사에 걸친 숙명적 필연성으로 포장하였다.

> 당시 일본군이 먼 수로(水路)로 백제를 도와주었으나 이미 자체가
> 워낙 국방을 게을리했으니 대세는 어찌할 수 없었던 것입니다. ……
> 1천수백 년 뒤의 오늘날까지 지금 이 부소산에 부여신궁을 건설하기
> 위한 큰 공사가 진행되고 있는 걸 보면, 그 양자 간의 숙명이란 것에
> 어떤 필연성을 우리는 생각할 수 있지 않습니까?
>
> − 「사비루의 달밤」, 『문장』(1941년 4월호)

이석훈은 조선문인협회가 주최한 '용산 호국신사 어조영지 근로봉사'에 참여하였고, 임전대책협의회와 흥아보국단 준비위원회가 통합하여 전시 체제기 최대 규모의 전쟁 협력 단체인 조선임전보국단이 조직될 때 경성지부 발기인으로 참여하였다.

1941년 11월에는 조선문인협회 상무간사로 사무 일체를 맡았고, 녹기연맹의 일본어 기관지 겸 사상교양지 월간 『녹기(綠旗)』 편집부 촉탁(임시직)이 되었다. 녹기연맹은 조선인의 자발적인 전쟁 동원과 황민화를 목표로 한 전시 체제기 대표적인 민간 내선일체 단체였다. 이 단체가 펼친 사상운동의 핵심은 '일본인 이상의 일본인'을 꿈꾼 현영섭의 '조선어 전폐론'으로 대표되는 급진적인 내선일체 이념으로, 조선인의 민족적 성격을 완전히 없애는 것이었다.

같은 달, 그는 조선문인협회 사업으로 '황군의 무운장구 기원과 함께 총후에서의 정신운동의 수련' 달성을 위해 일본에 성지순배사(聖地巡拜使)로 파견되어 신사·신궁과 천황들의 무덤을 순배하였다. 순배 후 발표한 기행문에서 그는 일본을 '신국(神國)'이라 칭하며 조선인들도 '황국신민'이 되어야 한다고 주장하였다.

> 한마디로 말하면 일본은 신국(神國)이란 것이다. ……내지(內地) 사람들이 신도(神道)를 유대로 하여 임금께 충성하고 백성끼리는 서로 굳게 얽히어 국체(國體)의 기초는 반석같이 견고하며 죽기를 신(神)과 같이하기를 염원함은, 우리들로선 상상도 미치지 못하는 경지라 하겠다. ……앞으로 우리는 먼저 일본정신을 파악하고 체득하기에 각자가 힘써야 할 단계에 이르렀다는 것을 깨닫는 동시에 또 실천이 있을 것을 염원하는 것이다.
>
> ─「성지순배록」, 『국민문학』(1942년 3월호)

이석훈은 1943년 7월 『국민문학』에 이른바 '네거리소설(辻小說)' 형식의 「돼지몰이 놀이(豚追遊戱)」를 발표하였다. 국민의 전쟁 의지를 높이기 위해 짧은 글을 거리에 게시한 것에서 유래한 네거리소설은, 전시 체제의 선전·선동을 위해 극도로 짧게 만든 콩트 형식의 글이다.

이것은 운산(雲山)에 있었던 실화이다.

영미인 광산사(鑛山師)들이, 단오 명절날, 소위 조선인 노동자의 위로회라는 것을 열었다. 그런데 그 위로회라는 것이 매우 색다른 취향이어서, 미끌미끌해서 붙들기 힘들게끔 콜타르를 시커멓게 칠한 몇 마리의 양돼지를 풀어놓고 그놈을 노동자들에게 쫓게 했던 것이다. 즉 돼지를 붙든 만큼 맛있는 고기를 먹을 수가 있다는 꾸임새였다. 얼간망둥이 같은 동포들은, 조금이라도 더, 침이 흐르는 마음을 만족시켜보자는 천박한 생각에서, 열심으로 돼지몰이 내기를 하는 것이었다. 양키들은, 높은 자리에 점잖게 걸터앉아서, 이 능욕적인 경기에 신바람나게 박수를 보내면서, 재미있어 하는 것이었다. 얼간망둥이 같은 가련한 동포들은, 비지땀을 흘리며 얼굴이건 옷이건, 껌정 일색으로 더러워져 가지고, 그래도 정신없이 돼지를 쫓아서 이리저리 뛰어다니는 것이었다. 슬픈 일이었다. 누구 한 사람, 인간 취급을 받고 있지 않았다는 것을, 분개하는 사람조차 없었다.

－「돼지몰이 놀이(豚追遊戱)」

이 글의 목적은 조선인에 대한 열등의식을 드러내면서 반미를 선전하고 영미에 대한 적개심을 고취하는 것이었다. 이 밖에도 그는 '대동아전쟁'을 '성전'이라고 하면서 일제의 침략전쟁을 찬양하고, 동포들

「기초 공사의 달성」, 《매일신보》(1942년 2월 18일자)

에게 '일장기와 함께' 전진하자고 권유하였다.

대동아전쟁은 10억의 전 아시아인을 백인의 기반(羈絆, 굴레)으로부
터 해방시켜 주는 성전이다. 이것을 생각할 때 조선의 지식인은 소승
(小乘)을 버리고 대동아의 맹주로서의 자각과 황민으로서의 자부를 가
지고 명일의 명랑하고 위대한 희망에로 나가며 매진하기 바라마지 않
는다.

– 「문화–지식인에게 격(激)함」, 『반도의 빛』(1942년 2월호)

머뭇거리던 마지막 한 명의 동포도 뒤처지지 말고 일본인으로서의
긍지와 감격에 떨쳐 일어서지 않으면 안 된다. 태양을 향해 전진하자,
일장기와 함께. 2천4백만 조선 동포여.

– 「전진하자, 일장기와 함께(進まう日章旗と共に)」, 『동양지광』(1942년 3월호)

『신시대』 1943년 8월호에 발표한 「최후의 가보(最後の家寶)」도 네거리소설 형식이다. 주인공이 태평양전쟁에서 일본군 최초로 자살돌격을 한 '아투(Attu) 섬 옥쇄' 소식을 전해 듣고 집안의 놋그릇은 물론 가보인 놋촛대까지 헌납한다는 내용이다.

이성 잃은 친일파의 주장들

침략전쟁과 식민 정책에 적극적으로 봉사하는 '국민문학'과 언어·문화에 대한 이석훈의 생각은 여느 친일부역 문인의 그것과 다르지 않았다. 그는 일본 문학을 찬양하며 편협한 조선 문학을 뛰어넘어야 하고 국민문학은 '국어'로 표현되어야 한다고 주장하였다.

이석훈은 『녹기』 1942년 4월호에 발표한 「국민문학의 여러 문제(國民文學の諸問題)」에서 '일본적인' '문학'과 '모럴'을 극찬하였다. 그는 일본 전통 시가집인 『만요슈(萬葉集)』와 전통극인 노(能), 그리고 전통 시가 양식인 단카(短歌)와 하이쿠(俳句) 등을 언급하면서 "진정으로 일본적인 문학이라는 것은 하찮은 것이 없으며, 수다스러움 없이 간명(簡明)·직절(直截)하며 또한 풍부한 내용을 가질 만큼 뛰어난 문학"이라고 예찬하였다. 또 일본적인 모럴 또한 "한마디로 말한다면, 만인지상(萬人之上) 한 분으로 귀일(歸一)하여 받드는 것이다. 대의에 순절(殉節)하는 정신"이라며 최고의 찬사를 바쳤다.

그는 또 『동양지광』 1942년 6월호에 기고한 「새로운 것에 대하여(新らしさについて)」에서 "편협한 조선적인 것, 서구적인 것을 지양

한다는 각도에서 새로운 술은 새로운 그릇에 담아야만 한다고 말했는데, 그 새로운 그릇이라는 것은 지금까지의 표현양식, 스타일의 폐기를 말하는 것이 아니라 '국민문학은 국어로'라는 그 표현어를 가리키는 것"이라며 모국어를 포기하고 일본어를 쓰자고 역설하였다.

그는 작가의 표현수단인 언어와 관련하여, 「국어문제회담」(『국민문학』 1943년 1월호)을 통해 작가는 하루바삐 '표준어로서의 일본어'를 쓸 것이며, 학교에서도 어릴 때부터 명문을 가르쳐 '참답게 아름답고 향내 높은 일본어'를 익히라고 주장함으로써 모국어 포기를 선동하였다.

이석훈은 "징병도 국어 상용(常用)도 일본에 철저하기 위한 하나의 구체적인 실천"이라며 징병제에 적극적으로 부응할 것을 선동하고 지원병제를 선전하였다. 그에 따르면, 징병이나 지원병으로 출정하게 되면 '반도의 건아'가 되고 그 어머니는 경건한 '니뽄(日本)의 어머니'가 되는 것이었다.

> 징병제는 내선관계에 가장 중대한 약속을 하는 것이며, 드디어 양 민족의 운명이 좋게 접하는 것이다. 장차 많은 동포가 천황폐하를 위하여 피를 흘리며 생명을 바치는 경우를 기다릴 것도 없이, 조국이라는 것을 뜨거운 핏줄 속에서 느끼지 않을 수 없지 않은가?
>
> ─ 「징병·국어·일본정신」, 『조광』(1942년 7월호)

「하늘의 영웅」(『야담』 1942년 12월호)에서 그는 '반도' 출신의 전투기 조종사 단잔(丹山) 소위를 통해 지원병제를 선전하였다. 그의 침착하고 과감한 활동이 '총후 국민'에게 큰 감동을 주어, 수많은 소년이 '반도 건아'로서 '공중의 용사'를 지원하게 되었다는 것이었다.

『방송지우』 1944년 4월호에 발표한 「새 시대의 모성」에서는 아들이 출정하게 됨으로써 그 어머니가 천민에서 한층 지위가 높아졌다며 징병제를 미화하였다. 매일 신사참배를 하며 아들의 무운장구를 비는 진중·청결·경건한 '니뽄'의 어머니가 됐다는 식이었다.

1945년 3월, 이석훈은 두 번째 '국어 창작집' 『요모기 섬 이야기(蓬島物語)』(보문사)를 펴낸다. 장편인 표제작 및 여러 편의 단편과 두 편의

「영예의 유가족을 찾아서 1-굳센 일본의 아내」 《매일신보》(1943년 11월 30일자)

희곡을 묶은 이 창작집은 이석훈표 친일부역의 결정판이면서, 패색이 짙어지는 일제를 바라보는 부역 문인들의 심리적 혼란을 일정하게 드러낸다.

여기에 실린 단편 소설 「선령(善靈)」(『국민문학』 1944년 5월호)은 「고요한 폭풍」(1941) 이후 주인공 박태민의 정신 생활을 그린 작품이다. 박은 우연히 만난 존경하는 선배로부터 "그런 단체에 왜 몸을 팔았냐?"라는 힐난을 당하면서 심한 고독감과 혼란을 느낀다. 그는 단체

활동을 하면서 자기혐오의 감정에 사로잡히기도 한다.

어느 날, 한 시인이 그의 연재소설에 대해 시비를 걸면서 "아부하는 꼴이란 볼 만하더군!" 하고 냉소하자 사람들이 보는 앞에서 주먹을 휘둘러 그를 때려눕힌다. 착잡한 심리 상태가 민족적 양심을 지적한 시인에 대한 폭행으로 폭발한 것이다. 그는 권고받은 문학대회에 출석하는 대신 만주로 떠난다.

임종국은 이 작품의 주인공 박이 '이미 이성을 상실해 버린 친일파들의 자화상'이라고 지적한다. 짙어지는 '패전의 음영'에 신경이 날카로워지고, 자신들의 선택에 대하여 '자기혐오'에 사로잡혔다는 것이다. 그것은 영혼을 팔던 이들 부역 문인들의 본능적 자기방어일지도 모른다.

'황군' 찬양하던 작가, 대한민국 해군 장교로 복무

「선령」의 박태민처럼 이석훈은 1945년 만주로 '도피'한다. 그는 중국 창춘(長春)에서 전쟁 참여를 선전하는 집필 행위와 단체 활동을 하던 중 해방을 맞아 9월에 서울로 돌아왔다. 이후 얼마간 칩거하면서 번역 작업을 하다가 『백민』 1947년 1월호에 처음으로 실명을 쓰고 산문 「고백」을 발표하였다.

그는 여기서 친일 경력을 말하며 이해를 구하기도 하고, "조선의 문화인들은 관용적이지 못하니 좀 더 너그러워지라"는 식으로 불평도 하였다. 해방이 가져다준 상황 변화는 생각보다 크지 않았던 모양이다. 그는 1947년 『순국혁명가열전』(조선출판사), 『문학감상독본』(편저, 백민문화사), 『황혼의 노래』(재판, 조선출판사)를 발간하였다.

『황혼의 노래』(1947)

1948년 해안경비대가 창설될 무렵, 이석훈은 해군 정훈장교(중위)로 입대하였다. 1949년 국방부 정훈국을 거쳐 해군본부 소령으로 진급하여 초대 정훈감 서리를 지내다가 1950년 초에 해군에서 전역하였다. 황군과 일본의 침략전쟁을 찬양하던 작가가 해방 조국의 군인으로 간단히 변신한 셈이었다.

한국전쟁이 일어난 1950년 7월, 그는 인민군에게 체포되어 서울 중구 소재 정치보위부에 수감되었다. 같은 달 하순께 서대문형무소로 이감되었으나, 그 후의 행적은 알려지지 않았다. 그리고 그는 한국 문학사에서 잊힌 이름이 되었다. 그러나 이 불운한 실종은 그의 친일부역 행적에 대한 사람들의 관심조차 하얗게 지워 버렸으니, 그에게 차라리 다행이었을지도 모르겠다.

김용제,
'시의 칼'로 동포를 찔러댄 시인

시인 김용제(金龍濟·金村龍濟, 1909~
1994)의 이름도 낯설다. 그러나 임종국에 따르면 그는 "내선일체와 황
도 선양" 실현을 위해 진력한, "1940년대의 문단에서 절대로 호락호락
하게 넘겨 버릴 수 없는 유수한 논객이요, 시인"이었다.

그는 침략전쟁과 대동아공영권을 찬양한 일문 시집 『아세아시집(亞
細亞詩集)』으로 제1회 국어총독문예상을 받은 당대에 가장 잘 나가는
시인이었다. 이 수상작은 '일본정신에 입각한 국어 작품일 것', '민중
계발의 선전 효과가 양호할 것'이라는 국민총력조선연맹의 선정 기준
을 충족하고도 남는 시집이었다.

국어총독문예상 제2회는 평론『전환기의 조선 문학(轉換期の朝鮮文學)』으로 평론가 최재서가, 제3회는 전기소설「다케야마 대위(武山大尉)」및 창작집『청량리 일대(淸涼里界隈)』로 소설가 정인택이 받았다. 부상으로 1천 원의 거액(현재 화폐 가치로 최소 1억 원 이상)이 주어지는 이 상은, 가난한 문인을 일제의 충실한 협력자로 유혹하는 강력한 동기가 되었을 것이다. 아마도 1945년에 해방이 이루어지지 않았다면 그 상을 탈 수 있었을 텐데 하며 안타까워한 부역 문인이 한둘쯤 있었을지도 모른다.

'아세아의 부흥'을 위해 친일 글쓰기 시작

김용제는 충청북도 음성 출신이다. 본관은 경주, 호는 지촌(知村)이다. 1925년 청주고등보통학교에 입학하였는데 1927년 부친의 파산으로 온 가족이 서울로 이주하게 되자, 일본 유학을 결심하고 1월 1일 단신으로 도쿄로 건너갔다. 1928년부터 1929년까지 배달 등 막일을 하며 지내다가, 1929년 4월 도쿄의 주오(中央)대학 전문부 법과에 입학하였으나 곧바로 중퇴하였다.

1930년 6월 일본의 좌익 문예 동인지『신흥시인(新興詩人)』에 시「압록강(鴨綠江)」으로 등단해 동인으로 활동을 시작하였고, 9월에 일본의 프롤레타리아시인회가 창립될 때 간사를 맡았다. 1931년 전일본무산자예술동맹(NAPF)에 가입하였고, 10월에는 그 시기의 대표시「사랑하는 대륙이여(愛する大陸よ)」를『나프(NAPF)』에 발표하였다.

이어 11월 NAPF의 후신인 일본프롤레타리아문화연맹(KOPF)이 창립될 때 가입하였다. 1932년 'KOPF 대탄압' 이후 6월 치안유지법 위반으로 체포되어 4년여를 복역하고 1936년 3월 출소하였다. 그해 10월, 도쿄에서 조직된 진보적 대중예술 조직인 조선예술좌 사건에 문예부 고문이라는 이유로 검거되었다가, 11월 불기소 처분으로 석방되어 1937년 7월 조선으로 강제 송환되었다.

그의 전신(轉身)은 1938년 7월, '대동아공영권' 수립을 위해 이시하라 간지(石原莞爾) 중장의 주도로 조직된 군국주의 단체인 동아연맹의 간사를 맡으면서부터다. 1939년 3월 14일 김동인 등이 제안하여 조선총독부가 주도한 '북지황군 위문 문단사절'의 후보로 선출되었으나, 최종 선발에서 탈락하였다.

같은 해 4월, 기미독립선언서에 서명한 민족 대표 33인 가운데 한 명인 박희도(朴熙道, 1889~1952)가 '내선일체' 운동과 침략전쟁 협력을 위해 설립한 동양지광사에 들어갔다. 3·1운동 뒤 1년 6개월간, 1922년 필화사건으로 2년 넘게 복역하고 1929년 신간회 중앙집행위원까지 맡았던 박희도는, 1934년에 내선일체를 근간으로 한 조직 '시중회(時中會)'에 가담하면서 훼절의 길로 접어들었다.

박희도는 1939년 1월, '내선일체의 실천 강화'를 목표로 하는 일문 월간지 『동양지광』을 창간하였다. 잡지 창간이 "내선일체 구현에 대한 일본정신 앙양의 일(一) 수양 도장을 제공한 것에 불과"하다고 할 정도로 그의 정신은 이미 망가져 있었다.

김용제가 친일 글쓰기를 시작한 것은 1939년 3월 『동양지광』에 「아세아의 시(亞細亞の詩)」를 발표하면서부터였다. 이 시에서 그는 '일본

국민'으로, '일본정신'을 배우고 '아세아의 부흥을 위하여 싸우'겠다고
선언하였다.

나는 아세아의 부흥을 위하여 싸우고 싶다

동시에 새로운 아세아 정신을 조용히 창조하고 싶다

나는 일본 국민의 애국자로서 일을 하고 싶다

동시에 새로운 일본정신을 깊이 배우고 싶다

나는 조선 민중의 참다운 행복을 위하여 일하고 싶다

동시에 그리운 자장가를 순진하게 노래하고 싶다

거기에 나는 감정의 모순을 조금도 느끼지는 않는다

거기에는 아름다운 아세아적인 조화가 있을 뿐이다

– 「아세아의 시(亞細亞の詩)」, 『동양지광』(1939년 3월호)

1939년 6월, 김용제는 내선일체를 위한 문화운동 단체인 국민문화
연구소 이사 겸 출판부장을 맡았고, 7월부터는 『동양지광』에 일본어
로 「아세아시집」을 연재하기 시작하였다. 9월에 동양지광사 사업부장
이 되었다.

10월엔 조선총독부 외곽 단체인 조선문인협회의 발기인이 되어 조
선문인협회 발기대회에서 각계의 축사에 대한 답사를 낭독하였다. 12
월, 부민관에서 열린 조선문인협회 주최 문예의 밤에서 자작시 「양자
강(楊子江)」을 낭송하였다. 그는 이 시에서 양자강을 서구에 짓밟힌
중국의 상징으로 내세우면서 이른바 '대동아공영권'을 선동하였다.

내선일체를 목표로 창간된 일문 월간지
『동양지광』(1942년 12월호)

국어총독문예상을 수상한 일본어 시집
『아세아시집』(1942년)

지나(支那)의 어미인 양자강이여

동문동종(同文同種)의 우방은 아시아 건설을 외치고 있다

4억의 백성은 그 악수를 원하고 있는 것이다

모성애의 옛 모습으로 돌아가

지금이야말로 깨어나 다시 끓어올라라!

지금이야말로 동양의 건설을 외쳐라!

– 「양자강」, 『동양지광』(1939년 5월호)

총독상에 빛나는 일본어 시집 『아세아시집』

1942년 12월 18일, 김용제는 첫 번째 일본어 시집 『아세아시집(亞細

亞詩集)』(대동출판사)을 펴냈다. 『동양지광』 등에 '아세아시집 제○편'이라는 일련번호를 붙여 발표된 이 작품은 1939년 1월부터 기획된 것이었다. 이후 4년 동안 약 60편이 만들어졌는데, 그 사이 내용이 전쟁시에서 애국시로, 그리고 국민시로 바뀌어 갔다.

총독부 관리 6명, 조선군 보도부장, 경성제대 교수 2명, 《경성일보》 학예부장, 논설위원 등 일본인들과 유진오, 유치진, 백철 등의 조선인으로 구성된 1943년 국어총독문예상 전형위원은 11편의 후보작 가운데 침략전쟁과 대동아공영권을 찬양한 김용제의 『아세아시집』을 최종작으로 선정하였다. 다음은 3월 21일 《매일신보》에 실린 이광수의 평가와 김용제의 수상 소감이다.

『아세아시집』은 총독상을 받을 만한 우수한 작품이다. 처음부터 끝까지 일관하여 열렬한 일본정신의 기백이 있는 것이고, 또 표현이 원숙한 경지에 이른 작품이다.

— 가야마 미쓰로(香山光郎, 이광수)

처음부터 국어로 문학을 시작한 동경 시절 이래의 15년 동안과 이 시집으로써 나의 문학사상이 일본주의로 혁신 출발한 5년간의 과거를 회상하면 감개가 적지 않습니다. ……우리들은 지금 대전쟁을 하고 있는 일본의 국민입니다. 따라서 문학도 싸움이 안 되면 존재성이 없을 뿐 아니라 싸움을 지도하는 정신의 양식이 되지 않으면 안 된다고 절실히 믿고 있습니다.

— 가네무라 류사이(金村龍濟, 김용제)

1943년 4월 3일, 국어총독문예상을 받은 김용제는 조선문인협회를 통하여 상금 중 300원을 조선군 애국부에 국방헌금으로 기탁하였다. 그는 또 작품으로 '총후국민문화운동'에 공헌하였다는 이유로 경성대화숙으로부터 모범 사상전사의 표창도 받았다.

대화숙은 일제가 1941년 사상범의 보호관찰, 집단적 수용, 조선인의 황민화를 실현하기 위해 만든 전향자 단체였다. 일찍이 좌익 문예활동으로 복역한 김용제가 대화숙에서 모범 사상전사로 표창을 받았으니, 그야말로 성공적으로 전신(轉身)한 셈이다.

1943년 5월 27일 해군기념일을 맞아 김용제는 조선문인보국회 시부회 주최로 종로청년회관에서 열린 '해군을 찬(讚)하는 시 낭독회'에 참여하여 시 「바다 열리다(海ひらく)」를 낭독하였다. 화자인 어른이 동길이라는 청소년에게 해군이 될 것을 권유하는 형식으로 된 이 시에서 바다는 곧 일제 침략의 경로였다.

그래, 동길 군
일본이 해신(海神)의 나라라는 것은
저 원구(元寇)를 퇴치한 가미카제(神風)로 잘 알고 있지
저 하와이전(戰)의 아홉 군신(軍神)에게 만세를 외쳤지
우리나라의 둘레가 깊은 물의 성벽이기에
옛날부터 어떤 적도 오지 못했던 것이다.
(……)
자네들이 태어난 지 얼마 안 된 갓난아기 때도
깨끗한 목욕물(産湯)을 받고 바람을 들이마셨는데

오늘의 새로운 탄생일에는

일본해의, 태평양의 목욕물로 나시 태어나는 것이다.

―「바다 열리다(海ひらく)」, 『녹기』(1943년 6월호)

5월엔 일본의 건국신화를 소재로 한 서사시로 일본과 일본 천황을 예찬한 두 번째 일본어 시집 『서사시 어동정(敍事詩御東征)』을 발간하였다. 이는 "진무(神武) 천황의 어행적(御行蹟)"을 "주로 『일본서기(日本書記)』에 의해서" 노래한, 서장부터 9장까지의 장시였다.

책의 후기에서 김용제는 "이 같은 존엄 웅대한, 또 소박한 정신미의 극치인 건국 사화를 감동의 신앙으로써 노래하고 찬미할 수 있음은 역시 일본 시인의 행복"이라고 감읍하였다. 그는 이미 천황의 충직한 신민이 되어 있었다.

우리 임금님 기원(紀元)을 비롯하사

이제로부터 2603년 전

아름다운 빛 뿌리시는 2월에

신민 된 우리 기도도 새롭거늘

새론 맘으로 기도하는 이 아침

하얀 눈으로 마음 정결히 하고

싸우는 땅은 아득한데

서서 보노라 아시아의 들녘에

성스럽구나 일장(日章)의 깃발 아래

피가 불붙어 오르는 남북에서

가벼운 목숨 높으신 그 영예를

벗이여 알라 뜨건 눈물과 함께

- 「서사시 어동정」 「서장」 1~3연(문성당, 1943년)

8월에는 조선문인보국회 제1회 이사회 겸 김용제의 제2회 대동아
문학자대회* 출석을 기념한 장행회에 특별 참석하고, 조선문인보국
회 대표의 한 사람으로서 대회가 열리는 도쿄로 향하였다. 떠나기 전
에 그는 '조선의 황도문학 수립' 운운하는 결의를 밝혔다.

첫째는 문학에서 일체의 적성(敵性) 가치관을 박멸하고 일본정신을
중핵으로 한 신동아문학의 건설인 것이다. 둘째는 우리는 일본 대표이
나 조선에서 일을 하기 때문에 조선의 황도문학 수립을 위하여 공부했
으면 한다.

- 《경성일보》(1943년 8월 12일자)

1944년 4월, 마침내 일제는 식민지 조선에서 징병제를 시행하기
시작하였다. 김용제는 조선군사후원회의 위촉을 받은 조선문인보국
회의 파견원으로 뽑혀 함경남북도의 징병지에서 활약하였다. 징병
검사 상황과 징병에 관한 미담이나 가화(佳話)를 수집하고 작품화하

● 　일본 제국주의가 대동아공영권 구상을 선전하기 위해 '대동아공영권의 문학 건설'이라는 기만적인 목
　　표를 내세워 개최한 문학 행사. 1942년 11월부터 1944년 4월까지 3회에 걸쳐 일본과 중국 등지에서 열
　　렸다.

기 위해서였다. 6월에는 전 조선 13도의 반도 출신 군인의 가정을 위문하기 위하여 조선문인보국회 시부회 간사로서 경상북도에 파견되었다.

6월 10일, 김용제는 '총후 반도'의 정신적 각오와 '황도(皇都) 조선'의 건설 등을 노래한 세 번째 일본어 시집 『보도시첩(報道詩帖)』을 발간하였다. "조선에 있어서 징병제의 명예를 부담하는 백만 청소년 제군에게 이 서(書)를 드림"이라는 헌사를 바친 이 시집에는, 그가 "조선군 보도반원으로서 제1회 보도연습에 참가하였을 때의 실제 체험과 감동에서 얻은" 시편들이 실렸다.

"죽어 좋을 일터로 사내답게 가거라"

시인 김용제는 '솜씨 좋은 자신의 칼'(언어)로 식민지 종주국의 이해를 완벽히 대변하고, 그들의 지배 논리를 선전, 선동하였다. 그는 언어의 형상화를 통해 내선일체와 징병 또는 학병을 통해 침략전쟁에 기여할 것을 주장하고, '총후'의 올바른 자세와 그에 부응하는 '황민정신'을 역설하였다.

지금이야말로 아세아의 풍운은
시련에 불타오른다 비상(非常)의 때다
황군 백만 대륙에
조국의 성전을 밀고 나아간다

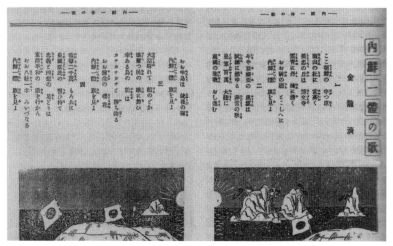

「내선일체의 노래(內鮮一體の歌)」, 『동양지광』(1939년 4월호)

오오 반도는 충후의 관문

내선일체 깃발을 보라

(······)

우리 2천만 다함께

황국신민의 맹서를 지니라

충의와 이상의 발걸음은

동양평화의 길을 간다

오오 팔굉일우(八紘一字) 천황의 위세로다

내선일체 깃발을 보라

－「내선일체의 노래(內鮮一體の歌)」, 『동양지광』(1939년 4월호)

우리가 사랑하는

아우는 백만

자네들은 잘도 남자에

잘도 이 시대에

훌륭하기 짝이 없는 군기(軍旗) 아래

사는 보람이 있으리

죽어서 불멸의 영예가 있도다

망치를 쥐는 돌과 쇠 손

괭이를 쥐는 흙과 풀 손

그물을 쥐는 바다와 생선 손

젊은 목숨을 바쳐서

오래도록 국방의 숲이 돼라

은명(恩命)의 총은 주어졌다

      –「기원(祈リ)–징병의 그 감격 2(徴兵のその感激の二)」,「동양지광」(1942년 7월호)

아직도 어린 티 나는 이들의

샛별 같은 갈매기 눈동자에는

수상기(水上機)의 날개를 펴고

전함이 백호(白虎)의 갈기 같은 물결을

하늘에 품길 저– 바다가

한(限)도 없이 넓게 푸르다

새로운 반도의 역사의 큰 날

모든 늙은 어머니조차

김용제의 친일시 「님의 부르심을 받들고서」, 《매일신보》(1943년 8월 3일자)

젖가슴 억안았던 팔을 풀고

낡은 울타리 훨훨 틔우고

나라인 마당에 '가거라' 한다

이날에 오른 새로운 병사들은

충성의 뜻과 건설의 꿈을 품고

감격의 총을 메고 나선다

'사내답게 가거라

죽어 좋을 일터로!'

아아 만세 우뢰에 답례하는 그들은

기쁜 눈물에 말이 많지 않았다

'간다!' '갑니다!' 하고만

'갔다 온다'곤 하지 않았다

– 「님의 부르심을 받들고서」, 《매일신보》(1943년 8월 3일자)

일제는 '어린 티 나는 이들'을 전쟁터로 내모는데, 동포 시인은 사지로 가는 젊은이의 눈동자에서 비행기와 전함을 읽어내고 '죽어서 불멸의 영예'를 노래하였다. '감격의 총'을 메고 나서는 청년들을 '죽어 좋을 일터로!' '사내답게 가거라'라고 떠밀었다. 그것도 모자라 "'간다!' '갑니다!' 하고만 / '갔다 온다'곤 하지 않았다"라며 짐짓 탄복까지 하면서.

일제 말기 친일부역자들의 반민족 행위 가운데 가장 용서받을 수 없는 것이 글과 강연으로 '천황을 위해 죽으라'고 동포 젊은이들의 등을 떠민 일이었다. 이른바 사회 지도층 인사라는 이들이 오히려 더했다. 청년의 죽음을 부추긴 이들의 '글과 말'은 추악한 '흉기'였다.

1945년 6월, 김용제는 조선문인보국회 회원 자격으로 조선인 가미카제 전사자인 기요하라(清原)* 오장의 유족을 조문하고 전사자의 '특공정신'을 기렸다. 8월 1일에는 일제 말기 친일부역 문인들이 거쳐가는 조선문인보국회 상무이사를 맡았다.

● 　기요하라 데이지쓰(清原鼎實), 본명은 한정실(1925~1945). 함경북도 경성 출신. 소년 비행병으로 입대하여, 1945년 5월 28일 오키나와 해상에서 전사하였다. 사후 2계급 특진(소위)하였다.

친일을 '항일 지하운동을 위한 위장'이라 강변

이미 성큼 다가온 일제의 종말을 김용제만 눈치채지 못했던가. 아니면 굳이 그걸 믿고 싶어하지 않은 것인가. 김용제는 패전이 눈앞에 다가온 8월에도 《매일신보》에 「문단 고백」을 연재(8월 3~6일자)하여 침체된 당시의 문단을 비난하면서 '무사의 절조'와 '충'을 들먹였다.

> 무사의 절조에는 칠생보국(七生報國)°하는 전통적 명예인 충(忠)이 있다. 문사에 있어서도 마땅히 칠생보국하는 충과 미(美)가 문학의 생태로서 표현되지 않으면 안 된다. 사(死)와 대결하면서 정(精)과 문답하는 신성한 마당에 있어서는 물질의 기근은 오히려 정신의 화약이 된다. 관제적인 것에서 강박관념을 느끼는 비소(卑小)한 약체의 문학자는 스스로 생존할 권리도 의미도 없다.

8월 10일 가네무라 류사이의 네 번째 일본어 시집 『아름다운 조선(美しき朝鮮)』(녹기연맹)이 나왔는데, 배포 도중에 해방이 찾아오는 전무후무한 기록을 남겼다. 김용제는 시집 전부를 폐기 처분할 수밖에 없었다. 이들 부역자에게 해방은 믿고 싶지 않은 악몽이었을까, 그래도 민족을 위해선 다행스러운 일이라고 여겼을까.

해방 후 임화와 김남천, 유진오가 조선문인보국회 사무실에 들렀다. 이들이 보국회의 재산 일체를 양도할 것을 요구하자, 김용제는 상

° 일곱 번을 다시 태어난다 해도 천황을 위해 적을 섬멸하여 국가에 보답하겠다는 뜻.

무이사 자격으로 양도증서에 서명한 뒤 잠적하였다. 이는 최소한 그가 자신의 훼절이 '부역'이며 반민족 행위라는 사실을 인지하고 있었다는 뜻이다.

1949년 여름, 반민족행위특별조사위원회에서 최재서와 함께 조사를 받은 뒤 구류 7일 만에 기소유예로 석방되었다. 반민특위는 1949년 1월부터 활동을 시작하였으나 6월에 경찰의 습격을 받아 사실상 와해 상태에 놓였다. 게다가 '반민족행위처벌법'이 2차 개정되어 공소시효가 8월 31일로 당겨지면서 친일파 청산은 사실상 실패로 돌아갔다.

김용제는 1951년 한국전쟁 중에 미군 정보기관에 초빙되어 심리작전과 흑색 선전의 책임자로 참전하였다고 하나 확인되지 않는다. 휴전 뒤에 월간『새벽』의 편집장과『평화신문』주간 등을 역임하며 언론 출판계에서 활동하였다. 1954년에 흥사단 이사에 선임되어 1983년까지 재직하였다.

그는 1954년『김립방랑기』(개척사)를 비롯하여 여러 편의 글을 발표하였다. 1978년 8월에『한국문학』에 산문「고백적 친일문학론」을, 1993년 8월에는 일본의 시문학 동인지인『자오선』에 소설 형식의 수기「환상」을 발표하였다. 이 글을 통해 그는 자신의 친일이 '항일 지하운동을 위한 위장'이었다고 강변하였으나 본인의 주장일 뿐 객관적 증거는 제시되지 않았다.

1981년 제5공화국이 출범하자 그는 평화통일정책자문회의 자문위원으로 위촉되었다. 궁금한 것은 우리 문학사조차 외면한 시인을 신군부는 어떤 의도로, 무엇을 기대하며 찾아내었을까 하는 점이다. 언론·출판계에서 활동하고 1994년까지 생존하였는데도 인터넷에는 그의 사진이 한 장도 눈에 띄지 않는다. 따라서『친일인명사전』에도 그의 사진은 없다. 그가 그렇게 대중에게 잊힌 존재로 산 것은 그의 속죄였을까, 대중이 그를 버려서였을까.

1994년 6월 22일, 일제 강점기 국어총독문예상에 빛나는 황도문학의 기수 가네무라 류사이는 85세를 일기로 사망하였다. 적지 않은 언론이 그의 사망 소식을 전하였지만, 화려하던 친일부역 사실을 보도한 매체는 없었다.

김용제의 일제 강점기 활동은 '일제강점하 친일반민족행위 진상규명에 관한 특별법'의 친일 반민족 행위로 규정되었다. 그의 친일 행적은 친일반민족행위진상규명위원회의『친일반민족행위진상규명 보고서』에 상세히 기록되었다. 그의 이름이 민족문제연구소의『친일인명사전』에 오른 것은 말할 나위도 없다.

정인택,
국책 선전으로 시종한 황국신민

정인택(1909~1953)

소설가 정인택(鄭人澤, 1909~1953)도 일반 독자에게는 낯설기가 이석훈이나 김용제와 마찬가지다. 대중에겐 낯설지만 임종국은 그를 "애국반 정신의 고양, 황도 조선의 건설과 내선일체의 앙양, 지원병 징병의 권유며 대화혼(大和魂)의 예찬, 만주 개척 기타의 국책 선전 등으로 시종하여 대단히 우수한 국어 문예 작품을 우리 문학사에 선물해" 준 작가로 평가한다.

임종국은 또 그가《매일신보》'국어(일본어)면'에 "선구적 작품"을 발표하여 "1937년 1월 12일 국어면이 신설된 이래 최남선, 김소운의 다음을 이은, 문인으로서는 제3착의 영광을 누"렸다고 비꼬기도 한다.

'국민문학'에 대한 불타는 열정으로

정인택은 1909년에 서울에서 태어났다. 본명은 태양(太陽)이었으나 1930년께에 인택으로 개명하였다. 조선총독부 기관지《매일신보》의 주필을 지낸 정운복(1870~1920)의 아들이다. 정운복은 일본 우익 단체인 흑룡회가 도쿄의 메이지 신궁교 옆에 세운 '일한합방기념탑'의 석실 안에 '일한합방' 공로자로 이름을 올린 친일부역자다.

1927년 경성제일고등보통학교를 졸업하고 이듬해 경성제국대학 예과 문과에 입학하였다가 중퇴하였다. 문단에 등단한 것은 1930년 1월《중외일보》현상공모에 단편 「준비」가 2등으로 당선되면서다. 1931년부터 일본 도쿄에서 생활하였으며, 1934년 중반에 귀국한 후《매일신보》기자로 입사하였다가 1939년『문장』의 기자로 전직하였다. 이듬해에 다시《매일신보》학예부 기자로 옮겨 해방될 때까지 재직하였다.

그는 1935년『중앙(中央)』에 단편 소설 「촉루」를 발표한 이후부터 왕성하게 창작 활동을 펼쳤다. 이후 그의 대표적인 소설은 「준동(蠢動)」, 「연연기(戀戀記)」, 「우울증(憂鬱症)」, 「착한 사람들」, 「부상관(扶桑館)의 봄」, 「검은 흙과 흰 얼굴」, 「헛된 우상」, 「여수(旅愁)」, 「구역지(區域誌)」 등이다.

1930년대에 정인택은 주로 인간의 내면세계를 다룬 심리소설을 썼다. 그의 소설에서는 과잉된 의식세계와 생의 무기력성이 그려지거나, 신변적인 일상과 애정이 내부 초점으로 기술되었다.

그의 대표작 가운데 「검은 흙과 흰 얼굴」은 일제 식민 정책의 이념

일제에 봉사하는 '국민문학'의 방향을 분명하게 정의한 「국민문학에 영도」(『삼천리』 1941년 1월호)

을 소설 형식으로 선전한 작품이다. 「부상관의 봄」, 「색상자(色箱子)」,
「해변」 등도 친일적 색채가 매우 짙은 작품으로 지적되고 있다.

정인택이 본격적으로 친일 문필 활동을 하기 시작한 것은 1940년대
에 들어서다. 친일 어용 문인단체인 조선문인협회가 주최한 '용산 호
국신사 어조영지 근로봉사'에 참가하고 경성방송국 제2방송부(조선어
방송부)에 출연하여 시국적 작품을 낭독한 1941년부터 그는 친일부역
에 나서기 시작하였다.

『삼천리』 1941년 1월호에 발표한 「국민문학에 영도(領導)」를 통해
그는 일제에 봉사하는 '국민문학'의 방향을 분명하게 정의하였다. 「엄
숙한 의무」에서는 '불타는 국민적인 것에의 열정'을 억제할 길이 없다
고 흥분하면서, 그는 이러한 열정은 '황민적인 자각'에서 비롯되며 그
것은 의도적인 노력이 있을 때 가능하다고 주장하였다.

전쟁은 항상 새로운 문화를 창조해 내어 왔습니다. 전쟁은 한 개의 위대한 탈피라 말할 수 있습니다. 지금 이 세대에 태어나 그 위대한 탈피를 경험하고 신문화 건설의 일익을 담당해야 하고 담당할 수 있다는 것은 실로 엄숙하고도 영광스런 의무일 것입니다. 이것은 당대 문화인의 유일의 긍지가 아닐 수 없습니다.

– 「엄숙한 의무」, 『반도의 빛』(1942년 3월호)

'황민화'를 부르짖었지만, 정인택 자신도 식민 지배 민족과 피식민 민족 사이가 힘을 바탕으로 한 억압과 굴종의 관계라는 사실을 아주 부정할 수는 없었던 모양이다. 그는 「작가의 마음가짐·기타」에서 일본 작가들은 의도하지 않아도 생리적으로 국민적인 것, 황민적인 자각에 이르게 되나 조선 작가들은 다르다면서, 조선 작가가 일본적인 감성과 혼을 생리적으로 내면화하려면 '의도적인 노력'이 집중되어야 한다는 것을 강조하였다.

궁극의 목표를, 이러한 생리적인 문제에까지 높여 두고, 우리의 모든 노력을 그것에 향하여 경주하지 않으면 안 된다고 생각한다. 우리의 의식이 거기까지 승화해 주지 않으면, 우리의 문학에 국민적인 자각이 짜 넣어지는 일은 결코 없을 것이다.

– 「작가의 마음가짐·기타(作家の心構·その他)」, 『국민문학』(1942년 4월호)

만주 개척 정책과 침략전쟁 찬양

일제는 1940년대 들어 만주 개척을 위한 이민 정책을 펴면서 조선의 지식인들을 동원하여 이 농업 식민 정책을 선전하였다. 시기가 맞아떨어져서인지 정인택은 특히 '만주 개척 정책'과 관련해 활동하면서 이에 관한 글을 누구보다도 많이 썼다.

1942년 6월, 조선총독부 사정국 척무과(拓務課)* 촉탁 자격으로 장혁주, 유치진과 함께 만주에 파견되었다. '약 20일간 만주 개척민 부락을 돌아보고 거기서 느낀 바, 본 바를 작품화하여 국민문학의 새 경지를 개척하게 하자'는 뜻에서였다.

시찰을 마치고 돌아온 정인택은 《매일신보》에 연재(1942년 7월 27~29일자)한 「대지의 역사」를 통해 일제의 요청에 화답하였다. 그는 1939년 12월 공표된 '만주 개척 정책의 기본 요강' 덕분에 조선인 개척민도 일본인 개척민과 동등하게 취급되어 각종 편의를 받게 되었다고 선전하였다.

정인택이 《매일신보》에 연재한
「대지의 역사」(1942년 7월 27일자)

● '만주 개척'과 관련한 업무를 담당하는 부서. 일본에서는 척무성(拓務省)이 관할하였다.

1942년 9월호 『신시대』에 발표한 「옥토의 표정」에서도 "국토 개척의 선사(選士)가 되려면 첫째로 근로정신의 존중이 필수 조건이다. 즉 모든 곤고결핍(困苦缺乏)을 극복하고 자가 근로에 의하여 흥아(興亞)의 초석이 될 수 있을 만한 왕성한 개척정신의 소유자"가 되어야 한다고 주장하였다. '원주민 지도'의 '책임'을 운운하면서 조선 이주민의 자부심을 유도하기도 하였다.

> 만주 개척민 사업이란 팔굉일우(八紘一宇)의 정신으로 일관되어야 하는 성업(聖業)이다. 민족 협화의 중핵으로 고도의 생활양식을 만주의 기후와 풍토에 맞게 새로이 창조하는 동시에 원주민을 지도하여 신흥 농촌문화를 건설할 책임을 짊어졌다.
>
> ─ 「옥토의 표정」, 『신시대』(1942년 9월호)

소설가인지라 그는 이러한 주장을 더 구체화한 소설을 발표하였다. 1942년 11월호 『조광』에 발표한 「검은 흙과 흰 얼굴」이 만주 개척민 마을을 돌아보고 와서 쓴 단편이다. 작가의 분신 격인 주인공 철수가 개척민 마을로 드는 장면에서부터 서술이 예사롭지 않다.

> 이 황량한 벌판을 처음 보고 그 막막한 황야 속에 갖은 고초를 달게 참아 가며 만주 개척이라는 성업에 정진하고 있는 조선 농민들의 생활이 숨어 있다고 생각하니, 철수는 그 물소리를 범연하게 듣고 말 수가 없었다.
>
> ─ 「검은 흙과 흰 얼굴」, 『조광』(1942년 11월호)

마을에서 철수는 자신의 첫사랑 혜옥이 같은 신식 여교사 마쓰바라(松原)를 발견한다. 혜옥은 신진 소프라노 가수로 홀어머니의 물욕에 희생되어 전락하다 행방을 감춘 여인이다. 그런데 마쓰바라는 교육 문제가 급한 마을에서 희생적으로 봉사하고 있다.

감동한 그는 구태여 그 여자가 혜옥임을 확인하려 들지 않고 그저 '근대 젊은 여성의 훌륭한 모습'을 발견한 것으로 만족한다. 정인택이 이 소설로 말하고 싶었던 것은 '허영과 물욕'에 사로잡혀 있는 도시 젊은이들에게 구태를 청산하고 개척민 부락으로 이주해 헌신하라는 것이다. 그것이 선구적 지식인이 맡아야 할 역할이라면서.

1942년에 발표한 「농무(濃霧)」(『국민문학』 11월호)도 조선 이주민의 모습을 그린 작품이다. 주인공은 지식인이 아니라 농민의 아들인, 조선인 트럭 운전수 센다(千田)이다. 만주사변(1931)이 일어나자 센다는 북쪽 전쟁터에서 용맹을 떨치지만, 비적을 토벌하다 다치고 만다. 군(軍)과 만주척식회사의 도움으로 안투현(安圖縣)에 일자리를 얻게 된 그는 우연히 현의 개척민 명부에서 자기 가족과 아버지의 이름을 발견한다.

그러나 비적 토벌에 바쁜 센다는 미처 가족을 찾아보지 못한다. 어느 날 새벽, 가족이 머물고 있음 직한 마을에서 연기가 오르자 가족과 마을 사람을 구할 셈으로 토벌대를 태운 트럭을 전속력으로 몰기 시작한다. 그는 주어진 환경을 받아들이며 스스로 깨쳐 나가는 이주민, 일제의 정책적 농업 식민을 만주에서 재현해 주는 '기특한 조선인'이다.

마지막에 센다는 "언제까지나 가난한 농민으로 지낼 것인가. 만주에는 얼마든지 넓고 비옥한 토지가 있다. 그것을 개척하고, 그것을 경작해……"라고 생각하고 "새들도 지나가지 않는 높고 높은 산서성(山西省) 산꼭대기의 적진을 일루(一壘) 또 일루 초인적인 의지로 무찔러 가는 황군 용사들의 신 같은 자태"를 떠올리며 트럭을 탄 채 적진에 뛰어드는 것이다.

이 밖에도 그는 《경성일보》를 통해 「하얼빈에서(哈爾濱にて)」(1942년 6월 18일자), 「천진에서(天津にて)」(194년 6월 23일자), 「모란강에서(牡丹江にて)」(1942년 6월 25일자), 「연길에서(延吉にて)」(1942년 6월 30일자) 같은 여행 스케치를 발표하였고, 「여신초(旅信抄)」(『국민문학』 1942년 7월호), 「개척민의 감정(開拓民の感情)」(『춘추』 1942년 8월호) 같은 산문도 내놓았다.

또한 세 차례에 걸쳐 관련 좌담회를 연 뒤, 「만주 개척민 시찰 보고」(『녹기』 1942년 8월호), 「개척 농민 시찰 좌담회」(『신시대』 1942년 9월호), 「개척민 부락장 현지 좌담회」(『조광』 1942년 10월호)라는 제목으로 결과물도 발표하였다.

1942년 9월 정인택은 조선총독부 외곽 단체인 조선문인협회의 간사를 맡았다. 같은 해 12월 26일부터 이듬해 1월까지 만주국 젠다오성이 초빙하고 조선문인협회가 파견하는 형식으로 젠다오성 조선인 개척촌을 시찰하였다. 시찰단에는 소설가 채만식, 이석훈, 이무영, 정비석 등이 함께하였다.

시찰 후 좌담회(「간도성 시찰 작가단 보고」, 『녹기』 1943년 2월호)에서, 만주 이민의 황국신민화가 물질적으로 토대가 마련되었으니 이제부터는 정신적 수련을 할 시기가 되었다고 주장하였다. 또 현재의 분촌 계획이 잘 실행되어 생활이 향상되면 이주민들의 황국신민화도 확고하게 정착될 것으로 전망하였다.

1943년 4월 정인택은 『반도의 빛』에 산문 「낙토에 충천하는 개척민의 의기」를 발표하였다. 이 글에서 그는 자기 먹을 식량의 경작을 포기하더라도 '국가'가 요구하는 (군수물자인) 콩이나 대마 같은 것을 대량으로 재배하고 출하해 온 만주 이주민들의 의기를 칭찬하였다. 그러면서 그들을 제일선의 용사에, 반도인을 총후 국민에 비유하였다.

1943년 6월, 정인택은 '세계 최고의 황도문학을 수립하고자 싸우는 문학자'(결성 선언문) 조직인 조선문인보국회 소설·희곡부회 간사를 맡았다. 1940년대 후반기에 정인택은 일제의 징병 관련 글을 부쩍 많이 쓰면서 학병·지원병·징병을 선전, 선동하였다. 또 이른바 '불타는 국민적인 것에의 열정'으로 일제의 침략전쟁을 지원하고 찬양하는 소설을 발표하였다.

8월, 징병제 감사결의 선양행사에 협찬해 부민관에서 개최된 '낭독과 연극의 밤'에서 그가 지은 네거리소설 「불초의 자식들(不肖の子ら)」을 영화배우 남승민이 낭독하였다. 이 작품은 무지한 조선의 어머니가 '내지'의 어머니 같이 '군국(軍國)의 어머니'로 변해 가는 모습을 그린 것이었다.

손을 댈 수 없을 정도로 극악했던 장남이 불과 6개월의 조련으로 몰라볼 만큼 늠름하고 단정한 젊은이가 되어 돌아왔을 때 나이든 어머니는 마음속으로 생각했다. '지원병훈련소란 얼마나 편리한 곳이라나. 다음 자식도 그다음 자식도 꼭 그곳에 넣어 달랑게.' 나중의 두 자식도

형에게 뒤지지 않는 녀석들로 이 불초의 자식들 때문에 나이 많은 모친의 고생은 끊임이 없었던 것이다.

– 「불초의 자식들(不肖の子ら)」, 『조광』(1943년 9월호)

그러나 나중의 두 사람은 지원병이 되지 않아도 좋았다. 반도에도 영예의 징병제가 펼쳐졌기 때문이다. 이제는 장애가 없는 한반도의 젊은이들도 국가의 간성(干城)이 될 때가 온 것이다. 그때쯤 나이 많은 모친의 마음속에는 커다란 변화가 일어나고 있었다. 이제 군대에 보내는 것을 감화원에 넣는 것쯤으로밖에 생각하고 있지 않았다.

모친은 셋 모두 하나같이 변변치 못한 자식을 나라에 바치지 않으면 안 되는 자기 몸의 능력 부족과 불운을 마음속으로부터 한탄하고 슬퍼하기 시작했다. 낫 놓고 기역 자도 모르는 무지한 모친의 마음속에, 이 변화를 가져오게 된 사연이라는 것은 무엇이었는가.

– 「불초의 자식들」, 『조광』(1943년 9월호)

말썽 많은 자식이 지원병으로 입대하자 걱정을 내려놓은 모친이 나머지 두 아들도 지원병으로 갔으면 좋겠다고 생각하던 중 일시에 그 소원이 이루어진다. 징병제가 시행되었기 때문인데, 모친은 아들을 감화원 같은 군대에 보내려던 생각에서 벗어나 또 다른 한탄을 하기 시작한다.

자식 셋을 다 사지에 보내서가 아니라, 나라에 '셋 모두 하나같이 변변치 못한 자식'을 바칠 수밖에 없는 능력 부족과 불운을 슬퍼하는 것이다. 이쯤 되면 무지한 조선의 어머니는 '내지' 어머니 못잖은 '군국의 어머니'라 할 만한데, 정인택은 그걸 잔뜩 포장하여 찬양하는 것이다.

친일소설로 마지막 국어총독문예상 수상

1943년 9월 제4회 항공일 특집 '항공의 밤' 라디오 방송에서 정인택은 「이야기 무산융(武山隆: 다케야마 다카시) 대위」를 발표하였다. 다케야마 대위는 경북 선산 출신의 최명하로, 그는 육군 항공사관학교를 졸업하고 일본군 최초의 조선인 비행 장교로 임관하였다.

다케야마는 1942년 1월 인도네시아 수마트라 섬 페칸바루 비행장을 공습하다가 부상으로 불시착하였다. 원주민의 집에 은신하면서 치료를 받던 도중 네덜란드군의 포위 공격에 맞서 총격전을 벌였으며, 마지막으로 남은 권총 한 발을 쏘아 자살하였다.

1943년 8월 31일 일본 정부로부터 육군 대위로 추증되면서 수훈갑, 공(功) 4급, 훈6등 욱일장을 추서받았으며, 나중에 야스쿠니 신사에 합사되었다. 일제는 그의 전사를 태평양전쟁에 참전한 조선인 청년 용사의 업적으로 선전하였는데, 특히 식민지 조선에서 징병제를 홍보하고 침략전쟁을 미화하는 수단으로 이용하였다. 정인택의 글은 총독부의 의도에 충실히 부응한 셈이었다.

조선인 다케야마 대위의 전사는 '목숨을 다 바쳐 황은에 보답하자'는 선동의 근거로 자주 인용되었다. 정인택은 「다케야마 대위의 일들」에서 그를 조선에서 상무(尙武)의 기풍을 불러 깨우는, "25년의 짧은 한평생을 바쳐서 잘도 그 도표(導標)가 된 선도자"로 기렸다.

> 징병제의 실시를 보게 된 오늘날의 반도에서 잠류(潛流)하고 있는 이러한 상무의 기풍을 불러 깨우는 것은 참으로 중요한 사항인 것이다.
> ─「다케야마 대위의 일들(武山大尉のことども)」, 『조선』(1944년 2월호)·『국민총력』(1944년 9월호)

『조선』에 실린 산문에서 정인택은 "나는 무산 대위를 완벽하게 그림으로써 반도 청소년들에게 하나의 이정표를 주며, 황민으로서의 자각을 불러일으킴과 동시에, 한 번 죽어서 나라에 보답하는 남아의 기개를 고취하고 싶다는 염원이었다"라고 솔직히 고백하였다.

「붕익(鵬翼)」은 다케야마의 상무정신을 형상화한 소설이다. 정인택은, 그가 밀림에 불시착하여 최후의 순간을 맞이하였을 때 떠올리는 생각을 다음과 같이 서술하고 있다.

> 자아 인젠 죽을 때가 왔다. 남부끄러운 죽음을 말아라. 황국의 신민답게 네 최후를 찬란하게 장식해서 이 고장 원주민들의 머릿속에 깊은 인상을 남겨 놓아라. 그뿐이냐, 너는 반도 청소년의 선각자로서 가장 군인다운 죽음을 하게 되었다. 네 뒤에서 징병제를 목표로 수없는 반도 청소년이 군문(軍門)을 향하여 달리고 있다는 것을 최후의 일순(一瞬)까지도 잊지를 말아라.
> ─「붕익(鵬翼)」, 『조광』(1944년 6월호)

1944년 6월과 8월 사이에 그는 『반도의 육독(睦禿) 다케야마 대위』를 발표하였다(육독은 독수리. 현재 이 소설은 전하지 않는다). 12월에는 일본어 소설집 『청량리 일대(淸凉里界隈)』를 발간하였다. 『청량리 일대』와 『반도의 육독 다케야마 대위』로 1945년 3월 조선총독부가 주관하는 쇼와 19년(1944) 제3회 국어총독문예상의 마지막 수상자가 되었다.

정인택은 황민적인 자각을 통해 진정한 '일본인'으로 태어난 선구자로서의 문학인(지식인)은 끊임없이 민중을 계몽하고 이끌어야 한다고 여겼다. 그가 소설 「청량리 일대」(『국민문학』 1941년 11월호)에서 제시한 지식인상이 바로 그 전형이다.

이 소설은 지식인 부부가 경성의 변두리 빈민가인 청량리에 이사 와서 점차 주민과 동화해 가는 모습을 묘사하고 있는데, 애초 이기적이던 아내가 애국반 반장을 맡아 주민을 계몽하는 과정을 사실적으로 표현하였다. 애국반은 일제 강점기의 전시 체제하에서 조선인의 생활을 감시·통제하기 위해 만들어진 조직이다.

주인공과 그의 아내는 어느덧 주민들의 '정신적 지주'가 되어 전쟁 시기 애국반의 모범을 이루어 낸다. 여기서 '주인공 부부와 주민'의 관계는 볼 것 없이 '식민 본국 일본과 식민지 조선' 관계의 축소판이다. 정인택은 한 마을 공동체의 모습을 통해 일제의 속내를 아주 세련되게 포장하여 형상화한 것이다.

정인택의 친일소설들은 하나같이 총독부의 식민 지배 정책을 선전, 선동하는 것으로 일관하였다. 덕분에 국어총독문예상을 받는 영광을 누렸지만, 같은 이유로 그는 해방 조국의 독자에겐 잊힌 작가가 될 수

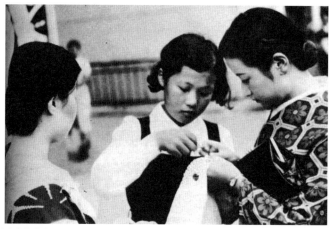
거리에서 사람들로부터 붉은 실로 한 땀씩 바느질을 얻어서 천인침을 만드는 모습. ⓒ 위키백과

밖에 없었다.

「청량리 일대」는 애국반 정신의 고양이라는 일제의 이해에 부응하는 작품이다. 그러나 임종국의 지적처럼, 그의 의도가 소설 전체의 '분위기 속에 무리 없이 융화되어 있었다는 점'에서 일정한 '예술성'을 획득하고 있음을 부인할 수 없다.

단편 소설 「뒤돌아보지 않으리(かへりみはせじ)」(『국민문학』 1943년 10월호)는 지원병으로 나간 주인공이 '총후'의 어머니와 동생에게 보내는 편지 형식의 작품이다. 그는 황국신민의 역할을 다한 어머니를 치하하고 동생을 '제 몫의 군인'으로 키워 달라고 부탁한다.

어머니! 어머니는 마을 사람들에게 천인침(千人針)를 가르치시고, 신사참배를 가르치시고, 앞장서서 일하셨습니다. 고맙습니다. 어머니, 그걸로 족합니다……. 어머니는 마을에 있는 마을 사람들을 위로하고 북돈아 주십시오. 그리고 겐(賢)을 누구에게도 지지 않는 제 몫을 하는 군인으로 키워 주십시오. 그것만이 어머니의 역할입니다. ……한 번도 어머니를 기쁘게 해드린 기억이 없는 저는 지금 폐하의 방패로서 목숨을 바치고, 어머님께 단 한 번의 효도를 하고 싶은 것입니다. 어머니, 제가 귀여우시다면 부탁 말씀이오니 제가 용감하게 싸우고 죽었다고 들으셨을 때, 손뼉을 치고 기뻐해 주십시오. 잘했다, 내 아들아, 하고 칭찬해 주십시오. 이렇게 훌륭한 아들을 두어서 나는 행복합니다, 하고 동네방네 외치며 다녀 주십시오.

— 「뒤돌아보지 않으리(かへりみはせじ)」, 『국민문학』(1943년 10월호)

그는 동생에게 기쁘게도 징병제 시행으로 언젠가 '영광스러운 초대'가 올 것이라고 말한다. 마지막으로 '나'는 이제 전사할 때가 되었다면서 '천황'을 위한 영광스러운 죽음을 노래한 군국가요 〈우미유카바〉를 비장하게 노래한다. 제목인 '뒤돌아보지 않으리'는 바로 이 노래의 마지막 구절이다.

정인택은 학병과 지원병, 징병을 선전·선동하는 소설도 적지 않게 발표하였다. 소설 「행복」(『춘추』 1942년 1월호)에서 주인공의 사생아는 '지원병'이 되기 위해 그의 호적에 입적해 주기를 부탁하고, 「껍질(殼)」(『녹기』 1942년 1월호)에서 주인공의 아우는 지원병이 되기 위해 구세대 아버지의 '단단한 껍질'과 싸워 나간다.

작품집 『청량리 일대』에 실린 「각서(覺書)」에서 주인공은 어려운 형편에도 어머니의 헌신적인 보살핌으로 경성제대 법과생이 되었는데, 태평양전쟁이 일어나자 '각서'를 쓰고 학도병에 자원한다. 반대할 줄 알았던 어머니마저 적극적으로 권하자 그는 설레는 마음을 가라앉히며 '황은(皇恩)에 보답할 때'임을 깨닫는다는 이야기다.

1945년 6월에 발표한 「히틀러 전초(傳抄)」(『조광』 5·6월 합병호)는 두 달 전에 죽은 히틀러를 추모하는 글이다. 그는 히틀러에 대해 "한평생 조국 독일을 위하여 싸우라는 운명을 짊어지고 태어난 영웅"이라 치켜세웠고, 그의 싸움은 "세계 신질서 건설을 위한 싸움"이었다고 추모하였다.

1945년 8월, 정인택은 조선문인보국회 소설부회 간사장을 맡았다. 그리고 그것은 그의 마지막 친일부역이 되었다. 8월 15일, 그가 오매불망 승전을 기원한 대일본 제국의 황군이 '미영귀축(米英鬼畜)'에 무조건 항복을 하고 만 것이었다.

그는 왜 북으로 가는 선택을 했을까

해방 뒤, 정인택은 일부 좌경화된 경향을 내보이며 작품 활동과 언론 활동을 재개하였다. 대한독립협회 기관지 격인 중도 좌익 경향의 《대한독립신문》(뒤에 《민보(民報)》로 개제)이 1947년 1월 속간될 때 편집국장을 맡았다. 같은 해 8월에는 《문화일보》 편집국장을 맡았다.

1948년 10월 소설집 『연연기』(금룡도서)를, 1949년에는 동화집 『난쟁이 세 사람』을 발간하였다. 같은 해 4월 19일 반민특위에서 발표한 '미체포 반민자 리스트' 중 '제3부(문화부)' 명단에 포함되었지만, 그의 체포 사실은 확인되지 않으며 얼마 뒤에 반민특위는 해산되었다.

12월 5일 남한 정부가 주도한 종합예술제 행사의 하나로 '이북 문화인에게 보내는 메시지'를 발표할 때, 그는 《서울신문》 지면에 「북조선 문학예술총동맹에게 경고」라는 글을 발표하였다. 1950년에는 보도연맹에서 근무하였고 6·25전쟁 중 가족과 함께 월북하였다.

정인택은 일제 강점기부터 사회주의 이념과 거리가 먼 작품을 썼고, 광복 후에도 보도연맹에서 근무하였을 뿐 문단 활동을 거의 하지 않았다. 그런 그가 '이북 문화인에게 보내는 메시지'를 쓴 까닭도, 북으로 가게 된 경위도 정확히 확인할 수 없다.

그는 이상(1910~1937), 박태원(1909~1986)과 가까웠고 평론 「불쌍한 이상(李箱) – 요절(夭折)한 그들의 면영(面影)」(『조광』 1939년 12월호)을 썼다. 친구 이상의 연인이던 권영희와 결혼한 정인택은 1953년 북한에서 병사하였다.

권영희는 몇 년 후 월북 작가 박태원과 재혼하였으며, 박태원 슬하에서 자란 정인택의 차녀 정태은은 북한에서 유명 작가가 되었다. 이는 2006년 이산가족 상봉으로 북의 누나를 만난 박태원의 차남을 통해서 알려졌다.

소설 내용과 문단 활동, 교우 관계로 볼 때 그는 사회주의적인 의식이 뚜렷한 작가는 아니었다. 그런데도 한국전쟁 중 '월북'하였다는 낙인 때문에 우리 문학 연구의 담론에서 외면되어 왔다. 그의 작품이 해금된 이상 정인택의 소설에 대하여 기법상의 가치를 중심으로 새롭게 평가되어야 한다는 요구가 학계에서 제기되고 있다. 그가 쓴 친일 작품의 면모도 숨김없이 밝혀져야 함은 물론이다.

정인택은 2002년 공개된 친일문학인 42인 명단에 포함되었고, 민족문제연구소의 『친일인명사전』에 부친 정운복과 함께 이름을 올렸다. 그는 친일반민족행위진상규명위원회가 발표한 친일 반민족 행위 705인 명단에도 포함되었다.

'전체주의 국가 중심의 새로운 세계관'

곽종원 郭鍾元·岩谷鍾元, 1915~2001

경상북도 고령 출신의 문학평론가. 이와타니 쇼모토(岩谷鍾元)라는
창씨명으로 쓴 「세대와 윤리」(『국민문학』 1944년 2월호)에서 이태준의
소설 「돌다리」**를 문제 삼았다. 세대 간의 갈등은 필연적 현상이며,
이러한 모순과 갈등을 통합하는 일은 "국가를 위해서 훌륭하게 봉공
하는" "최고의 윤리를 실천"하게 만든다고 하였다.

조선의 일본 병합, 전쟁의 승리 등이 역사의 올바른 방향인가에 대

●   나머지 문인들에 관한 내용은 『친일인명사전』의 기록을 중심으로 가려 뽑았다(가나다 순).
●●   땅의 가치를 두고 부딪치는 농부 아버지와 의사 아들의 갈등을 다룬 소설.

한 문제의식 없이 자기주장을 위해 현실을 긍정하였다. 그의 현실 인식에서 일본 제국주의 사상은 첨단의 시대 의식이었던 것이다.

그는 이광수의 일본어 소설 「대동아」에 대한 감상평인 「적극성의 추구」(『동양지광』 1944년 3월호)에서도 전쟁과 일본화를 역사의 방향으로 설정하고, 춘원의 작품이 적극성이 부족하며 오히려 도피하려는 경향마저 보인다고 비판하였다. 시대가 필요로 하는 것은 관념이나 사유가 아니라 실천적 활동이며, 그것은 일본 제국주의 전쟁에 동참하여 대동아라는 새로운 역사를 만들어 가는 것이라고 주장하였다.

역사적 자각에 따라 국민적 자각이 생겨나고, 국민적 자각으로 인해 개인주의적 세계관이 철저하게 파괴되면서, 전체주의적 국가를 중심으로 하는 새로운 세계관이 수립된다고 주장한 「결전문학의 이념」 (『국민문학』 1944년 4월호)은 그의 친일 문필 활동의 절정이었다.

해방 후, 숙명여자대학교 교수를 거쳐 건국대학교 총장을 지냈다. 1973년 초대 한국문화예술진흥원장을 맡았고, 1980년 국민훈장 모란장을 받았다.

광적인 부일 협력, 창씨개명의 끝판왕
김문집 金文輯·大江龍之介·大江龍之助, 1907~?

대구 출신의 소설가. 문학비평가. 자칭 '문학 천재병'에 걸려 도쿄 와세다중학교 재학 중 『은선(銀線)』 등 동인지를 만들고, 고교 재학 시절에도 작가가 되겠다며 습작에 열중하였다.

1935년 「장혁주 군에게 보내는 공개장」(《동아일보》11월 3~10일자)과 이듬해 같은 신문에 「전통과 기교 문제 – 언어의 문화적·문학적 재인식」을 발표하며 비평 활동을 시작하였다. 1938년 일문 소설집 『아리랑고개(ありらん峠)』와 비평집 『비평문학』을 펴냈다.

「신문화주의적 문화비평 – 비상시에 처한 문단의 자각」(『삼천리』 1938년 10월호)에서 "나는 구한국이 일본과 합방된 사실에 무한한 행복을 느낀다"든가, "우리는 본능적으로 조선 민족을 사랑하지 않을 수 없기 때문에 이 또한 본능의 의미에서 일본 제국의 충실한 국민이 되지 않을 수 없다"라며 내선일체의 신문화주의 건설을 주장하였다.

산문 「조선 문단인에게(朝鮮文壇人へ) – 현실과 조선 민족의 문제(現實と朝鮮民族の問題)」(《경성일보》 1939년 3월 30일~4월 7일자)에서 "우리는 조선 민족인 동시에 일본 국민인 것이다. 일본 국민 혹은 신민으로서의 본분을 다하는 것은 조선 민족으로서의 체면을 세우는 것과 추호의 모순도 없어야 할 것이 아니겠는가? (……) '내선일체'가 정책상의 기만적인 주문이 아니며 진심으로부터의 정치적인 모토라고 한다면, 우리 조선인으로서는 이 위에 더할 나위 없는 고마운 말이 아니겠는가?"라며 총독부가 내세우는 내선일체론의 시혜성을 부각하며 이를 능동적으로 수용할 것을 주장하였다.

「조선 민족의 발전적 해소론 서설 – 상고(上古)에의 귀환」(『조광』 1939년 9월호)에서는 '민족 해체'를 주장하고 나섰다. "조선 백성을 구원하는 최후요, 유일한 길"은 "황국신민이 된다"는 것이고, "우리가 일본 사람이 된다는 것"은 곧 "우리가 우리의 선조를 찾는다는 것"이라며 일제의 동조동근론(同祖同根論)까지 적극적으로 수용하였으며, "조선 민중의 황국신민화는 충효 일치의 우리의 생명적 명제"라고 주장하였다.

「축하해야 할 죽음(祝ふべき死)」(『국민신보』 1939년 7월 16일자)에서 조선인 지원병 중 최초로 전사한 이인석 상등병의 죽음을 열렬히 '축하'하고 "백 명의 이인석, 천 명을 죽이는 제2의 귀신 이인석"이 나올 거라고 선동하였다. 소설 「거무스름해진 혈서(黒ずんだ血書)」(『총동원』 1939년 10월호)에서는, 지원병을 신청하였으나 부친의 공산주의 전력 때문에 떨어져 졸업증명서에 '일사보국(一死報國)'이라는 혈서를 붙이는 화자의 편지를 통해 지원병 실시를 황은으로 호도하고 나아가 '징병제'로 정책을 전환할 것을 촉구하였다.

1939년 12월에 행한 창씨개명은 부일 협력의 끝판왕, 한편의 코미디였다. 그는 오에 무주노스케(大江龍無酒之介, 앞의 '大江龍'은 대구에서 태어나 에도에서 자랐고 용산역 앞에서 황군의 영령을 맞아 감격하였다는 뜻, 뒤는 조선인의 개성(改姓)을 촉진하기 위해 금주를 맹세한 뜻)로 개명하였다가, '오에 류노스케(大江龍之介)'로 바꾸었다.

1940년 「씨 설정을 주제로(氏設定な主題に)－반도 풍습의 그 조국에 합리적 발전적 귀환을 납득시키는 말(半島風習のその祖國への合理的發展的歸還を諭すの言)」(『총동원』 3월호)에서는 창씨개명의 정당성을 강조하였다.

1940년 4월 파렴치범으로 체포되어 조선문인협회 간사직을 사임하였고 8개월간 복역하였다. 석방 뒤 일본으로 건너가 후쿠오카의 신문사에 입사하였으며, 이후 행적은 거의 알려지지 않았다.

'직역봉공'과 '증산운동'을 찬양한 작가

김사영 金士永·清川士郎, 1915~ ?

경상북도 상주 출신의 소설가. 대구사범학교를 졸업하고 보통학교 교사로 근무하였다. 1940년《매일신보》신춘 현상공모 당선소설인 「춘풍」(1940년 1월 11~24일자)으로 등단하였다. 이 작품과 두 번째 소설인 「원천(怨天)」(『삼천리』 1940년 5월호)에서 농촌의 고단한 현실을 그렸다.

그러나 이후로 시국색이 짙은 작품들을 일본어로 발표하였다. 1942년 조선문인협회 주최 현상공모에 일본어 소설 「형제」(『신시대』 1942년 11월호~1943년 3월호)가 당선되었다. 이 작품은 주인공 조선인 현이 자기 아버지와 일본인 어머니 사이에서 태어난 배다른 형을 찾는 이야기다.

「형제」 이후 지원병을 소재로 한 「성안(聖顔)」을 썼다. 주인공 분녀의 두 아들 중 첫째는 홋카이도(北海島) 탄광 노무자로 갔다가 다리를 다치고, 둘째는 지원병이 된다. 아들의 무사를 기원하던 분녀는 둑이 무너져 죽음을 맞이하는데, 그 얼굴이 너무 평안하여 성스럽기까지 했다는 이야기다. 지원병제도를 노골적으로 찬양하고 있는 이 소설은 징병제 시행을 앞두고 발표되었다. 비슷한 작품으로 청년특별연성소 (鍊成所)를 다룬 「길」(『국민문학』 1944년 5월호)이 있다.

소설 「행불행(幸不幸)」(『국민문학』 1943년 11월호)은 지체 장애 여성의 수난사로 불행한 과거와 행복한 현재를 대비하는데, '행복한 현재' 가 증산운동에 이어져 있어서 증산소설로 가를 수 있다. 「세류(細流)」

(『국민문학』1944년 7월호)도 증산소설로 아들들을 탄광에 징용 보낸 노부부가 자신들은 열심히 농사를 짓겠다고 결의하는 작품이다. 아들과 자신들의 작은 노력[細流]이 모여 큰 흐름으로 이어진다는 것인데, 이는 직역봉공과 증산운동을 찬양하는 소설로 볼 수 있다.

해방 후 1952년 문경고등학교 특수교사로 근무하였다.

지배이념과 '내선 연애'로 포장한 통속소설

김성민 金聖珉·宮原惣一, 1915~1969

평양 출신의 시나리오 작가·영화감독. 본명은 김만익. 1936년 일본 주간지 『선데이 마이니치』가 주관한 1천 원 현상 대중문예소설에 「반도의 예술가들(半島の藝術家たち)」이 당선되어 일본 문단에 등단하였다. 이 소설은 1941년 '반도의 봄'이라는 제목으로 영화화되었다. 이 영화는 영화 제작을 둘러싸고 벌어지는 이야기로서, 열악한 조선 영화계가 총독부의 통제 정책과 조선영화령(朝鮮映畫令)에 맞추어 거대 자본의 영화회사 체제로 바뀌어야 한다는 내용을 담고 있다.

1941년 3월부터 10월까지 『녹기』에 자전적 소설 「천상 이야기(天上物語)」를 연재하였다. 이 소설은 문맹인 조선인 여성과 결혼한 시골 역무원이 교환수인 일본인 여성, 일본 여류 시인, 철도국에 근무하는 일본인 여성에게 차례차례 연애 감정을 느끼는 이야기로, 일본 여성을 동경하는 조선인 남성의 심정을 잘 표현하였다. 그러나 이를 내선일체 소설로 보기에는 무리가 있다.

그의 장편 소설 『녹기연맹(綠旗聯盟)』(1940)과 『혜련 이야기(惠蓮物語)』(1941)는 「천상 이야기」와 마찬가지로 통속적 이야기와 시국 내용을 결합하고 있는 통속소설인데, 이는 김성민 소설의 특징이다. 이 소설들의 소재는 모두 내선(內鮮) 연애, 즉 조선인과 일본인 사이의 연애다.

『녹기연맹』은 조선 명문가 출신인 육사 생도가 일본 명문가 출신의 친구 여동생과 연애를 하게 되는 가운데, 그의 여동생과 친구가 연애하여 결혼하기에 이른다. 그와 친구 여동생은 잠시 좌절하기도 하지만 중일전쟁을 계기로 관계를 회복하고 그는 출정한다. 침략전쟁을 매개로 난관을 만난 연인들이 관계를 회복하고 주인공은 전쟁에 나간다는 얘기 속에는 내선일체와 황국신민화라는 이데올로기가 적당하게 녹아 있는 것이다.

『혜련 이야기』는 문맹인 아내에게 일본어를 가르치기 위하여 카페에 보낸 사내가 카페 마담인 일본인 여성과 연애에 빠진다는 얘기다. 일제의 지배 이데올로기가 포장된 통속소설이어서 이 작품은 대중에게 훨씬 자연스럽게 다가갈 수 있었을 것이다.

해방 후, 그는 1950년대 대표적인 영화 감독, 시나리오 작가로 활동하였다. 〈포화 속의 십자가〉(1956)의 시나리오와 『자유부인』(정비석 원작)을 각색하였다. 1969년 타이완에서 사망하였다.

'산골짝에 다람쥐'와 '대일본의 소년'

김영일 金英一·金村英一, 1914~1984

황해도 신천 출신의 아동문학가. 1934년《매일신보》신춘문예에 동요「반딧불」이, 이듬해 조선주일학교연합회에서 펴낸 『아이생활』에「방울새」가 당선하여 등단하였다. 그 후 국민의 동요 〈다람쥐〉를 비롯하여 많은 동시와 동화·동요·동극을 창작하였다.

잡지 『아이생활』의 편집위원과 집필 동인으로 활동하면서, 침략전쟁을 선전하고 총후봉공을 주창하는 동시 「애국기(愛國機) 소국민호(小國民號)」와 내선일체의 황민화를 내용으로 하는 동요 「대일본의 소년」을 발표하였다.

「애국기 소국민호」(『아이생활』 1942년 12월호)는 대동아전쟁 기간 중 총후보국으로 국민에게 요구한 국방헌금이 비행기로 탄생한 기쁨을 어린이 화자의 목소리를 빌려 노래하였다. "한 푼 두 푼 모은 돈 / 바치입니다 // 황군 앞에 절하고 / 바치입니다 // 우리는 반도의 / 어린 용사들 / 황군 품에 고이고이 / 자랐습니다 // 우리들의 손으로 / 만들어 낸 / 애국기 소국민호 / 씩씩하다 // 이름도 거룩하지 / 소국민호 / 태평양 바다 우로 / 날아가리라 // 산 너머 바다 너머 / 적지 5만 리 / 빛나는 황군의 / 전과 보아라 // 대일본 1억 국민 / 마음 신고서 / 씩씩하게 싸워다고 / 소국민호야"라고 하여 전쟁을 찬양하였다.

「대일본의 소년」(『아이생활』 1943년 1월호)도 "우리들은 대일본의 일꾼이란다 / 대일본을 빛낼 일꾼이란다 / 다 같이 두 팔 걷고 앞으로 가자 / 산이라 물이라도 거칠 것 없다 / 에헤라 소년들아 대일본 소년들아 / 굿굿이 씩씩하게 힘써 나가자 // 우리들은 대일본의 용감한 소년 / 대일본을 빛낼 용감한 소년 / 할 일 많은 대일본의 귀한 소년들 / 할 일을 다할 때까지 앞으로 가자 / 에헤라 소년들아 대일본 소년들아 / 두 주먹 불끈 쥐고 앞으로 가자 // 우리들은 대일본의 똑같은 소년 / 할 일 많은 대일본의 소년이란다 / 굶더라도 할 일을 하고야 말고 / 벗더라도 할 일을 하고야 말리 / 에헤야 소년들아 대일본 소년들아 / 기운껏 힘 있게 앞으로 가자"라고 노래하였다. 간결한 반복과 경쾌한 리듬의 「대일본의 소년」은 "가사와 악곡은 황국민다워야 하며, 아동의 감정을 밝고 쾌활하게 하는 것으로 덕성 함양에 이바지하는 것"이어야 한다는 국민학교령 시행규칙 제2절 교과와 과목 제14조에 충실한 동요였다.

해방 후, 경기도 경찰의 간부로 근무한 것으로 알려져 있다. 아동극단을 조직해 활동하였고, 1952년 『국민학교 새음악』 발간 작업에 주도적으로 참여하였다. 한국아동문학회장(1970) 등 각종 단체 임원을 지냈고, 소년소설 「골목에 피는 꽃들」로 제1회 대한민국 아동문학상을 수상하였다. 1984년 국제펜클럽 한국 대표로 일본 도쿄대회에 참가하던 중 숙환으로 사망하였다. 1989년 옥관문화훈장이 추서되었고, 1992년에는 서울대공원에 동시 「다람쥐」 노래비가 건립되었다.

『마도의 향불』의 대중소설가

방인근 方仁根·方山春海, 1899~1975

충청남도 예산 출신의 소설가·시인. 일본에서 고교 입학을 준비하던 1918년『창조』제6호에「눈 오는 밤」을 투고하여 등단하였다. 1923년 기독교 문화 잡지인『신생명』창간호에「분투」를 발표하고, 1924년 일본 유학을 마치고 귀국하여 이광수와 함께 종합 문예 월간지『조선문단』을 창간하였다.

1929년에는 평양에서 양주동과 함께『문예공론』을 발행하였으나, 통권 3호로 종간하였다. 1930년대에 잡지 편집자로 활동하였고, 1932년《동아일보》에 장편 소설「마도(魔都)의 향불」을 연재(1932년 11월 5일~1933년 6월 12일자)하면서 대중작가로 명성을 얻었다. 이후 장편「방랑의 가인(歌人)」,「홍운백운」,「새벽길」등을 잇달아 발표하였다.

1939년 10월, 국민문학 건설과 내선일체 구현, 총력전 수행을 위해 설립한 조선문인협회의 발기인으로 참여하면서 일제에 협력하기 시작하였다. 친일을 위한 집필과 방송 활동에 의욕을 보인 그는 1943년 경성방송국 촉탁으로 활동하면서 '군국명부전(軍國名婦傳)'을 제작해 연속 방송(「도고(東郷) 원수의 어머니」,「야마노우치 가즈토요(山內一豊) 부인」편 등)하여 조선인의 전쟁 동원을 선동하였다.

이처럼 방인근이 가장 관심을 기울인 것은 '총후'를 지키는 '군국의 어머니' 상을 제시하는 일이었다.『방송지우』에도 발표한 '군국명부전'(「운핑(雲濱)의 부인」,「기무라 시게나리(木村重成)의 처」,「우리우 이와코(瓜生岩子)」등)이 대표적인 예였다. 이는 모두 '천황'이나 '국가'를 위해 일한 남편과 자식에게 헌신하거나 직접 군사 후원 사업에 종사한 여성들을 소개하는 내용이었다.

그는 1943년, 조선방송협회에서 발행하는 잡지『방송지우』10월호부터 연재한 장편 소설「모자(母子)」를 통해 조선판 '바람직한 군국의 어머니' 상을 만들어 내려 하였다.「모자」의 주인공 정숙은 타락한 남편에게서 벗어나 국민 된 의무를 자각하고 군수공장의 직공이 되어 '직역봉공'의 기쁨을 누리게 된다. 그의 시동생 창수는 서울서 공부한 애인 영순에게 농촌의 '증산보국' 의무를 이야기하는 한편 지원병에 나갈 것을 선언하고, 이에 영순은 창수에 대한 사랑과 농촌에 투신할 것을 고백하게 된다는 내용이었다. 그리하여 지원병으로 나가 집안을 빛내겠다는 창수에게 감격하는 노모도 마침내 군국의 어머니로 재탄생하는 것이다.

1943년 해군특별지원병제가 실시되고 육군징병제가 시행되자,《매일신보》에 발표한「눈물겨운 자랑」에서 "지원병만으로는 정말 군인 같지 않아 어딘가 마음 한구석에 서운한 점이 없지 않았다. 그런데 조선에도 징병제가 실시된다는 법령이 내리는 것을 볼 때 가슴에 넘치는 감사와 희열을 수습할 길이 없었다. ……그들이 제국군인이 되어서 미영의 적을 물리치고 대동아를 건설해서 자손만대의 행복을 빚어 줄 생각을 하니 가슴이 후련하다. ……징병이 되는 새 시대에 살게 된 반도 남아야말로 다시없는 행복과 영광이라고 생각된다"라며 감읍해 마지않았다.

해방 후에는 여러 문인단체에 참여하고 대중소설을 썼는데,『쌍홍무』,『인생 항로』등의 애정소설과『살인범의 정체』,「범죄왕」등의 추

리소설이다. 1954년에 영화사를 차려 「마도의 향불」 등 자신의 소설
을 영화화하기도 하였다. 1975년 1월 사망하였다.

'황국신민화'와 '새로운 인간의 형상화'

오용순 吳龍淳, 생몰년 미상

전라북도 장수 출신의 문학평론가. 보통학교 훈도로 근무했고,
1938년에서 1942년 사이에 연희전문학교에 다닌 것으로 추정된다.

친일 문필 활동은 1942년 산문 「내일의 나(明日の私)」(『동양지광』 7월
호)에서부터 확인된다. 이 글에서 그는 자신이 국가 사회의 일원이므
로 자신의 개성은 자기 완결적이거나 개인주의적이지 않다는 전체주
의적 시각을 보였다. 그는 또 '대동아 건설'의 낭만주의와 영웅주의를
강조하고, 이 사명을 지닌 전사(戰士)의 길이 자랑스럽다고 칭송하면
서, 이에 동참하는 일에는 여인도 예외가 아니라고 강조하였다.

「여인 윤리관 – 동서 신화의 비교 고찰」(『조광』 1943년 6월호)에서는
서양 여인과 달리 국가에 멸사봉공하는 동양 여인의 모습을 찬양하면
서 "이제 당신네들은 동아의 새 어머니요, 새 아내로소이다. 위대하게
펼쳐질 명일의 기쁨과 긍지를 하늘까지 쌓으시"라고 권유하였다.

그의 친일 글은 내선일체에 기초한 황국신민화를 옹호하는 내용으
로 일관되어 있다. 산문 「천명적 자아(天命的自我)」(《매일신보》 1945년 3
월 21~25일자)에서는 자유주의에서 추구하는 개체적·분립적 자아를
지양하고 천명적 자아를 추구할 것을 촉구하였다. 그는 천명적 자아

는, 역사적 자아와 공간적 자아가 합치된 "역사적 현실로서의 자아"로서 "새로운 대동아 문학의 주인공으로 등장"해야 할 "대동아의 이념을 실현시킬 역사가 요구하는 인간"이라고 말하며, 군국의 이념에 따르는 인간형을 제시하였다.

1943년 『춘추』 5월호에 발표한 산문 「복종의 신윤리」에서 "국가를 위한 한 요소로서의 개인의 윤리는 그가 속한 전 일체에 합하여지"고 동화됨으로써 만족될 수 있다고 주장하여, 개인주의를 배격하고 전체주의를 옹호하는 논리를 전개하였다. 이 복종의 윤리는 "통솔자에 순종할 뿐만 아니라 나아가 적극적으로 익찬(翊贊) 협력하며 헌신 투쟁하는 신념의 인간"으로 고양되는 윤리라고 강변하였다.

이러한 윤리론은 「새로운 인간의 형상화(新しき人間の形象化)」(『국민문학』 1944년 2월호)로 이어졌다. 이 글에서 그는 징병제 실시를 계기로 상무정신을 강화한 새로운 인간을 형상화하는 것이 국민문학의 사명이라고 주장하고, '국민'을 "일정한 취지 안에서 생활과 운명을 같이하고 그 위에 특수한 문화와 같은 역사적 경우를 가지고 있는" 초논리적이고 초과학적인 신비한 영적·운명적 결합체라고 정의하였다. 그리고 국민문학에 대하여 "국민의식을 앙양하고 국가 통일을 도모하"는 애국문학이자 "국민 의욕의 대변이요, 국가 이념의 혼"이라는 논리를 전개하였다.

그는 또 국민문학 작가가 지녀야 할 윤리는 "일본적 세계관의 실천"으로 이어져야 한다고 주장하였는데, 이는 "대동아전쟁 최후의 승리는 영미의 전략지를 파괴하는 동시에 영미적 세계관을 완전히 청산하고 국민 전체를 일본적 세계관으로 귀일시키는 데 있기" 때문이었다.

해방 후 언론계에서 일하였다. 1946년 11월 《서울신문》(《매일신보》 개칭) 편집차장을 맡아 1947년까지 직위를 유지하고 있었으나, 이후 행적은 알려진 바 없다.

전체 우위, 현실 긍정의 길을 문학의 기준으로

윤두헌 尹斗憲·平沼文甫, 1914~?

함경북도 출신의 문학평론가. 1942년까지의 초기 행적은 거의 알려지지 않았다. 1942년 3월 국민시가연맹의 기관지 격인 『국민시가』에 전시 체제를 선전하는 시 「전승의 세모(戰勝の歲暮)」로 등단하였다. 전쟁 협력을 노골적으로 드러낸 이 시에서 "2601년°은 감격과 흥분 속에 저문다 / 만일 이 싸움이 없었다면 우리의 망년(忘年) 인사는 평범한 것이었을지도 모른다 // ……역사는 드디어 새로운 궤도에 돌입했다 / 오랫동안 남의 손에 맡겨 황폐해진 동아(東亞)를 우리 손으로 되찾는 싸움은 시작된 것이다 / 육지로 바다로 너른 하늘로 무적 황군의 승전보는 전해진다 // 뉴스 속보판에 모여드는 사람들 / 라디오 앞에 꼬이는 군중 / 감격과 긴장과 흥분으로 주먹을 움켜쥐며 함성을 드높이는 민중으로 하여금 총검을 쥐게 하라"고 노래하였다.

1942년 《매일신보》에 체제 옹호적인 평론 「문학과 전통」을 연재 (1942년 3월 16~24일자)하면서 신세대 비평가로 활동하기 시작하였다.

● 일본의 초대 천황이 즉위한 기원전 660년을 기준으로 한 이른바 '황기(皇紀)'. 태평양전쟁이 일어난 1941년을 말함.

「쳐들어가는 마음가짐(斬込む氣持)」(《경성일보》 1943년 12월 15일자)에서 "글은 전승에 도움이 된다. 전승은 국가 이상의 실현에 도움이 된다. 국가 이상의 실현은 세계사의 창조에 도움이 된다. 더욱 열심히 내 일에 충실하고 싶다. 적진에 쳐들어가는 마음으로 글을 쓰고 싶다"라는 각오를 밝혔다.

1944년 1월 국민총력조선연맹이 주최한 보도특별정신대의 경기도 파견원으로 활동하였다. 4월부터 5월까지 징병 검사 상황과 그에 얽힌 미담·가화(佳話) 수집차 국민총력조선연맹에 의해 평안남북도에 파견되었다. 11월 이후 응징사 현지 위문대로 활약하였고 이를 바탕으로 이듬해 「내지에 간 응징사들(內地に行つた應徵士たち)」을 썼다.

일본어로 문학 활동이 가능한 이른바 '신세대'로서 일어 사용 문제를 통해 구세대와의 차별성을 강조하였다. 「언어의 문제(言葉の問題)」(『국민문학』 1943년 2월호)에서 문학에서의 언어 사용은 단순히 기술적인 문제가 아니라 국민의식의 문제라면서, 사상과 감정을 국민적으로 함으로써 '국어(일본어)'로 완전히 들어갈 수 있다고 주장하였다.

한글 창작을 주로 해온 '구세대'가 자취를 감춘 1943년 이후 문인보국회 평론부회 간사를 맡으며 현실 긍정의 길을 문학의 기준으로 제시하였다. 그는 이때부터 "문학은 자유로운 개인의 제멋대로의 꿈이 아니다. 개인에 한정된 행동, 개인에 한정된 올바름이란 것은 있을 수 없다. 개인이 하는 모든 일은 전체성에서 의의가 결정된다. 이것은 새로운 사회의 윤리이다. ……국민의 모범이 되는, 사회의 사표가 되는 인간과 그 인간이 하는 아름다운 행위를 창조하는 것, 그것이 오늘날 문학자 및 문학에 요구되는 것"(「창작의 1년(創作の一年)」, 『신시대』 1943

년 12월호)이라며 '전체 우위'의 문학을 주장하기 시작하였다.

전체주의를 문학 원리로 하여 국가의 모범을 창출하는 행위가 문학이며 이것이 새로운 사회 윤리라고 주장하는 논리는, 이후 확대 재생산된다. 「입술에 노래를 담고(脣に歌をもて)」(『내선일체』 1944년 8월호)에서 증산을 예찬하면서 노동은 신성하고 즐거운 것이며 국가가 준특전, 국가의 지상 명령이라고 하였다. 이는 전시 총동원 체제에서 강제 동원을 사실상 합리화하는 노동관이었다.

1944년 「더 높이 더 멀리(より高くより遠く)」(『동양지광』 1944년 4월호), 「사상적 전진(思想的前進)」(『국민문학』 1944년 5월호) 등 산문을 발표하여 내선일체와 황민화를 선전하였으며, 학병·지원병제도를 찬양하여 전쟁 협력을 독려하였다. '일본 남자'로 교육을 받은 뒤 소년 항공병이 되고자 하는 국민학교 아이들을 조선의 미래로 선전하였으며, 전쟁터에 나간 학병들이야말로 '최대 행복자'라면서 치켜세웠다.

해방 뒤 북쪽 체제를 선택하였다. 1956년 조선작가동맹 부위원장, 문화선전성 예술국장 등으로 활동하다가, 1959년 안막(安漠)과 함께 부르주아 비평가로 비판받아 숙청되었다.

르포 작가가 된 일본군 지원병

이윤기 李允基·大村謙三, 생몰년 미상

경상남도 거창 출신의 르포 작가, 일본군 지원병. 1938년 4월부터 육군지원병제도가 실시되자, 그해 5월 지원병 1기생으로 응모하여 합격하였다. 지원병 최초 전사자인 이인석 상등병과 동기다.

1940년 1월 다른 3명과 함께 경남 거창경찰서 연무장에서 지원병 응모 관련 강습회를 열었다. 1941년 10월에도 경남 각지를 돌면서 지원병 미담 강연과 지원병제도 설명회에 연사로 참가하였다. 처음 발표한 글 「북지전선 추억기(北支戰線追憶記)」(『동양지광』 1942년 5월호)에는 군복을 입은 앳된 사진과 함께 '조선총독부 육군지원병훈련소 제4중대'라는 소속이 적혀 있고 모든 글에 '조선헌병대사령부 검열제(檢閱濟)'라는 딱지가 붙어 있어, 그가 현역병 신분으로 전쟁 관련 기사를 썼음을 알 수 있다. 모두 전쟁 보고 기사거나 병영을 소개하는 내용의 글들로서, 전쟁 찬양, 황민의 결의, 전쟁 동원의 정당화 등이 노골적으로 드러나 있다.

「징병제 실시를 맞아(徵兵制實施に當りて)」(『동양지광』 1942년 6월호)에서는 "우리들 반도인이 밤낮으로 갈망하던 징병제가 드디어 1944년도부터 실시되게 되었다. 정말 영광의 극치이고 일시동인(一視同仁)의 감사한 성은에 감격할 수밖에 없다. 되돌아보면 1938년 지원병제도 실시 이래 반도 청년의 헌신 순국의 이상은 높고 해가 갈수록 지원자 수도 점점 많아져, 그 가운데에는 혈서 지원자도 있고, 특히 1942년에는 채용 인원 4500명에 비해 응모자가 실로 25만 명을 넘어 반도 청년의 가슴에는 애국의 적성이 넘치고 있다"라고 썼다.

「선배 지원병으로서(先輩志願兵として)」(『동양지광』 1943년 8월호)에서도 "말할 것도 없이 지금까지 많은 반도 청년이 폐하의 고굉(股肱, 신하)으로서 훌륭하게 역할을 해 왔다. 총포탄이 날아다니는 전장에서는 진충보국의 정성을 다하였고, 병영 생활에서는 내지의 장정과 친

목으로 군무에 힘써 조금도 손색없이 해내 왔던 것이다. ……되돌아보면 제형들은 확실히 심신을 단련하고 강건한 신체와 공고하기가 쇠와 같은 의지를 가지고 징병 검사에 합격하지 않으면 안 된다. 선발되지 않는다면 청년에게 최대의 치욕이고 불명예이다. 왜냐하면, 병역은 국민의 국가에 대한 숭고지순(崇高至純) 최대의 의무이기 때문"이라며 조선 청년들의 군 지원을 종용하였다.

해방 후의 행적은 알려진 것이 없다.

죽음을 선동하다 북에서 '3대 혁명시인'이 되다

이찬 李燦·靑葉薫, 1910~1974

함경남도 북청 출신의 시인. 본명은 이무종(李務鍾)이다. 1927년《조선일보》학생문예 공모에 '이찬'이라는 필명으로 쓴 시「나팔」이 당선되어 등단하였다. 도쿄 릿쿄대학을 거쳐 와세다대학에서 영문학을 공부하였다.

1931년 재일 조선인 좌익예술단체인 동지사(同志社)의 창립 회원 겸 편집부원으로 활동하였다. 1932년 5월 카프 중앙위원으로 선출되는 등 계급운동에 참여하였다. 11월 카프의 아동문학 기관지인『별나라』사건에 연루되어 체포·복역하다가 1934년 출소하였다.

1937년 출간한 첫 시집『대망(待望)』은 계급적 경향성을 지닌 것이었으나, 이어서 펴낸『분향(焚香)』(1938),『망양(茫洋)』(1940)에서는 허무적 정서와 모더니즘적 색채가 나타났고 이 시기부터 친일 성향이 드러나기 시작하였다.

1941년 12월 일본이 진주만을 공격한 이후 작품 경향이 뚜렷하게 바뀌어 첫 친일시 「어서 너의 기타를 들어」(『조광』 1942년 6월호)에서 "전승(戰勝)의 깃발 나부끼는 다양한 하늘을 나의 날이 풍선처럼 부풀어올라 // 놓아다오 놓아다오 / 내 진정 날고 오노라 날고 오노라 // 불타는 적도 직하 무르녹는 야자수 그늘 올리브 바나나 파인애플 훈훈한 향기에 쌓인 // 그것은 자바라도 좋다 하와이라도 좋다 / 그것은 호주라도 좋다 난인(蘭印)•이라도 좋다 // 나는 장군도 싫노라 총독도 싫노라 / 나는 다만 지극히 너의 친할 수 있는 한 개 에트랑제로 족하노니 // 깜둥이 나의 여인아 / 어서 너의 기타를 들어 // 미친 듯 정열에 뛰는 손끝이여 우는 듯 웃는 듯 다감한 / 음률이여 // 들려다오 마음껏 – 해방된 네 종족의 / 참으로 참으로 그 기쁜 노래를 // 오 오래인 인고에 헝클어진 네 머리칼을 쓰다듬으며 쓰다듬으며 / 나도 아이처럼 즐거워 보련다 이웃 잔칫날처럼 즐거워 보련다"라고 노래하였다. 이 시는 대동아를 백인으로부터 해방시킨다는 일본 군부의 역사 인식, 즉 대동아공영권론을 그대로 담아낸 것이었다.

징병제를 시행하던 시기에 쓴 시는 더욱 직설적으로 전쟁 참여를 권하였다. 「송(送), 출진학도(出陣學徒)」(《매일신보》 1944년 1월 19일자, 『신시대』 1944년 2월호)에서는 눈 내린 역 앞에서 출정을 앞둔 학도들의 모습을 "일억의 운명을 메고 / 전동아(全東亞)의 흥폐(興廢)를 지고 / 북변(北邊)의 끝 남명(南溟)의 하늘 대륙, 호지(胡地)로…… / 그러면

•　네덜란드령 인도네시아.

다녀오라 사랑하는 나의 형제 청년 반도여"라고 노래하였다.

눈싸움하는 아이들 모습을 그린 「아이들 놀이(子供の遊び)」(『국민문학』 1944년 2월호)에서는 "아아 모든 것을 참는 우리 전쟁의 길 / 이 아이들 속에 있나니"라고 하면서 아이들이 장차 일본 군인이 되어 대동아공영권의 용사가 될 것을 기대하였다.

「그나마 잘 죽어서(せぬてよく死に) – 돌아가신 어머니에게(亡き母)」(『동양지광』 1944년 3월호)에서는 "나라의 목숨을 건 이 전쟁의 날 / 어머니여, 무능한 아들 그나마 잘 죽어서"라고 하여 직설적으로 죽음을 미화하였다.

이 밖에도 그는 친일희곡 「세월」(『조광』 1943년 6~8월호), 「보내는 사람들」(『신시대』 1944년 8월호)을 써서 내선일체와 대동아공영권을 선전하였다. 특히 일제는 1940년 조선연극협회를 결성하고 주요 사업으로 이동연극사업을 내세웠다. 이동연극사업은 일제의 침략전쟁을 선전하고 생산 현장의 증산을 독려하며 지원병과 징병 참여를 선전하는 데 주력하였다.

「보내는 사람들」은 징병 문제를 구체적으로 선전하는 희곡으로 '징병적령자 의기양양 이동 연예정신대(演藝挺身隊) 순연용(巡演用)'이었다. 희곡 「이기는 마을 – 어느 이동연극대를 위하여」(『춘추』 1944년 10월호)는 맏아들은 지원병에, 작은아들은 훈련소에 다니고 있는 할머니가 보국대(報國隊)에 지원하는 내용으로 역시 지원병, 징병, 총후봉공을 주제로 하고 있다.

시 「전사(餞詞) – 교문을 나서는 여학생들에게」(『조광』 1945년 2월호)는 졸업하는 여학생들에게 공장에 들어가 정신대 활동을 할 것은 선

동하는 작품이다. 「전사(餞詞) - 징용(徵用)된 벗에게」(《매일신보》 1945
년 2월 14~15일자)는 "반도적 결점"인 "무기력, 무책임"을 일소하고 "몸
과 마음을 들어서의 결전 생활"을 해야 필승할 수 있다고 선동하였다.

해방 후, 함남일보사 편집국장, 조선문학예술총동맹 중앙위원회 부
위원장 등을 맡았고, '리찬'이라는 이름으로 공산 체제를 찬양하는 시
를 썼다. 1946년에는 〈김일성 장군의 노래〉를 작사하였는데, 이 노래
는 수령형상문학의 정수로 손꼽힌다. 1981년 조기천·김혁과 함께 북
한 문학사에서 3명밖에 없는 '혁명시인'의 칭호를 받았다.

1974년 1월 사망하여 애국열사릉에 묻혔다.

일본군의 자살 공격을 찬양한 낭만주의 시인

임학수 林學洙, 1911~1982

전라남도 순천 출신의 시인. 본명은 임악이(林岳伊). 1936년 경성제
국대학을 졸업하고 잡지 『전남평론』을 주재하였고, 해방될 때까지 호
수돈여고·배화여고·성신여학교 교사를 지냈다.

1931년 《동아일보》에 시 「우울」(5월 23일자)과 「여름의 일순(一瞬)」
(7월 12일자)을 발표하면서 등단하였다. 초기 시는 자연의 신비와 구원
을 추구하는 경향을 보였다. 당시 유행하던 모더니즘이나 경향파 문
학과 거리를 두면서 자연주의와 탈현실주의의 시를 창작하였는데, 별
이나 장미 등 흔히 볼 수 있는 사물에 자신의 감정을 실었다.

1937년 첫 시집 『석류』를 펴냈으며, 그중 서사시 「견우(牽牛)」는 '견

우와 직녀'의 전설을 창조적으로 변형하여 인간의 윤리적 타락을 비판하였다. 「견우」는 '남성적인 힘의 문학으로서의 서사시의 부흥'이라는 호평을 받았다.

경성제대에서 영국 낭만주의를 전공하고 낭만주의적이고 서정적인 시 세계를 펼친 그의 낭만성은 친일시에도 드러났다. 이후 『팔도풍물시집』(1938), 『후조(候鳥)』(1939) 등의 시집을 발간하였다.

1939년, 중일전쟁 이후 사상전(思想戰)을 위해 동원된 이른바 '펜부대'에 적극적으로 참여하며 친일 활동을 시작하였다. 1939년 '문필보국'을 표방한 조선문인협회 발기인으로 참여하고, 1943년에는 조선문인보국회 시부회 간사를 지내며 전선 위문에 참가하였다.

1939년 김동인·박영희와 함께 황군위문작가로 뽑혀 20여 일 동안 스자장(石家莊), 위츠(楡次), 타이위안(太原), 린펀(臨汾)을 거쳐 베이징으로 돌아왔다. 이 경험을 토대로 르포 「펜부대 보고」(《국민신보》 1939년 5월 21일자), 「북지에 심부름을 하고(北支へ使して)」(《경성일보》 1939년 5월 23~24일자) 등을 발표하였다. 그는 '황군 위문' 경험이나 전쟁과 관련한 시문을 적지 않게 발표하였는데, 「전선 병사를 위문하고」에서는 "멀리 바다 건너에는 일야 갖은 고초를 겪으면서 조국을 위하여 분전하는 용사들이 있습니다. 동아의 천지에는 바야흐로 새 낙토가 열리려고 하고 있습니다. 우리는 자나 깨나 이역에서 활약하고 있는 이 장사(壯士)들을 생각하고 견인지구(牽引持久) 물자 절약과 정당한 자기의 맡은 직업에 충실함으로써 장기 건설 사업에 참여하지 아니하면 안 되겠습니다"라며 대동아 건설에 참여하자고 독려하였다.

1939년 9월 이광수의 서문을 달아 『전선시집(戰線詩集)』(인문사)을 냈다. 이 시집은 '북지황군 위문'의 체험과 소감을 시화(詩化)한 것으로, 베이징의 인상과 풍물도 있지만 일본의 중국 침략이나 일본군의 무운을 찬양하는 시들도 실려 있어 "그것은 조선인 시집으로 된 최초의 사변제재시(事變題材詩)"로서 "김동인, 박영희 양씨의 작품이 나오면 지나사변에 관한 조선 문인 최초의 전쟁문학 3부작이 되는 것"이라는 평가를 받았다.

「중국의 형제들에게 Ⅲ」에서 중국 민중에게 침략 세력인 일본에 호응할 것을 촉구하였고, 「야전(野戰)」에서는 서정적 감수성을 내세워 대륙 침략을 미화하였다. 「가와바타 군조(河端軍曹)」에서는 "일곱 번 죽을 고비 열 군데 상처 / 쓰러진 대장을 구한 것도 그 / 찢긴 군기를 지킨 이도 그였도다"라고 하면서 전쟁에 헌신하는 군인상을 그렸다. 또 「돌아오지 않는 황취(荒鷲)」에서는 "……오, 불어라 불어라 흑풍(黑風), / 뛰어라 부풀어라 대하(大河), / 적(敵)인들 머리 숙여라 찬양하라 사람들 / 전사(戰史)에 빛나는 이 자폭(自爆)을!"이라며 일본군의 자살 공격을 찬양하였다.

1942년 1월 『춘추』에 발표한 「신년송」에서 "마침내 오리라 / 영광의 날은 오리라 / 거리마다 골목마다 / 꽃수레, 불바다, / 마이크 앞 연설자 스스로 감격하여 목 놓아 주먹 쳐 / 승전가를 부르매"라고 승리를 확신하며 침략전쟁에 앞장설 것을 선동하였다.

1943년 《매일신보》(1943년 11월 8일자)에 실은 「학도총진군」에서는 학도지원병 응모를 격정적으로 선동하고 군사 훈련과 군수 산업에 참여할 것을 독려하고 전쟁터에서의 죽음을 찬양하였다.

해방 후 고려대학교 교수로 재직하였다. 좌익 계열인 조선문학가동맹에 속했던 당시 그의 시는 미군정과 우파에 대한 적개심을 노래하였다. 월북 작가로 알려졌으나, 가족 측의 증언에 따르면 1951년 납북되었다고 한다. 북한에서 김일성종합대학 교수와 외국어 학장으로 영문학을 강의하였다. 1982년 사망하였다.

작가 노구치 미노루, 끝내 일본인이 되다

장혁주 張赫宙·野口稔·野口赫宙, 1905~1998

대구 출신의 소설가. 본명은 장은중(張恩重). 1940년부터 창씨명 노구치 가쿠추(野口赫宙)와 노구치 미노루(野口稔)를 필명인 장혁주와 섞어 쓰기 시작하였다.

1920년대 사회주의 사상의 영향을 받았고, 1926년 대구고등보통학교를 졸업하였다. 청송과 예천, 대구에서 교원으로 있다가, 1929년 처음으로 조선어 작품을 신문과 잡지에 투고하였으나 실리지 않았다. 그 뒤, 일본어 창작을 결심하였다고 한다.

1930년 민중시인이자 평론가인 가토 가즈오(加藤一夫)의 의뢰로 일본 문예 잡지『대지에 서다(大地に立つ)』10월호에 일본어 단편 소설「백양목(白楊木)」을 발표하였다. 등단작인 이 작품은 조선인 지주의 횡포와 소작인의 비애를 그린 소설이다.

1932년 일본의 문예지『개조(改造)』의 현상모집에 단편 소설「아귀도(餓鬼道)」가 2등으로 입선하면서 조선인 최초로 일본 문단에 등단하였다.「아귀도」는 일제의 착취에 시달리는 조선 농민의 비참한 현

실을 형상화한 작품이다. 같은 해 10월, 『개조』에 발표한 「쫓기는 사람들(追はれる人人)」은 조선인 소작농에 대한 동양척식회사의 횡포를 다룬 작품이다.

1934년 일본어 소설집 『권이라는 사나이(權という男)』를 일본에서 펴냈고, 조선어 장편 소설 「삼곡선(三曲線)」을 《동아일보》에 연재하였다. 조선 문단을 비판한 산문으로 물의를 빚어 조선 문단과 거리를 두게 되고 근거지를 도쿄로 옮겼다. 1937년 신쿄(新協)극단의 의뢰로 집필한 희곡 「춘향전」이 도쿄에서 상연된 뒤 오사카와 교토 등 일본 각지에서 성공을 거두었다.

1938년 내선반도문화좌담회에서 『춘향전』의 일본어 공연에 대한 논쟁이 있었는데, 조선어 보호를 주장한 조선 문인들과 첨예하게 대립하였다. 그 후 1939년 일본 잡지 『문예』 2월호에 발표한 산문 「조선의 지식인에게 호소함(朝鮮の知識人に訴ふ)」에 이를 다시 거론하자, 조선 문인들이 이를 신랄하게 비판하였다. 이로써 이 글은 장혁주의 본격적인 '친일 선언'으로 간주되었다.

장혁주는 대표적인 친일산문인 이 글에서 총독 우가키 가즈시게(宇垣一成)의 농촌자력갱생운동을 높이 평가하면서 군부 정치가 조선의 이상적 정치 형태라는 생각을 밝혔다. "나는 조선 통치에 관한 한 정당 정치의 부활이 오히려 우려스럽고, 군부 정치야말로 진보적이라고 주저 없이 말할 수 있다. 이렇게 말한다고 해서 나를 파쇼라고 부르고 싶다면 그리 해도 좋다"라며 파탄 직전까지 내몰린 조선 농민의 비참한 현실을 외면한 채 파시즘의 전위를 자임하는 극단적인 친일 행태를 드러냈다.

그가 「황도 조선의 완성(皇都朝鮮の完成)」(『중앙공론』 1942년 10월호)에서 주창한 '내선일체론'은, 이른바 '동화일체론(同化一體論)'으로 대표되는 조선 민족의 완전한 해체나 전면적인 일본으로의 동화가 아닌, 조선의 장점과 일본의 장점을 융화시킨 '신세계 문화'의 형태를 띠고 있다.

「대동아전쟁에 즈음하여(大東亞戰爭に際して)」(『문예』 1942년 1월호)와 「아세아(亞細亞) 환희의 봄」(『반도의 빛』 1944년 1월호)을 통해 태평양 전쟁을 '일대성전(一大聖戰)'이라 하면서, 일본은 '대동아 건설'의 지도자 입장에서 아시아 10억 민중을 구출해서 해방과 환희를 나누어 줄 임무를 지닌다고 주장하였다.

1942년 봄 미나미 지로(南次郎) 총독과 만나서 조선에서 징병제를 실시함으로써 '내선' 간의 차별을 일소한다는 데 대해 찬성 의사를 밝혔다. 파시즘 단체인 녹기연맹에 참여하고, 기관지 『녹기』에도 여러 편의 글을 썼다.

같은 해 5월, 총독부 척무과 촉탁(임시직)으로 두 번째 만주 개척촌 시찰을 다녀와서 결과를 보고하는 글을 여러 편 썼다. 이 시찰 체험은 이후 소설 「밀수업자」(『개조』 1940년 5월호), 작품집 『애증의 기록(愛憎の記錄)』(1940), 장편 소설 『행복한 백성(幸福の民)』(『개척』 1942년 5~8월호) 등으로 형상화되었다. 특히 투먼강(圖們江)의 '아편 흡연소' 견학 체험은 「어느 독농가의 술회(ある篤農家の述懷)」(『녹기』 1943년 1월호)로 형상화되었다. 이 작품들은 만주 개척지의 성과를 선전하면서 대동아 공영권의 건설을 미화·찬양한 것이었다.

1943년 《매일신보》(6월 6일자)에 발표한 「역사에 불멸할 일순(一

瞬) - 야마모토(山本) 원수 국장 참배기」는 진주만 공격의 책임자 야마모토 이소로쿠가 미드웨이 해전에서 전사한 뒤 장례식에 참가하고 집필한 참배기로, 내지인들과 함께 울고 있는 자기가 얼마나 행복스러운지를 알았다고 쓰고 있다.

같은 해《아사히신문(朝日新聞)》에 「천황의 마음으로 귀일 - 조선의 징병제 실시 (1)·(2)」를 발표하여, 조선인이 숭유(崇儒)정신으로 인해 민족적 결함이 심해졌는데 '일본정신'을 체득하고 '대어심(大御心)'에 귀일함으로써 이의 극복이 가능하다고 하였다. 같은 해《매일신보》에 발표한 「화랑도정신의 재현 - 학도의 갈 길은 하나다」로 학병 지원을 독려하였다.

재일 조선인 이와모토가 지원병이 되는 과정을 그린 소설 「이와모토 지원병(岩本志願兵)」은 1943년《마이니치신문(每日新聞)》에 연재(8월 24일~9월 9일자)된 소설로, 번역되어《매일신보》에 '순례(巡禮)'라는 제목으로 연재(9월 7~22일자)되었다. 이 소설은 창씨명 '노구치 미노루(野口稔)' 작(作)으로 1944년 1월 같은 제목의 단편집 『이와모토 지원병』으로 출간되었다.

3월에는 일본문학보국회 조선황도연구위원회 위원 자격으로 일본 규슈(九州)의 탄광촌을 위문 방문하였다. 거기서 귀국하려는 조선인 노동자를 만류, 설득하는 등 침략전쟁을 지원하는 총후 자세를 선동하였다.

1944년 산문 「조선 문학의 신방향(朝鮮文學の新方向)」(『문학보국』 1944년 11월호)에서 '국어(일본어)' 사용에 관해 "조선 문학은 국어 사용에 의해 종래의 민족적 성격으로부터 일본 문학으로 약진하고 환원된

다. 그리고 일본 문학 속에서 특색 있는 지방 문학이 된다"라고 주장하였는데, 이는 조선 문학을 일본 문학에 완전히 예속된 문학으로 규정한 것이었다.

적극적인 친일문학으로 평가되는 소설 『개간(開墾)』(1943)은 '만보산 부락 건설기'라는 부제에서 드러나듯 만주 개척을 다룬 작품인데, 이 소설은 겉으로는 국책 사업에 부응하면서 실제로는 만주 개척민의 실상을 파헤치고 고발하는 데 역점을 두고 있다는 점에서 재고할 여지가 있다.

해방 후 그는 일본에 남았다. 총련과 민단 어느 쪽에도 가담하지 않았고 양쪽으로부터 친일파라고 비판을 받았다. 그는 《마이니치신문》의 후원으로 한국전쟁을 취재한 뒤, 소설 『오호 조선(嗚呼朝鮮)』(1952)을 펴냈다. 일본에 귀화하여 창씨명이던 노구치 미노루로 개명하였다. 이후에도 글을 쓰면서 살다가 1998년 사이타마현(埼玉縣)에서 죽었다.

'천황귀일주의' 주장한 아동문학가

정인섭 鄭寅燮·東原寅燮, 1905~1983

경상남도 울주 출신의 문학평론가·아동문학가·시인. 호는 설송(雪松)과 눈솔, 필명은 화장산인(花藏山人)이다. 대구고등보통학교와 일본 와세다대학 영문과에서 수학하였다.

1922년 도쿄에서 어린이운동 단체인 색동회에 발기인으로 참여하고, 1926년에 외국문학 전공자 모임인 외국문학연구회(일명 '해외문학연구회')를 창립하였다. 1927년에는 외국문학연구회 기관지 『해외문학』을 발행하였다. 같은 해 도쿄에서 일어판 조선 전래 민담집 『온돌야화(溫突夜話)』를 펴냈고 귀국 후 1929년 연희전문학교 교수로 부임하였다. 1933년 10월 한글학회 회원으로 '한글맞춤법통일안' 수립에 참여하였다. 1935년에는 조선아동예술연구회를 창립하였다.

정인섭은 1939년 총독부가 김동인, 박영희, 임학수를 '황군 위문 문단사절'로 뽑아 중국 화북 지방에 다녀오게 할 때 쓴 격려문 「도지(渡支) 사절의 송별」(『삼천리』 1939년 6월호)에서부터 일제 정책에 적극적으로 협력하기 시작하였다.

이 글에서 그는 "황군들의 악전고투하는 정경을 여실히 전달해 주시기를 바라며, 동시에 이역에서 만난을 무릅쓰고 노력하는 전선 각 장병들에게 용기를 고무시켜 주고 위로해 주며 성전(聖戰)의 최후 목적을 달(達)할 수 있도록 십분 활동해 주시기를 바라나이다"라고 썼다.

침략전쟁을 수행하기 위한 국책문학과 '총후문학' 등을 수립하기 위해 쓴 「국책문학의 수립」에서 그는 '국책'이란 "고도 국방을 건설하기 위해서 신체제를 실천하는 것"이며, '국책문학'은 "신체제의 실천 항목을 문학적으로 제조하는 데 있다"라고 강조하였다.

1939년 10월 조선문인협회를 발기할 때 발기인과 간사를 맡았다. 1940년에는 평양에서 열린 조선문인협회 주최 문예강연대회에서 '비상시국과 국민문학'이라는 연제로 강연하였다. 이 강연에서 "흥아(興亞)라는 새로운 질서 체제가 발생하였다면 그러한 신정세를 하나의 시국적 사실로 인식하고 그것으로 말미암아 새로운 세계관을 확립해야 될 것"이라고 하면서, '국민문학'의 내용으로 "우울한 것보다는 좀 더 명랑하고 희망에 가득 찬 것을 노래하자는 것", "전승문학이라고 할는지 좌우간 용감하게 싸우는 장병들의 무공을 그린다든지 총후 미담을 취급한다든지 하는 것", "홍아문학이라고 할는지 아세아의 신이념을 부르짖는 작품" 등이 적절함을 강조하였다.

1940년 10월 조선문인협회가 주최한 '문사부대 육군지원병훈련소 1일 입소'에 참여한 뒤 인간 수업의 철저함에 감동하였으며 많은 소득을 얻었다는 감상평 「문사부대와 지원병 – 고향을 향해서의 묵도」(『삼천리』 1940년 12월호)를 남겼다. 이후 조선문인협회가 주최한 시국강연부대의 일원으로 13개 지역에서 '생활과 창조' 또는 '신체제와 문학'이라는 연제로 '신체제, 총력운동, 문화보국' 등에 대한 시국연설을 하였다. '황도사상'을 전파하기 위해 설립된 단체인 황도학회에 발기인 겸 이사로 참여하였다.

1940년 중일전쟁 개전 3주년을 기념하여 발표한 산문 「장병 제씨에게!(將兵諸氏に)」에서 '무적 황군'을 격려하면서 총후에서의 문필봉공을 다짐하였다. 태평양전쟁에서 일제가 홍콩·말레이·필리핀·싱가포르 등을 점령하자, 이에 부응하는 글을 잇달아 발표하여 영미인들의 잔악성과 침략전쟁의 도덕적 정당성을 증명하려 애쓰고 일본군의 노고를 치하함으로써 침략전쟁을 신성화·절대화하였다.

1941년 조선문인협회가 주최한 '용산 호국신사 어조영지 근로봉사'와 전시 체제기 민간 최대의 전쟁 협력 단체인 조선임전보국단의 경성지부에 참여하였다. 같은 해 11월 박영희, 최재서와 함께 참석한 「국민문학의 공작정담회 – 평론인 경우」(《매일신보》 11월 1~6일자)에서

"세계의 구질서를 내몰고 신질서가 이것을 대차(大差)하려고 하는 이 때 동아에 있어서는 일본이 맹주가 되어 가지고 신질서를 수립하게 되었고, 그의 구체적 방법으로는 동아공영권이라는 특징과 거기에 따르는 반도가 가지는 특징이 있어 매우 복잡하지마는 목표는 역시 하나입니다. 곧 신질서 수립이라는 것입니다"라고 발언하며 이에 부응하는 '국민문학'을 주창하였다.

1942년 조선 영화 제작에 필요한 내용을 사전 결정하기 위해 설치된 영화기획심의회의 심의위원을 맡았는데, 총독부 산하 유일한 영화 제작 지도 및 검열 기구인 이 심의회에 조선인은 박영희와 유치진을 포함해 3인뿐이었다.

1942년 12월에 조선어학회 사건으로 검거되어 약 9개월간 복역하다가, 1943년 9월 기소유예로 석방되었다.

1942년 「대동아전쟁 1주년을 맞는 나의 결의(大東亞戰爭一周年を迎える私の決意)」에서 전쟁 승리를 위해서는 총동원으로 나가야 하며, 징병제 선포를 계기로 "반도 청년이 사관 후보가 될 수 있도록 육성해 나가고, 적어도 그러한 기개를 부여하지 않으면 안 된다"라고 선동하였다. 또 "천황귀일주의(天皇歸一主義)에 철저하지 않으면 안 되는 것, 이것은 문학혼의 문제이고, 그다음 표현 형식은 어쨌든 국어(일본어)로 쓸 수 있도록 노력하는 것, 이 두 가지에 의하여 대동아전에 응하는 문학의 내용과 형식이 완성되는 것"이라 함으로써 침략전쟁을 선전·선동하는 문학자의 임무를 제시하였다.

태평양전쟁 2주년을 맞아 남산신궁에 올라 밝힌 결의와 감회를 담은 「위대한 새벽(大いなる曉)」(《경성일보》 1942년 12월 17일자)에서 그는

"12월 8일은 위대한 원단(元旦)이었다. 동쪽 하늘에는 벌써 태양이 떠올라 혁혁한 황군의 무운을 상징하였다. 바로 위대한 새벽이다"라고 썼다.

해방 후에 교통부 관료와 중앙대학교, 영국 런던대학교, 일본 덴리(天理)대학 교수를 지내고, 한글기계화연구소, 한글전용추진위원회 등에서 직책을 맡았으며, 1972년 국민훈장 모란장을 받았다. 1974년부터 1983년 사망할 때까지 색동회 회장을 지냈다. 사망 후 색동회에서 1985년부터 그의 호를 딴 눈솔상을 제정하여 어린이문화운동 공로자나 단체를 대상으로 시상해 오고 있다.

'대동아공영권' 선동 비평가, '문학상'으로 기려지다

조연현 趙演鉉·德田演鉉, 1920~1981

경상남도 함안 출신의 시인·비평가·언론인. 1937년 중학생 신분으로 동인지 『아(芽)』를 펴냈다. 1938년 배재중학을 졸업하고, 『조광』 기성시란(旣成詩欄)에 「하나의 향락」을 발표하면서 등단하여 같은 해 동인지 『시림(詩林)』을 출판하였다.

그가 쓴 일련의 친일 비평은 메이지 시대의 사상가이자 시인 오카쿠라 덴신(岡倉天心)의 미학 이론을 정치 논리로 파악해 수용하는 데서 비롯하고 있다. 오카쿠라의 범아시아주의는 반제국주의 연대의 맥락을 띠고 있지만, 그는 이 세계관을 변형하여 '대동아공영권'을 뒷받침하는 논리적 근거로 바꾸었다. "천재 시인인 강창천심이 이미 명치 36년에 외친 '아세아는 하나다'라는 사상이야말로, 오늘날 눈부시게 전개되고 있는 대동아공영권의 사상적 근거가 되는 것입니다. 이 양자 간에 굳이 차이가 있다고 한다면, 그것은 강창이 종교·예술적인 측면에서 '아세아는 하나다'라고 말한 반면, 대동아공영권은 정치적인 의미에서 '아세아는 하나다'라는 사상에 이르게 된 것이라고 할 수 있겠습니다. 그러나 중요한 것은 그 이전에 이미 아세아는 '하나'가 되지 않으면 안 될 본질적인 요소가 있었다는 사실입니다"라고 하였지만, 정작 그는 논리적 치밀성보다 신념의 철저함을 추구하는 경향을 보였다. '비평가의 논리'와 '비평가의 문학에 대한 신념'을 대립자로 놓고 후자를 강조하는데, 신념이 견고하다면 논리 문제는 극복할 수 있다는 태도로서 이는 당시 최재서의 논리를 받아들인 것으로 보인다.

「평단의 1년」(『신시대』 1943년 12월호)에서 "국민문학에 대한 명확한 이론적 근거가 파악되지 않았다는 것은 국민문학에 대한 신념의 불철저를 말해 주는 것이다. ……작가로 하여금 작품을 쓰게 하는 것은 작가의 논리가 아니라 작가의 인생에 대한 신앙(종교적 의미에서의 신앙이 아니라)인 것처럼, 비평가로 하여금 평론을 쓰게 하는 것은 비평가의 논리가 아니라 비평가의 문학에 대한 신념이기 때문이다"라고 주장한 것이다.

그러나 그는 한편으로 신념을 우위에 놓으면서도 개성을 강조하는 모순을 드러내기도 하였다. 최재서의 『전환기의 조선 문학』(1943)을 평가하면서 "정치적 이념에 문학적 이념을 합치시키기에 급급한 나머지 문학자에게 가장 중요한 것이 개성이라는 사실을 완전히 망각하고 있다"고 비판한 것이다.

「동양에의 향수(東洋への鄕愁)」(『동양지광』1942년 5월호)에서 현대인은 서양정신이라는 의장(意匠) 속에 살아 그것을 절대시하지만, 마음속으로는 동양에 대한 향수를 지니고 있다고 주장하였다. 따라서 이성의 절대적 권위를 버리고 동양적 가치를 추구해야 하며, 이를 위해 '일본 낭만파'가 있듯이 '대동아 낭만파'를 만들어도 좋다고 하였다. 그가 주장한 이러한 동양주의는 결국 "우리는 절대로 이기지 않으면 안 된다"라는 식으로 일본의 전쟁을 정당화하는 이념으로 작동하였다.

해방 후 김동리·서정주·조지훈 등과 함께 우익 문화단체 발족에 참여하였다. 1954년 예술원 초대 회원으로 위촉되었고, 1955년『현대문학』을 창간하여 주간을 맡았다. 동국대학교 전임 교수로 임용되어 1965년 대한민국예술상을 받았다.

1970년 국민훈장 동백장을 받았으며, 한국예술문화윤리위원장에 선임되어 '극영화 시나리오 사전심의제' 같은 검열제도의 시행을 주도하였다. 1972년『한국 현대 문학사』완본(성문각)을 출간하고 3·1문화상 예술상을 받았다. 한양대학교 교수로 재직하다가 1981년 사망하였다. 이듬해 한국문인협회에서 '조연현문학상'을 제정하여 문학평론·시·소설 등 문학 전반에 걸쳐 해마다 시상하고 있다.

조선 민중을 교화와 계몽의 대상으로 여긴 지식인

조용만 趙容萬, 1909~1995

서울 출신의 소설가, 《매일신보》 논설위원. 경성제일고등보통학교를 거쳐 경성제국대학 법문학부 영문과에 입학하였다. 재학 중 1931년 2월, 월간 『비판(批判)』에 소설 「사랑(舍廊)과 행랑(行廊)」을 발표하면서 등단하였고, 졸업 후 극예술연구회 회원으로 활동하였다.

1933년 2월 조선총독부 기관지 《매일신보》 기자로 입사하였고, '구인회(九人會)' 창립동인으로 활동하였다. 1937년 5월 《매일신보》 학예부장이 되었고, 1940년 신년호 학예면에 게재된 김진섭의 글 「전쟁과 문화」가 반전사상을 고취하였다는 이유로 학예부장 자리에서 물러났다가 4개월 뒤 재입사하였다.

1939년 조선문인협회 발기인으로 참여하였고, '용산 호국신사 어조영지' 근로봉사에 참여하였다. 1942년 11월 《매일신보》 논설위원이 되어 학예부장을 겸하다가 1944년부터 해방될 때까지 논설부 차장 (참사)으로 있었다.

문필 활동으로 1941년 『신시대』 3월호에 발표한 「새 학년부터 고쳐지는 국민학교」에서부터 일제의 침략전쟁에 노골적으로 협력하기 시작하였다. "요컨대 국민학교 교육의 본지(本旨)는 '교육칙어'에서 밝히옵신 신민의 지킬 길에 즉해서, 국민 생활에 필수한 보통의 지식과 기능을 체득시키고 국민적 정조(情操)를 순화시키며, 건전한 신체를 만들어서 국체에 대한 신념을 심화시키어 국민의 기초적 연성(鍊成)을 하자는 것"이라 함으로써 일제가 강조하는 '국민학교'의 목적과 의의를 선전하였다.

1942년 발표한 「찻간에서 생긴 일(車中のこと)」(『동양지광』 1942년 7월호)에서는 일본의 기차간에서 만난 초라한 조선인을 보고서 "왜 이렇게 볼품이 없어 보이는 것일까? 반도에서 보는 것과 마찬가지의 흰옷이지만 내지의 도시 속에서 움직이고 있는 반도인의 흰옷은 무엇가눈에 띄게 보잘것없어 보인다. 특히 부녀자의 흰옷이 심하다. 여기서도 흰옷을 폐지해야 할 이유가 있는 것이다"라고 생각한다. 이어지는 이야기 속에서 양복 입는 반도인을 등장시켜 내선일체의 의미를 드러내 보이고자 하였다. 이 글에서 내선일체는 바로 '흰옷 입은 미개인 반도인'을 '양복 입은 문명화된 일본인으로서의 반도인'으로 바꾸는 것이었다. 결국 조선인이 문명화하기 위해서는 철저히 일본인이 되어야 하고, 이를 위해 총동원 체제에 적극적으로 참여해야 한다는 것이었다.

1942년 『국민문학』 5·6월 합병호의 설문조사 답글인 「이 한목숨 나라에 바치라(一死國に殉ぜよ)」에서 "향후 실시될 징병제가 반도 문화의 비약적인 향상을 촉구하는 박차가 되리라" 하며 강변하였다. 소설 「배 안(船の中)」(『국민문학』 1942년 7월호)에서는 내선일체의 선구자로 김옥균을 꼽았는데, 그에게 선구적 지식인이란 '일본의 도움을 통해 반도인으로서의 자각에 이르게 된 지식인'을 의미하였다. 소설 「모리군 부부와 나(森君夫妻と僕と)」(『국민문학』 1942년 12월호)의 주인공도 바로 그런 인물이었다.

「고향」(『녹기』 1942년 12월호)에서는 주인공이 다닌 국민학교의 교장을 '내선일체의 사석(捨石)'을 자처하는 인물로 그려내어 철없던 학생들이 그에게 감화되어 그 '염원'을 자신의 것으로 받아들이는 과정을 묘사하였다.

1943년 조선문인보국회의 소설·희곡부회 평의원을 맡았다. 「전국(戰局) 현 단계와 국민의 결의」(『신시대』 1944년 1월호)에서는 조선 민중이 일본 국민으로서 전력(戰力) 생산에 헌신할 것을 촉구하였다.

1944년 국민총력조선연맹 문화부에서 주최한 '생산지 증산 위문 파견' 계획에 따라 평안남도 강동군에 있는 흑령탄갱(黑嶺炭坑)에 파견된 뒤 돌아와서, 좌담회 '작가·화가가 본 싸우는 증산 현지 보고(作家畵家の見たたたかふ增産現地報告)'(『국민총력』 1944년 7월 1일자)에 참석하였다. 이 좌담회에서 그는 아우가 운명하고 처가 출산하는 상황에서도 귀가하지 않고 석탄을 캐느라 여념이 없는 조선 청년을 소개하며 '증산보국'의 정신을 찬양하였다.

또 「탄갱에서 돌아와(炭坑より還りて)」(『국민문학』 1944년 7월호)에서는 "일터는 전쟁터라고 말하고 있으나 갱은 바로 피투성이의 전쟁터인 것이다. 전지(戰地)에서 몇날 몇 시까지 무슨 무슨 고지를 점령하라고 명령이 내려진다면 어떤 일이 있어도 그 고지를 향하여 돌진해서 달리지 않으면 안 되는 것처럼, 며칠까지 몇 톤을 파내라는 명령이 있으면 밤낮을 가리지 않고 어떤 일이 있어도 예정된 분량을 파내지 않으면 안 되는 것이다. 전쟁터에서는 항상 적탄에 노출이 되고 있는 것이다. 언제 적탄에 당할지 모르는 것이다. 이와 마찬가지로 탄갱 내에서도 언제 낙반 사고가 있으며, 언제 가스 폭발이 있을지 모르는 것이다. ……그래도 그들은 열심히 일한다. 증산에 매진하고 있는 것이다. 도회지 사람들처럼 배급의 불평을 하지 않는다"라며 '증산보국'에 전념하는 탄광 사람들을 소개하였다.

특히 소년 광원의 입을 빌려 "비행기나 탱크, 군함을 보내기 위해서는 석탄이 많이 필요하게 됩니다. 우리는 미영에 이기기 위하여 1톤이라도 석탄을 많이 파내지 않으면 안 됩니다"라고 전시하 증산의 필요성을 강조하였다.

1944년 6월 전후부터는 국민총력조선연맹의 참사로 활동하였다. 희곡 「광산의 밤(礦山の夜)」(『국민문학』 1944년 11월호)에서는 '영미를 쳐부술 소년 항공병'을 염원하는 국민학생의 모습을 통해 일제가 기대하는 '소국민(少國民)'의 전형을 형상화하였다. 그는 작품 속에서 국민학생뿐 아니라 조선 민중 대부분을 '내선일체'와 '황민화'를 위한 교화와 계몽의 대상으로 여겼다.

해방 후 1945년 9월 24일 《매일신보》에 「매일신보사 전 종업원은 삼가 3천만 동포와 백만 독자에게 고한다」라는 제목으로 일제 강점기의 행적을 반성하는 사과문을 발표하였다.

1947년 《경향신문》 주필, 《코리아타임스》 편집국장, 《서울신문》 논설위원을 지냈다. 이후 중앙대학교와 고려대학교 교수로 있다가 1974년 정년 퇴임하고, 1995년 사망하였다.

'싸워 죽어라', 지원병 출정을 찬양하다

조우식 趙宇植·白川榮二, 생몰년 미상

일제 말기에 활동한 신예 시인이자 평론가 겸 언론인이지만, 생몰년은 물론이거니와 초기 행적도 알려져 있지 않다. 출발은 미술학도로 1937년 조선미술전람회 서양화 부문에서 입선하였고, 문필로는 1938년 《매일신보》에서 평론 「쉬르레알리슴 회화 소론」으로 등단하였다. 1938년부터 1939년 사이에 《매일신보》에 발표한 여러 편의 산문에서 미술과 문학을 아우르는 모더니즘의 경향을 보였다. 1939년부터 1941년까지 도쿄의 모더니즘 시 모임인 '신영토(新領土)'의 동인으로 활동하였다.

1941년 『조광』 1월호에 평론 「예술의 귀향 – 미술의 신체제」를 발표하면서 일제에 협력하는 태도를 보이기 시작하였다. "신체제가 전체주의 국가의 질서를 전(全) 사회기구의 변동에 영향시킬 것이며, 국민 생활로써 새로운 국가 체제에 봉사하기 위하여 국민들은 여기에 경제라든가 문화라든가의 영역에 있어서 모든 낡은 모순을 비판하고 극복하면서 우리는 진실한 시대적 의의의 파악에 노력하며 국가가 의도하는 문화 정책의 신체제를 따"라야 한다고 강조하였다.

이후 미술 창작이나 비평을 중지하고 체제에 복무하는 시인과 언론인의 길을 걷기 시작하였다. 1942년 조선문인협회·조선연극문화협회·동양극장이 공동 주최하고 국민총력조선연맹의 후원으로 동양극장에서 열린 '대동아전 1주년 기념 국민시 낭독회'에 참여하여 시를 낭독하였다. 1943년 5월 해군기념일을 맞아 조선문인보국회 시부회 주최로 종로에서 열린 '해군을 찬(讚)하는 시 낭독회'에서 자작시 「바다의 서설(海の序說)」을 낭독하였다.

조선문인보국회 소속으로 조선군 보도연습에 참가한 뒤 발표한 「출발」(『국민문학』 1943년 7월호)에서 "완전히 새로운 군복을 입고 배낭을 짊어지며 각반과 혁대를 자신이라고 하는 약한 몸에 꼭 끌어매는 순간, 이미 나는 한 알의 감정에 살아온 후방의 인간은 아닌 것이다. 신병(神兵)에 협력하는 바쳐진 생명이며 복종에 사는 귀일(歸一)된 일본의 군인인 것"이라는 감상을 밝혔다.

1943년 조선문인보국회 시부회 간사를 맡았고, 6월에는 화신백화점에서『문화조선』편집부 주최로 열린 '연성하는 반도 청년' 특집 사진전에 헌시(獻詩)를 하였다.

1944년 2월 전후 일본어 시집『바다의 서설』을 발간하였다. 1940년대 이후에 등단한 신인 중에서 조우식은 조향·김경린·김경희·김동림 등과 달리 정치성 있는 시를 써서 일제에 협력하였다.

「동방의 신들(東方の神々) – 아홉 군신의 영령에 바친다(九軍神の英靈に捧ぐ)」(『조광』 1942년 8월호)는 전쟁에서 죽은 아홉 명의 병사에게 바치는 시로 "영겁한 생명의 산화 / 심오한 멸사의 공소여. / 조국에 넘치는 한없는 사랑의 물거품은 / 영구한 역사를 지나 / 오늘도 영광에 비상한다"라고 하여, 조선인 병사들을 신으로 받드는 죽음의 미화를 통해 전쟁 출정을 독려하였다.

시「고향에서(故鄉にて)」(『동양지광』 1942년 11월호)에서도 "촌 아이는 각반을 차고 / 신병(神兵)을 위해 마을을 향하고"라고 하며 전쟁 출정을 노래하였다. 이 밖에 「아가(雅歌) – 전선에 보낸다(前線に送る)」,「싸워 죽어라(征きて死なん) – 징병령 발포일에(徵兵令發布の日に)」 등의 시는 모두 전쟁과 징병·지원병 출정을 찬양하고 있다. 「학병 출정하다(學兵征く)」(『조광』 1943년 12월호)는 대표적으로 "장하구나, 학도 출진 / 학도 출진의 기를 전송하며 / 그대들, 가서 / 이제, 맞이하는, 12

월 8일 / 반석의 기초는 구축되고 / 그대들이 미소하는, 전장을 생각하며 / 나는, 지금 질풍과 같이 / 도의의 날개를 퍼덕이면서 / 포연 속을 치달리는 / 그대들 학병의 영웅스런 모습을 본다"라고 하여 학병 출정을 찬양하였다.

한편 언론인으로서 「선감학원 견학기」(『문화조선』 1943년 4월호)를 통해 섬에 모아 놓은 조선인 부랑 아동을 황국신민으로 교화하는 모습을 소개하였고, 「부여 중견청년수련소 방문기」(『동양지광』 1943년 7월호)에서는 농촌에서 중견 청년을 양성할 때 우선적으로 일본정신을 주입해야 한다고 강조하였다.

일제 말기에 두드러지게 활동하였으나 해방 후의 행적은 알려진 것이 거의 없다. 서울신문사가 발행한 월간지 『신천지』의 편집에 관여하였고, 경향신문사에서 월간지 『신경향』을 창간할 때 주도적으로 참여하였다. 1950년 신문사를 퇴직하였으며 이후 행적은 확인되지 않는다.

한국문인협회가 친일부역 문인 육당 최남선과 춘원 이광수를 기리는 문학상을 제정하겠다고 나섰다가 여론의 몰매를 맞고 결국 뜻을 거두어들인 것이 2016년 8월이다. 문협은 그들의 친일 경력에 대한 논란을 충분히 의식하고 있지만, 한국 근·현대 문학을 선도한 두 문인의 문학적 업적을 재평가해야 한다는 입장을 내세웠다.

당시 민족문제연구소는 육당과 춘원 문학상 제정을 '역사 퇴행의 막장 드라마'라며 규탄한 바 있었다. 그런데 이 막장 드라마는 주체가 바뀌어 계속 진행되고 있었던 모양이다. 한 출판사가 2016년 12월에 두 사람을 기리는 상을 제정하여 시상까지 한 사실이 뒤늦게 드러난 것이다.

한국문인협회는 2016년 춘원과 육당의 기념문학상을 제정하려다가
여론의 거센 반발에 밀려 이를 철회해야 했다. ⓒ 민족문제연구소

동서문화사가 제정한 제1회 육당학술상은 전성곤 중국 베이화(北華)
대학 교수에게, 제1회 춘원문학상은 원로 소설가 박순녀 씨에게 돌아
갔다. 동서문화사는 시상까지 해놓고도 문단의 반발을 고려해 공개하
지 않고 있다가, 2017년 2월에야 이 사실을 밝힌 것이다.

문학상 제정을 강행하여 시상까지 마친 동서문화사 고정일 대표의
입장은 강경하다. 그는 "한국 학계와 문단의 대표인 육당과 춘원을 빼
놓고 우리 사학과 문학을 논할 수 없다"면서 "이들은 도쿄 2·8독립선
언, 서울 3·1독립선언 등 독립운동을 하고 옥살이도 했는데, (그들의)
내재적 독립운동을 이해하지 못하고 그들의 선구적 업적을 폄하해선
안 된다"라고 밝힌 것이다.

이에 대해 쏟아지는 비판 가운데 김응교 숙명여대 교수는 에두르지

않고 문제의 핵심을 제대로 짚어 냈다. 그는 "육당과 춘원은 호소력이 뛰어난 연설이나 글로 많은 젊은이를 전장으로 보낸 이"라며 그들은 "비판의 대상이지 문학상을 만들 대상이 아니다"라고 지적한 것이다.

청산하지 못한 역사의 후과들

한국작가회의 자유실천위원회와 민족문제연구소가 주최한 '친일문인 기념문학상 반대 긴급토론회'(2016년 11월 29일)의 자료집을 뒤늦게 읽었다. 해방 72년이 되어서도 여전히 해방되지 못하고 있는 저 식민시대 오욕의 역사는 참담하다.

토론회의 기조 강연인 「민족의 죄인 – 모럴 부재의 친일문학」에서 임헌영 민족문제연구소장은 피천득의 수필 「춘원」과 정정호가 엮은 『인생은 작은 인연들로 아름답다』에 나오는 '피천득의 말'을 소개하고 있다.

피천득은 수필 「춘원」에서 이광수가 산을 좋아하였다면서 "여생을 산에서 보내셨더라면 얼마나 좋았을까" 하고 안타까워하였다. 그것은 "1937년 감옥에서 세상을 떠났더라면 얼마나 다행한 일이었을까"라는 탄식으로까지 이어졌다.

서정주에 대한 평가도 비슷하다. 피천득은 고인에게 '이런 말' 하는 게 어떨지 모르지만, 그를 "아무리 좋게 봐주려고 해도 봐줄 수가 없"다고 전제하면서 그가 "일제뿐만 아니라 정권이 바뀔 때마다 그랬"다고 상기한다. 피천득은 "작가는 인격이나 인품이 먼저 되어야" 하고,

"문학 하는 사람들은 자기가 가진 물건은 다 버려도 자기를 버려서는 안" 된다, "인품이 좋지 않으면 좋은 작품이 나올 수가 없"다고 역설한 것이다.

피천득은 1980년대 4차 교육과정의 『고등 국어』 교과서에 실린 그의 수필, 첫사랑인 일본인 소녀와의 추억을 회고한 「인연」을 가르치면서 내내 꽤 심사가 거북했던 기억으로 떠오르는 작가다. 그런데 뜻밖에도 그는 글쓴이의 말대로 '친일문학의 본질을 알았던' 사람 같다. 피천득은 철저히 체제에 순응하고 권력을 추종한 그들의 삶의 태도를 제대로 비판하고 있다.

문인들의 친일부역 사실을 자세히 들여다보면 뒷사람인 우리가 부끄러울 정도다. 그러나 해방 후 이들은 아무도 제대로 처벌받지 않았다. 반민족 행위자를 조사하기 위한 특별위원회는 이승만의 방해로 결국 해산되었고, 이후 우리 현대사는 끊임없이 그 과거의 기억을 망각할 것을 요구하는 세력들이 지배해 왔다.

프랑스 작가 브라지야크의 경우

진부한 비교지만 프랑스가 부역자를 숙청한 역사를 돌이켜보지 않을 수 없다. 드골(Charles de Gaulle)은 임시정부 수반으로서, 전후 부역자 재판에서 문학예술인에 대해서는 어떤 탄원이나 구명운동도 받아들이지 않았다. 그는 "그들이 도덕과 윤리의 상징적 존재"이기 때문에 받아들일 수 없다며, 다음과 같이 말하였다.

"예술가가 가장 위대하다고 하는 것은 선에 대해서와 마찬가지로 악에 대해서도 강력한 영향을 미친다고 여겨지기 때문이다. 반대 진영을 선택한 작가들에 대해서 우리는 그들의 자극적 웅변술이 어떠한 범죄와 어떤 벌에 해당되는지를 너무나 잘 보고 있다."

로베르 브라지야크(Robert Brasillach, 1909~1945)는 프랑스의 숙청 재판에 회부된 지식인 가운데 가장 뛰어난 소설가이자 비평가였고 극작가이자 시인이었다. 그는 독일 점령기 프랑스에서 부역에 가장 적극적이었던 인물로, 자신이 편집을 책임진 주간지를 통하여 친독 파시즘과 반유대주의를 선동하였다.

로베르 브라지야크

부역자 재판에서 사형이 선고되자 폴 발레리, 프랑수아 모리아크, 시도니 가브리엘을 비롯한 수많은 동료 문인들이 드골에게 브라지야크의 사면 또는 감형을 청원하였다. 그러나 시몬 드 보부아르는 브라지야크의 사면 탄원서에 서명하기를 거부하면서 이렇게 말하였다.

"나는 히틀러의 선전자들을 엄벌하는 것이 부당하지 않다고 생각한다. 나는 말이 엄청나게 중요하다고 여긴다. ……독가스실만큼이나 살인적인 말들이 있다."

드골은 사면 요청을 거부하였고 브라지야크는 파리 근교 몽루주

(Montrouge) 요새에서 반역죄로 총살되었다. 그때 그의 나이는 서른다섯 살이었다. 왜 돈으로 부역한 자들보다 말과 글로 부역한 자들이 더 큰 벌을 받아야 하느냐는 질문에 대하여 『바다의 침묵』 작가 베르코르(Vercors)의 답변은 단호하였다.

"기업가와 작가를 비교하는 것은 카인과 악마를 비교하는 것과 같다. 카인의 죄는 아벨에 그친다. 그러나 악마의 위험은 무한하다."

고통과 치욕의 과거를 잊어서는 안 된다는 '기억과의 투쟁'이 얼마나 중요한지는 예나 지금이나 다르지 않다. 서독 대통령 바이츠제커(Richard von Weizsäcker)의 종전 40주년(1985년 5월 8일) 기념 국회 연설도 과거를 기억하는 일의 중요성을 지적한다.

"지나간 일은 수정되거나 백지화될 수 없다. 그렇지만 과거에 대해서 눈을 감는 사람은 현재에 대해서도 장님이 된다. 참회와 속죄 없이는 구원받지 못한다는 것을 명심해야 한다. 과거를 기억함은 역사를 통한 하나님의 증언이다. 그것은 속죄의 원천이다. 이 증거를 망각하는 자는 내일에 대한 믿음을 상실하게 마련이다."

그러나 해방 후 우리 현대사는 과거의 기억을 지우고 새로운 기억으로 그것을 대체하는 시간으로 점철되었다. 이 과정에 대하여 전 민족문제연구소 교육홍보실장 박한용은 친일파 청산의 실패로 친일 세력이 권력을 차지한 뒤 '분단과 극단적 반공 풍토, 그리고 독재와 친일과

반공의 결착 속에서 친일 세력은 우리 사회의 중추를 죄다 장악'한 것으로 정리한다.[•]

그리하여 학계조차 친일 문제 연구를 외면하고 과거 친일에 연루된 언론이 이 문제를 호도하면서 그 대중적 논의 구조마저 차단되는 상황에 이르렀다. 또 박정희 집권기의 무분별한 기념사업과 함께 '공익보다는 사익, 주관적·집단적 이익 몰이 등이 기념사업의 주축'이 되어 버렸다. 그리고 그 결과는 지금도 이어지고 있는 역사의 굴절과 왜곡이다.

> '친일인물 기념사업자'들은 일제시기 이들의 친일 행위를 문명개화와 계몽운동의 선구로 옹호하고, 해방 후 이승만 독재정권에 빌붙은 행적에 대해서는 반공 애국 투사, 건국의 공로자로 높이 평가했다. 박정희 독재정권 시기 어용 지식인으로 활약한 이들에 대해서는 '조국 근대화의 기수'로, 친일파에서 친미파 또는 지일파로 변한 것을 두고 개방화 시대의 선각자로 치켜세우고 있다. (위의 글)

다시 '기억과의 투쟁'이 필요하다

민족문제연구소가 2009년에 펴낸 『친일인명사전』에 수록된 친일문인 43명 가운데 문학상 등으로 기림을 받는 이들은 8명이다. 김기진,

---

● 박한용, 「친일문인 기념사업의 현황과 문제 인식」, 한국작가회의자유실천위원회·민족문제연구소, 『친일문인 기념문학상 반대 긴급토론회 자료집』(2016년 11월 29일).

김동인, 노천명, 모윤숙, 서정주, 이무영, 조연현, 채만식 등이 그들인데, 이제 거기에 춘원과 육당이 보태어진 것이다.

2017년 탄핵 정국에 이어 사회 전반에 '적폐 청산'에 대한 국민적 요구가 드높은 가운데, 새삼 친일 문제 청산이 사회적 의제로 떠오른 것은 다행스러운 일이다. 해방 70년을 넘기면서 잊혔든 망각을 강요받았든 암묵적 금기가 된 친일의 역사는 이제 새로운 국면으로 전환되지 않으면 안 된다.

이러한 시기에 춘원과 육당을 기리는 상을 새로 제정한 것은 용납하기 어려운 퇴행이다. 문인들이 친일문학상의 철폐를 역사적 과제로 여기고 있는 이유다. 그러나 현재 운영되고 있는 친일문인 문학상의 수상자 면면을 살펴보면 이 일은 그리 만만해 보이지 않는다. 이 나라의 내로라하는 비평가 가운데 팔봉비평문학상을 수상하지 않은 이가 없

친일문인 기념문학상 운영 현황

문학상	문인	제정 연도	주관
동인문학상	김동인	1955	사상계사→조선일보사
조연현문학상	조연현	1982	한국문인협회
팔봉비평문학상	김기진	1990	한국일보사
무영문학상	이무영	2000	동양일보사
미당문학상	서정주	2001	중앙일보사
노천명문학상	노천명	2001	한국시연구협회
채만식문학상	채만식	2002	군산시
모윤숙문학상	모윤숙	2007	한국시연구협회
육당학술상	최남선	2016	동서문화사
춘원문학상	이광수	2016	동서문화사

'친일문인 기념문학상 반대 긴급토론회'(2016년 11월 29일) 자료집에서 발췌(제정 연도순)

고, 유명 작가 가운데 동인문학상을 받지 않은 이도 없기 때문이다. '기념 대상 인물도 문제지만, 그것을 추진하는 주체나 수여 대상자도 자기 성찰이 필요한 사례'가 아닐 수 없다.

친일문인 기념문학상의 문제는 역사적 책임의 문제이면서 동시에 그 사업 속에 담겨 있는 이데올로기의 문제이기도 하다. 망각을 통해 역사적 사실의 '은폐와 말살을 넘어 과감하게 왜곡의 단계'에까지 이르고 있는 일련의 기도에 맞서기 위하여 뒤늦게라도 '기억과의 투쟁'에 나서지 않으면 안 되는 이유다.

참고 문헌

임종국 지음·이건제 교주, 『친일문학론』, 민족문제연구소, 2013

친일인명사전편찬위원회 엮음, 『친일인명사전』(전 3권), 민족문제연구소, 2009

강제병합 100년 특별전 도록 『거대한 감옥, 식민지에 살다』, 민족문제연구소, 2010

권영민, 『한국현대문학대사전』, 서울대학교출판부, 2004

반민족문제연구소 엮음, 『친일파 99인』 3, 돌베개, 1993

백철 지음·이승하 엮음, 『백철 평론선집』, 지식을만드는지식, 2015

정운현, 『친일파는 살아 있다』, 책으로보는세상, 2011

한국작가회의 자유실천위원회·민족문제연구소, 『친일문인 기념문학상 반대 긴급토론회 자료집』
    (2016년 11월 29일)

김남석, 「김남석의 연극 이야기(40) - 흥분과 불안이 공존했던 국민연극경연대회 ④」, 《국제신문》
    (2010년 12월 23일자)

김덕영, 「최초의 신소설 『혈의 누』 작가 이인직」, 《민족사랑》(2018년 3월호)

김윤식, 「인문학이 서 있는 어떤 자리」, 《한겨레》(2008년 10월 3일자)

염무웅, 「해방 70년, 문단과 문학 시대정신의 그림자 (1) 찰나의 '환희'… 긴 '환멸'이 싹 튼 그날」,
    《경향신문》(2016년 1월 27일자)

이명원, 「최재서의 오판을 다시 생각한다」, 《한겨레》(2015년 3월 9일자)

전갑생, 「유치진, 굴절된 친일연극인」, 《거제타임즈》(2003년 6월 21일자)

허윤회, 「최재서의 근대문학 인식론」, 『상허학보』 4집, 1998

「서울예대 총장 '입학료 비리' 의혹에 교수들 "사퇴하라"」, 《한겨레》(2018년 3월 28일자)

「월북작가 박태원 가족사랑 지극」, 《한겨레》(2006년 5월 15일자)

위키백과(Wikipedia)

한국민족문화대백과사전

참고 도판

위키백과, 국가기록원, 독립기념관, 민족문제연구소,
한국영상자료원, 동아일보사(75쪽, 135쪽, 176쪽, 300쪽)

부역자들, 친일문인의 민낯

초판 1쇄 펴낸 날 2019년 5월 1일

지은이 | 장호철
발행인 | 양진호
발행처 | 도서출판 인문서원

등록 | 2013년 5월 21일(제2014-000039호)
주소 | (04045) 서울시 마포구 양화로 56 동양한강트레벨 718호
전화 | (02) 338-5951~2
팩스 | (02) 338-5953
이메일 | inmunbook@hanmail.net

ISBN 979-11-86542-56-9 (03910)

이 도서의 국립중앙도서관 출판예정도서목록(CIP)은 서지정보유통지원시스템 홈페이지
(http://seoji.nl.go.kr)와 국가자료공동목록시스템(http://www.nl.go.kr/kolisnet)에서
이용하실 수 있습니다. (CIP제어번호: CIP2019014296)